为学生茁壮成长奠基
——爱的教育篇章

韩吉青◎主编

黑龙江教育出版社

图书在版编目（CIP）数据

为学生茁壮成长奠基：爱的教育篇章 / 韩吉青主编
. -- 哈尔滨：黑龙江教育出版社，2021.1
ISBN 978-7-5709-2105-8

Ⅰ. ①为… Ⅱ. ①韩… Ⅲ. ①小学－校园文化－建设
－研究 Ⅳ. ①G627

中国版本图书馆CIP数据核字(2021)第029580号

编委会

主　　编：韩吉青
副 主 编：隽蕊捷　张　皞　刘　洁
编　　委：张　琦　王　丽　朱　睿　韩文德
　　　　　金　颖　王　亮　李　东

为学生茁壮成长奠基——爱的教育篇章
WEIXUESHENG ZHUOZHUANGCHENGZHANG DIANJI——AIDEJIAOYU PIANZHANG

韩吉青　主编

责任编辑　徐永进　马丽娜
封面设计　刁钰宸
责任校对　王慧娟
出版发行　黑龙江教育出版社
地　　址　（哈尔滨市道里区群力第六大道 1305 号）
印　　刷　哈尔滨圣铂印刷有限公司
开　　本　787 毫米 × 1092 毫米　1/16
印　　张　17.75
字　　数　360 千
版　　次　2021 年 1 月第 1 版
印　　次　2021 年 1 月第 1 次印刷
书　　号　ISBN 978-7-5709-2105-8　定　价　50.00 元

黑龙江教育出版社网址：www.hljep.com.cn
如需订购图书，请与我社发行中心联系。联系电话：0451-82533097　82534665
如有印装质量问题，影响阅读，请与我公司联系调换。联系电话：0451-82569074
如发现盗版图书，请向我社举报。举报电话：0451-82533087

规范中立法治

创新中蕴文化

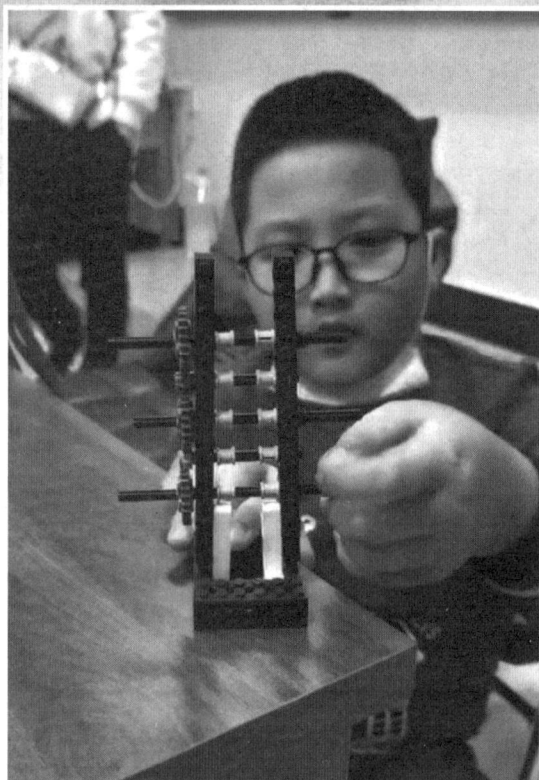

序

　　孩子喜欢听故事，大人亦然。喜欢故事的大人与喜欢故事的孩子在一起，就会演绎出更多的故事。作为教师的大人，几乎天天与作为学生的孩子在一起，自然地，他们也就几乎天天发生着故事。因为学生是活生生的人，是发展中的人，他们每天都在发生着变化，而教师在积极地应对这些变化时，同学生发生了一个个故事。从某种意义上讲，教育的过程就是师生之间发生教育故事的过程。教师善于捕捉与反思总结，所以会留下像《爱的教育篇章》中的这些故事。

　　秋风让人清醒，秋雨让人感悟。或许是色彩绚丽的秋叶，摇曳了秋的妩媚，或许是成熟香甜的秋果，熏染了秋的韵味。去年的秋天，我们总感觉有些不太一样。抗"疫"的阶段性胜利，让每个人更加珍惜这变换的季节带来的阴晴冷暖。其实自然界每一年的四季更替，并没有太大的质的差别，春夏秋冬，周而复始。一样的花开花谢，一样的潮涨潮落。寻寻觅觅风雨兼程，深深浅浅云淡风轻。曾经笑过哭过，曾经痛过悔过。曾经豪情万丈，曾经心如止水。走过不知多少曲直错对的道路，今天终点又回到起点。站在九月的秋天，任凭秋风凌乱我们的头发，任凭秋雨模糊我们的双眼。用一把灵魂的梳子，整理落英缤纷的思绪。心灵在秋风中依旧呼唤渴望飞翔，生命依旧在秋雨里歌唱热情燃烧。

　　2021年新春伊始，在和兴人的企盼中，《为学生茁壮成长奠基——爱的教育篇章》如约而至。它带给我们许多记忆中感人肺腑的教育故事。"谁将平地万堆雪，剪刻作此连天花。"是我们爱满天下的老师，勤奋耕耘的园丁，用那一双双匠剪风云的巧手，书写下这一篇篇字字珠玑、句句璞玉的教育故事。这些感人的故事荡涤着我们的心灵，温暖着我们的心田。

　　摩触自己的教育故事，感受到故事中的酸甜苦辣。情味浓厚的《和正篇》说说学校的发展，视角独特的《和乐篇》讲述与教育的故事，振奋人心的《和智篇》收获桃李满园香。每一则生动的故事，无不映射着我们美好记忆。讲述故事，这是教师生活积累的真实对话；分享经历，这是教师平凡生命的旅行线条；寻求真谛，这是教师心灵深处完善自我的精

1\

神感悟。我校教师的叙事故事源自生命课堂的跃动,他们用灵动深刻的教育故事演绎着"黑发积霜织日月,粉笔无言写春秋"的华章!

这些感人的故事,是我们和兴小学教师心灵中美好的回忆。我们应该感动于自己的生命轨迹,因为孩子们在我们殷殷期望中茁壮成长。可以说这些故事倾注了教师们的全部心血,正因为有了教师们呕心沥血的付出,才使得这些感人的教育故事富含了特殊的蕴意。

其实和兴每个教师都是在这些故事中倔强地蹒跚学步。在教育生涯中不可能没有跌倒的时候,正是一次次的跌倒,才让我们逐渐成熟起来。当再次爬起的时候,我们的阅历丰富了,有了足够的经验,才能写出属于自己的真实教育故事,于是我们才能相逢在这个特殊的教育故事的季节里。

"春夏秋冬均有爱,风雨同舟总是歌。"回首记忆中的故事,我们的成长是快乐的。就让我们一起享受故事的真情,收获故事的感动,演绎出更多精彩的故事人生。

同是读故事,孩子可能更关注故事的情节,而大人往往更注重故事给人的启迪,愿《为学生茁壮成长奠基——爱的教育篇章》能激起教育同仁的些许共鸣。

是为序。

韩吉青

2020 年 12 月

目 录

為学生茁壮成长奠基——爱的教育篇章

WEIXUESHENG ZHUOZHUANGCHENGZHANG DIANJI——AIDEJIAOYU PIANZHANG

和智篇 教学案例+教学实录

和正篇

治校策略

导语:

"和谐"中谈"守正"

"和正"一词，出自古籍《礼记·乐记》中的名句："今夫古乐，进旅退旅，和正以广。"意为形容乐音和平中正。在典籍《太玄·释》中也被引用，"震於庭，和正俱亡也。"意为和顺端正。在此章节中，"和正"一词引申为"和谐守正"之意。

一所学校要想办的品质卓越、有口皆碑，全局统筹与精准规划尤为重要。在有效传承与大胆创新的基础上，做好顶层设计、做实常规管理、做活校本课程、做精特色文化，就架构了稳固的学校优质发展框架，如同树木坚实的根系主干，只待精心培育即可枝叶繁茂。

顶层设计是学校发展的定盘星与风向标。创设"和正"的育人环境与氛围，依托学校法治教育基点校的优势，实现真正的师生和谐、家校和谐、校社和谐，是学校顶层设计中的重要一环，有了思想上的深度和谐，才能有行动上的高度统一。良好的和谐关系是产生正能量的基础和源泉，更是孕育高尚师德的绝佳土壤。在处处弘扬正能量的校园中，教师学高身正、博学善导，学生文明守纪、乐学善思，规范严谨的教育教学常规管理自然水到渠成。教学、德育常规管理的优势互补、相得益彰，阳光自主的教学课堂与丰富多彩的实践活动实现了高度的"和而不同"。这就需要学校立足校情，遴选校内外优质资源、开辟多元校本课程，内延外拓、择优施策，使常规管理与校本课程浑然一体、有机融合。教育教学常规管理井然有序，校园特色文化必能精益求精。学校确立的"从文化校园升级为智慧校园"的发展路径，其实也是在"大文化观"的背景下，充分挖掘文化校园中的智慧元素，激励师生大胆探索实践，搭建或提供智慧素养展示的平台，凝练文化中的智慧，彰显智慧里的文化。

"和谐守正五育并举，大道至简潜心育人。"只要心存追求卓越的坚定信念，永葆对教育事业的一份赤诚和激情，在和谐共进中感受意气风发的正能量，在书香氤氲的文化校园里探寻熠熠闪光的智慧足迹，就一定会塑造出品质优异、蓬勃美好的教育样态。这一点，我们将始终坚信。

立德树人　依法治校 打造充满文化生机的智慧校园

韩吉青

韩吉青　中共党员，东北大学教育硕士，高级教师。现任哈尔滨市和兴小学校党支部书记兼校长，黑龙江省法治协会副会长。曾任松北区两届人大代表，哈尔滨市作家协会会员，哈尔滨师范大学兼职硕士生导师。黑龙江省优秀教师、黑龙江省科研骨干、黑龙江省语文学科最佳教师、黑龙江省语文学科骨干教师、黑龙江省教学能手、黑龙江省优秀实验教师、黑龙江省三育人先进个人、黑龙江省优秀通信员等。被评为哈尔滨市骨干校长，多次荣获哈尔滨市优秀教师、哈尔滨市优秀共产党员、哈尔滨市班主任标兵、哈尔滨市优秀班主任等荣誉称号。撰写的50多篇教育科研论文在杂志、报刊上发表。曾多次参加国家、省、市级教学大赛及示范、录像课等比赛，最高奖励为国家级特等奖，参与研编近百本校级刊物，担任三十余本书籍的副主编，主编《阳光教育七彩课程》一书，出版发行。

哈尔滨市和兴小学创建于1964年，是一所有着50余年文化积淀和底蕴的老牌名校，历任校长励精图治，笃行致远。新老教师薪火相传，师德高尚。希望和梦想在这里快乐起航，一批又一批优秀的毕业生从这里出发，奔向祖国的四面八方。

目前学校有教职员工61人，其中有省级骨干教师1人，市级骨干教师13人，区级骨干教师占全校教师总数的45%。中学高级教师16人，小学高级教师53人，中共党员20人，是一支充满活力、勇于开拓创新的队伍。近年来，学校围绕"为学生的茁壮成长奠基"的办学理念，求实进取，勇于创新，努力践行办人民满意教育。先后获得"全国特色足球学校基点校""黑龙江省法治教育基点校""黑龙江省传统项目基点校""哈尔滨市教育系统德育工作先进集体""哈尔滨市文明单位""南岗区教育系统先进集体""南岗区深化课程改革，大面积提高教育质量先进学校""南岗区德育工作先进集体""创建平安南岗示范单位"等荣誉称号。

纵横正有凌云笔。站在新的历史起点，和兴小学在上级领导的关怀和指导下，砥砺前行，正豪情满怀地开拓奋进。学校被列为南岗区教育系统三所教改实验点校之一，全体教研员深入学校集体视导,促进学校教学水平稳步提升。同时，学校积极争创南岗区现代品质学校，成为首批申报的八所学校之一，继续开拓创新、优化管理、精准施策，全方位多角度打造学校教育品质，走上提速发展、争创名优的快车道。

一、做好顶层设计 找准发展路径 夯实品质基础

学校新一届领导班子，是一支凝心聚力、锐意改革、和谐奋进的管理团队。韩吉青校长成为和兴小学新一任领航人后，率领新班子立足校情，凝聚共识，坚信：每名教师都是德高之师，每个孩子都是可塑之才。确立了以"从打造文化校园到创建智慧校园"为核心的发展路径，提出了"深化课堂教学改革，提升教学工作质量"为主线的发展策略，明确了"立德树人为先，家校协同育人"为基础的发展理念。为更好地找准创建品质学校切入点，重点提炼了切合学校品质发展路径的"三风一训"，校训：和正乐学，兴业报国。让全校师生从思想上、行动上达成正能量的和谐统一，端正工作、学习、生活的态度，树立正确的"三观"和报效祖国的远大理想，提升学校精神境界层面的办学品质，全校上下传递正能量，从身边做起，践行社会主义核心价值观蔚然成风。校风：好好学习、好好锻炼、好好生活、好好工作，做"四好"和兴人。让全体学生、教师用阳光积极的态度面对生活和学习，形成学习习惯、工作态度和生活方式层面的优秀品质，从而树立正确的人生观，去追求人生的幸福和成功。

教风：求真务实、博学善导。激励教师立德树人、提高艺术素养、培育智慧创新的思维、养成文雅有礼的气质，形成教育教学层面的办学品质。

学风：文明有志、乐学善思。鼓励学生讲文明懂礼貌、有志气有理想、热爱学习、善于思考，形成培养学生全面发展层面的办学品质。

在"和谐守正"校园文化的统领下，和兴小学校努力打造"和谐兴邦、和乐兴校、和睦兴家、和气兴德"的学校品质，让"和"的品质与"兴"的特色相得益彰。

二、精心谋划教改 课程提质增效 抓实品质载体

以"头雁领航"工程为牵动，全力推进区教改实验学校工作，充分调动教师工作的积极性，领导团队高位引领，学年学科组长团队树立榜样，从而带动全体教师昂扬向上、扎根课堂、以生为本，精彩演绎每一节课。深入学校听课的教研员们对教师们的进步交口称赞，认为课堂教学质量高、效果好，学生学习习惯好、收获大。教师们工作有激情，超前谋划的意识全面提升，利用课余假期时间，完成了"和兴故事"文集，通过"一唱百'和'""'和'衷共济""'和'风细雨""'和'影如魅"等板块回顾成长优势，并针对自身优势拟定了职业生涯规划，对学校未来发展进言献策。

校本课程是常规和活动的最有效载体，深受学生欢迎。学校拥有自己的校本课程研发小组，经过领导班子和全体教师的共同商榷，制定了翔实有效的校本课程实施方案。知识与应用的学习板块、生活与健康的健体板块、科学与未来的科技板块、艺术与心灵的艺术板块是研发小组的主要研究内容。校本课程把大型活动和校园文化建设所需的节目、项目、成果整合分解，融入常规，不在大型活动和检查前期搞突击、走形式，真正将功夫做在平时，扎实上好每一堂校本课，呈现出独具和兴特色的教育样态。

韩校长还提出了让晨读课程化的提质策略，升级为公益讲堂的静心课程、开心课程，从校领导到教师自主申报，担任课程的主讲教师，让晨读时间变成学生喜闻乐见的微课堂。

三、法治教育先导 凸显文化特色 家校携手育人

在上级领导的亲切关怀和指导下，学校建成了黑龙江省第一间法治资源教室，并成功举行了揭牌仪式，多次向区域乃至省际兄弟学校介绍法治教育工作开展情况，成为全省法治教育的"排头兵"。

改变在细枝末节处，成长在润物无声时。学校紧紧围绕"创建现代化品质学校"的根本任务，对楼廊、操场的主题文化墙等做了精心设计，将著名的教育名言、"争当四有好老师"的标语，以及勤俭节约、保护环境的美德谚语等布置于醒目处，让师生随时可见，起到了文化环境育人的教育效果。韩校长认为，学校是最应该充满书香气的地方，创建了充满温馨感的"悦香"书吧。"悦香"书吧儒雅整洁的环境成为师生最喜爱的场所之一，上万本优质书籍可供师生们随时借阅，教师和学生在闲暇课余时间便有了一个学习"充电"的好去处。打造书声琅琅的书香校园，是校园文化建设的重点，一个个美好的设想在和兴人的不断努力下正在变成现实。

硕果累累的师生种植园是劳动教育成果的展示台。老师和学生在种植活动中体味到了劳动的乐趣与意义，葱郁的绿叶和饱满的果实描绘出和兴人对幸福生活的美好向往。

校园操场年代久远，坑洼不平之处长存安全隐患，不利于学生活动。韩校长多方筹措，为操场铺建了美观靓丽的悬浮地板，成为校园中一道最亮丽的风景线。

学校的各项主题活动精彩纷呈：庄重热烈的开学典礼；五彩斑斓的风筝节；感人至深的教师节庆祝仪式；盛况空前的校园艺体节；如火如荼的学雷锋活动月；庄严神圣的入队仪式；活力四射的足球联赛；充满活力的幼小衔接活动等，令人目不暇接，每个活动都精心设计、科学组织，为师生搭建了一个个展示自我的舞台，受到上级领导的高度关注和认可。

家长开放日也是学校教育教学融合的一大亮点，以班级为单位精心组织的经典诵读汇报，得到家长交口称赞和一致好评；家长进课堂活动更是开创学校家校合作模式的先河。家长们各怀绝技，令人刮目相看：通晓天文地理的；精通笔墨丹青的；熟悉佳肴烹

饪的……家长们教得尽心、学生们学得开心，营造出快乐轻松的家校携手共同育人的氛围，为家校共育提供了更多的机会和途径。

四、重内涵创品牌 打造智慧校园 办好品质学校

"强省"必先"强教"，"强教"必须"强校"，张庆伟书记在全省教育大会上的讲话为我们办学治校指明了方向。学校注重宣传报道，把立德树人的成效作为检验学校一切工作的根本标准，围绕"把方向、夯基础、补短板、守师德、聚合力"的工作重心，在省市级各大媒体进行了学校、教师、活动等全方位的宣传。学校在庆六一、建队日等重大节日、纪念日期间，接受新闻媒体"中国教育频道""生活教育频道"和"龙头新闻"的采访并进行了报道宣传，取得了良好的社会反响。同时，学校的官方微信平台也充分发挥效能，每天发布学校教育教学活动信息若干条，目前累计发布了文化、研学、读书会等16个主题板块的几千条微信平台，点击关注量达20000多次。这里有学校文化的梳理提炼、教师假期的学习交流、学生的研学实践活动等，弘扬了学校文化内涵，提升了教师的核心素养，得到了社会各界的广泛关注。学校今后一段时期的愿景是：以文化立校的发展期，做好统一思想、明确任务、美化环境、夯实基础的第一步；在"文化校园"向"智慧校园"的转型期，注重创新与学习，做实迎接挑战、抓住机遇的第二步；在构建"智慧校园"的成熟期，自主管理、内涵发展，做强彰显特色、铸就品质、创立品牌的第三步。

在上级领导的关怀指引及广大家长的大力支持下，全体教职员工将以百折不挠的信念和势如破竹的干劲砥砺奋进，实现新跨越，谱写新篇章，努力把和兴小学校办成区域内口碑好、实力强、品质佳的百姓满意学校。

依法治校彰显特色　以法育人铸造品牌

韩吉青

哈尔滨市和兴小学创建于1964年，是一所有着50多年文化积淀和底蕴的老牌学校，历任校长励精图治，新老教师薪火相传，师德高尚。学校围绕"和正乐学 兴业报国"的校训，以培养乐观向上、正直爱国的学生为己任，努力为学生的幸福成长奠基！近年来，我们充分认识到在国家依法治国的政策方针指引下，依法治校、以法育人是每所学校打造品牌、铸就品质的必由之路，提高小学生的法治教育水平是促进少年儿童全面发展的内在要求。法治教育应在全面依法治国战略部署的框架下，立足学校实际、找准前进方向、符合少年儿童身心发展规律、明确实施路径、制定可操作性强的实施方案。我校经过多次实践探究、梳理提炼后，构建了"一站位、三融合、一反馈"的"131"法治教育工作体系，把法治教育融入教育教学全课程、全过程，实现全员育人、全方位育人，精心为小学生营造出学法、守法、护法的法制教育文化氛围。

一、法治育人观　精准一站位

学校在治学理念中将法治教育放在学校发展的至高战略地位。学校的长期发展规划中重点突出了法治教育的协同育人作用。学校的各项决策和重点项目，坚持以法治教育为基础，充分发挥法治教育的引领辐射作用。通过教师法治知识竞赛、专题法治讲座、校园法治宣传等活动将法治教育与教育教学常规相融合。在每学期初制订教育教学工作计划时，都要重点体现法治教育内容，让法治教育成为学校发展的基石和准绳。在上级领导的亲切关怀下，和兴小学校有幸建成了黑龙江省第一间标准化法治资源教室。这对和兴小学校全体师生是莫大的肯定和鼓舞，法治资源教室也成了我校法治教育的核心功能教室和主阵地。

二、多元素载体 重点三融合

与"课程建设"相融合。以各学科课程为载体，充分挖掘课程中的法治教育元素。

一直以来，我校非常注重思政课与法治教育的有机融合。刘春艳老师作为思政课的首席教师，在法治教育领域进行了研究和尝试，并付诸课堂实践，取得了较好的反响。语文课上挖掘教材内容，通过多种途径对学生进行法治教育和德育渗透。音乐课中学唱《成长在法治阳光下》。美术课上设计自己的法治形象，体育课中通过游戏建立规则意识，校本课上讲校园中的法治绘本故事，英语课上学习法治单词等等，多元课程的开发为学生呈现了立体的法治世界。

与"实践活动"相融合。创设丰富多彩的法治综合实践活动课，不同年级通过不同主题的专题教育，拉进学生与法治的距离。一年级的《国旗在我心中》，二年级的《不要拉我去打架》，三年级的《环保小卫士》，四年级的《国家宪法日》，五年级的《我也是消费者》，都是依据学生的年龄特点设定的。在活动课上，孩子们或听或讲，或做或演，身临其境地感受到法治就在自己身边。家长法治大讲堂充分利用了家长资源与社会资源，让拥有家长和法治人员双重身份的志愿者，通过专业的教育拓宽学生获得法治知识的渠道。同时，在实践中注重以学生喜闻乐见的形式去生动诠释深刻的法治理论，如主题升旗仪式、主题校会、校园情景剧、红领巾广播站、法治教育宣传廊等，都在潜移默化中对学生进行法治宣传教育。

与"品质铸造"相融合。在学校创办品质、优质特色学校的规划中，努力形成学校的法治教育特色。模拟小法庭的尝试是对学生法治意识的有力强化，让我校法治教育从形式到内容更加丰富多彩、卓有实效。在模拟法庭角色的过程中，学生不仅能感受到法治的威严与神圣，更在一个个模拟场景中，感知作为一名守法公民，在生活中处处应该敬畏法律，信仰法律，用法律保护自己，维护社会正义，模拟小法庭已经成为孩子们最喜欢的法治教育形式之一。

三、成果重积累 效能一反馈

通过各种课程、活动贯穿实施法治教育后，学校注重成效地评估和持续改进提升，定期开展法治教育调研活动，以问卷、沙龙交流等形式收集评估教育效果。同时，通过微信公众平台面向社会、教师、家长进行法治宣传，全方位互动，协力推进小学生的法治教育工作。法治资源教室也在思想政治教师授课、家长开放日活动中使用，将软、硬件资源充分利用并不断提档升级，服务于学生的法治教育。

少年强则中国强，让法治意识在少年儿童阶段开始萌芽扎根，全面依法治国的目标才能更好、更快地实现。我校的法治教育目前已初具规模，下一步的工作中学校将不断优化法治教育工作体系和完善法治教育实施方案，将法治教育与教育教学常规深度融合，拓宽法治教育路径，深入挖掘优质法治教育资源，切实提升法治教育教师的能力和素养，形成我校特有的法治教育模式和特色。我们将不负上级领导和家长的厚望，为把和兴小学校创建成一所特色鲜明、实绩显著的法治教育基点校而不懈奋斗，努力办好人民满意教育！

基于核心素养的"五真"课程建构

韩吉青

面向未来，在尊重生命的前提下，基于学生发展核心素养，和兴小学校建构了"五真"课程体系。即在"面向未来的智慧教育"办学思想指导下，建构以"真美的身心、真善的品格、真材的学识、真知的学力、真新的行动"等"五真"标准为培养目标，以"聚焦核心素养、实现跨界衔接"课程理念，以"国家课程校本化改造，校本课程精品化设计，拓展课程系列化开展"为课程策略的多元领域、多元层级的课程体系，旨在培养"有中国芯的和兴人"和"世界级的中国人"。

韩吉青校长（左边）代表学校参加黑河对外交流活动。

和兴小学校"五真"课程体系结构图

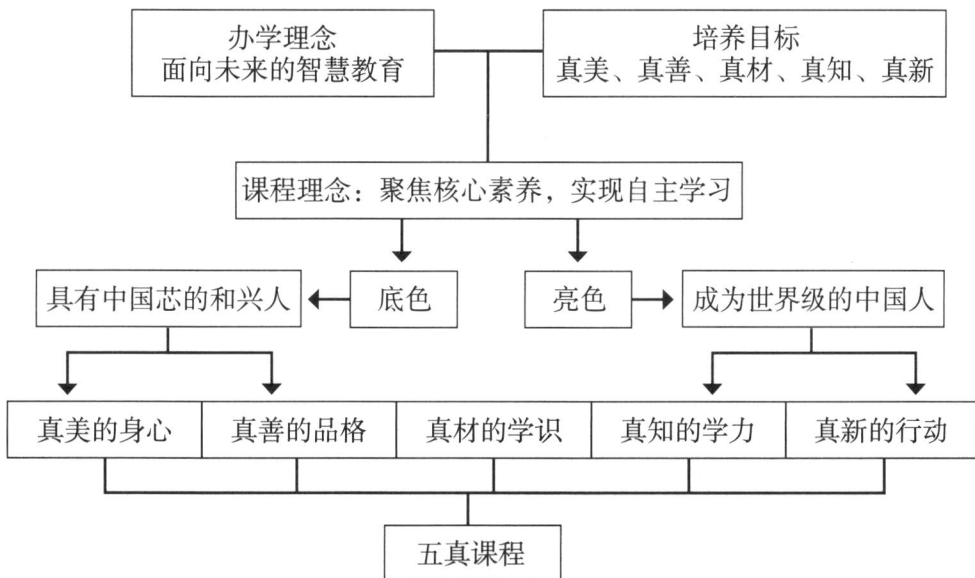

```
┌─────────────────────┐   ┌──────────────────────────────┐
│      办学理念         │   │          培养目标              │
│ 面向未来的智慧教育    │   │ 真美、真善、真材、真知、真新    │
└─────────────────────┘   └──────────────────────────────┘
              │
┌──────────────────────────────────────────┐
│  课程理念：聚焦核心素养，实现自主学习        │
└──────────────────────────────────────────┘
         │                          │
┌──────────────────┐  ┌──────┐  ┌──────┐  ┌──────────────────┐
│ 具有中国芯的和兴人 │←─│ 底色 │  │ 亮色 │─→│ 成为世界级的中国人 │
└──────────────────┘  └──────┘  └──────┘  └──────────────────┘
     │                                            │
┌──────────┐┌──────────┐┌──────────┐┌──────────┐┌──────────┐
│ 真美的身心 ││ 真善的品格 ││ 真材的学识 ││ 真知的学力 ││ 真新的行动 │
└──────────┘└──────────┘└──────────┘└──────────┘└──────────┘
                         │
                  ┌──────────┐
                  │ 五真课程  │
                  └──────────┘
```

一、基于核心素养的"五真"标准解读

1. "五真"标准的提出及其内涵

2016年9月13日上午，中国学生发展核心素养研究成果发布会在北京师范大学举行。中国学生发展核心素养，以科学性、时代性和民族性为基本原则，以培养"全面发展的人"为核心，分为文化基础、自主发展、社会参与三个方面。综合表现为人文底蕴、科学精神、学会学习、健康生活、责任担当、实践创新六大素养，具体细化为国家认同等十八个基本要点。根据这一总体框架，可针对学生年龄特点进一步提出各学段学生的具体表现要求。

2016年教育部基础二司司长郑富芝介绍了《教育部关于进一步推进学校考试招生制度改革的指导意见》（以下简称《指导意见》）的有关情况并答记者问。《指导意见》特别对学生综合素质评价标准进行了完善。做评价内容上，要求细化和完善思想品德、学业水平、身心健康、艺术素养和社会实践五个方面的评价内容和要求；做评价重点上，强调反映学生的全面发展情况和突出表现。

基于核心素养的"五真"标准内涵				
核心素养官方阐释三大领域六大素养	自主发展		文化基础	社会参与
	学会学习健康生活		人文底蕴科学精神	责任担当实践创新
核心素养校本理解五"真"标准	学力（真知）	身心（真美）	学识（真材）	品格（真善）	行动（真新）
	乐学	好习惯	崇文	与他人	质疑（动脑）
	会学	健身体	重理	与社会	合作（动情）
	学会	全人格	跨界	与自然	表达（动口）
	恒学	现特长	贯通	与文化	实践（动身）

基于对《中国学生发展核心素养》学习和理解，基于教育部关于学生综合素质评价的基本内容和要求，对照我校的学校实际，学校对官方核心素养进行校本化理解和解读，创造性地提出了"智慧学生"的"五真"标准，即"真美的身心、真善的品格、真材的学识、真知的学力和真新的行动"。

2. "五真"标准的分类及其代表色

基于教育规律和学生身心发展规律，我们认为"五真"标准中的底色是"真美的身心"和"真善的品格"，亮色是"真材的学识"、"真知的学力"和"真新的行动"。"真美"是基础标准，"真善"是核心标准，"真材"、"真知"、"真新"是增值标准。

"真美的身心"用蓝色表征，自然纯净；

"真善的品格"以黄色诠释，阳光和谐；

"真材的学识"和橙色对应，金灿灿的果实；

"真知的学力"像绿色的春天，充满着朝气和生命力；

"真新的行动"如同红色，代表青春和激情。

二、学校"五真"课程体系建构

1. "五真"课程建构的原则

1.1 一体化课程建构：支持、促进

1.2 基于核心素养的课程建构

1.3 基于五"真"人才培养模式的课程建构

2. "五真"课程建构理念

"五真"课程建构的理念是：聚焦核心素养、实现自主学习。

2.1 基于核心素养，开发特色项目，进行跨学科疆界的探究式学习；

2.2 基于在线平台，实施互联网+，进行跨课堂间界的翻转式学习；

2.3 基于七大中心，组织特色校本课程，进行跨年段限界的互助式学习。

3. "五向"课程建构的策略

理念	策略	发展过程
尊重学情	国家课程 校本化改造	贯通课程——分层课程——分类课程 尝试整合艺术、体育、技术必修课、实施选修课程教学
尊重特色	校本课程 精品化设计	校本课程——校本教材
尊重个性	拓展课程 系列化发展	知识拓展课程、体艺特长课程、社会实践课程

4. "五真"拓展课程群建设

"五真" 标准	真美的身心	真善的品格	真材的学识	真知的学力	真新的行动
"五真" 标准解读 关键词	好习惯	与他人	崇文	乐学	质疑（动脑）
	健身体	与社会	重理	会学	合作（动情）
	全人格	与自然	跨界	学会	表达（动口）
	现特长	与文化	贯通	恒学	实践（动身）
"五真" 拓展课程 群	习惯养成课程	智慧文化课程	阅读系列课程	学风系列课程	头脑风暴课程
	体育系列课程	礼仪系列课程	时事新闻课程	学法指导课程	拓展训练课程
	心理系列课程	志愿者系列课程	兴趣实验课程	礼仪指导课程	主题演讲课程
	艺术系列课程	国学系列课程	学科拓展课程	德育实践课程	小主持人课程
	技术系列课程	价值观系列课程	国学诵读课程	意志磨炼课程	社会实践课程

三、学校"五真"课程的实施方略

友善：我们是教者，怀抱良心，善待学生；

自觉：我们是治者，以人为本，依法执教；

学术：我们是学者，崇尚学术，学求博深；

创新：我们是智者，改革出新，智慧发展。

1. 基于评培结合的智慧教师发展

教师的专业发展和改革热情是学校课程落地实施的决定因素。我校积极倡导打造智慧型教师，提出"友善、自觉、学术、创新"为和兴小学校教师的核心素养。学校以教师常规教学为基本抓手，以教师科研培训和评职评价为两翼，过程评价和期末评价相结合，形成教师专业成长的发展模式。

智慧型教师需要根据学校对"五真"课程的顶层设计，进行学科课程图谱的设计实施。特别是学科教研组长要对学科各学段（1—5年级）具体素养目标进行进阶式分解，课程内容按进阶标准具化，质量评测标准要科学、可操作。

2.基于多元学习的智慧课堂改革

课堂教学改革是学校课程落地实施的根本途径。1632年，捷克教育家夸美纽斯出版《大教学论》，为班级授课制提供了理论依据。班级授课制使"一个先生可以同时教几百个学生"成为可能,可谓顺应了当时的学习要求。可时代发展到今天，由于学生学习基础的差异、学生学习年龄的差异、学生学习科目的差异、学生学习文化的差异，我们应该构建新的多元的学习方式，积极进行智慧课堂教学改革。

那么，如何帮助学生建构适应自身发展的学习方式？教师要在充分了解学情、尊重学生差别的基础上，遵循"适合选择、适时合作、适度翻转、适当混合"原则，进行教学方式创新；同时开展以学习者为中心的4Y学堂，进行教学流程再造。

学校课程建设是一项任重道远的特色建设工作，学校要进行三年的科学规划。第一年完成学校"五真"课程的构思及各学科教案。第二年实践课堂教学，领导、教师、学生、家长互相反馈，收集建议。第三年将"五真"教育与各学科及学校建设体系化，融入教学的方方面面。学校"五真"课程建构在路上……

探究"自主课堂"模式　培养"学会学习"能力

隽蕊捷

隽蕊捷　中共党员，高级教师，现任哈尔滨市和兴小学校教学副校长。哈尔滨市优秀教师、市语文学科骨干、市科研骨干，2016年被评为南岗区教育系统"身边好校长标兵"。主持中国教育学会"十五"课题获先进科研工作者。在省"新时期小学语文教师专业素养课题"中获先进个人，被南岗区教育局评为"深化课程改革"先进个人。教学《秋天的雨》一课，获国家级一等奖。指教《太阳》《称赞》《五彩池》等分别在省、市获一等奖。指导张琳老师在市语文"雏鹰杯"教学大赛中《乡下人家》一课，被评为特等奖。多篇论文在国家、省、市、获奖，其中《体验新课程、实践新课程》被编入《中国教育创新优秀文选》中，并在《全国教育文选》中发表。撰写的《立足校情 改进管理 让校本教研成为激发学校活力的主动脉》一文在《黑龙江教育》上发表。教育感言：捧着一颗心来，不带半根草去。

和兴小学一直秉承着"为学生茁壮成长奠基"的办学理念，积极进取、勇于创新，以学生成长为中心、教师发展为关键，以质量提升为基础、特色彰显为目标，努力把学校建设成为学生喜欢、家长认可、教师幸福、社会满意的老百姓家门口的优质特色学校。

2019年3月，在以韩吉青校长为核心的和兴新一届领导班子成立，明确了培养学生的主渠道是课堂教学，即深入课堂充分调研，发现学校教学亟待解决的问题是："教师教学观念较为陈旧、学生学习兴趣偏弱、课堂教学效率偏低。"

基于以上问题，领导班子经过反复研究、认真学习，决定以凝心聚力，充分调动全体教师的积极性，把学生核心素养中的"学会学习"和培养学生"自主学习"能力作为教学核心，以开展"自主课堂"为切入点，努力达到教师"会教"，学生"乐学"，真正让学生成为课堂的主人，把提高教师教学技能作为学校可持续发展的有效途径。

一、深入课堂查找"真问题"

学校领导分工明确，深入课堂听评课，在规范常规的基础上，关注教师的授课方式、备课教案、学生作业书写情况，掌握特殊学生学习的动态，与授课教师进行面对面的交流，客观公正地指出课堂教学中表现出的亮点和不足，对教师在教学中的困惑进行有针对性的指导，同时也进一步查找课堂上的真问题，分析产生的原因。

存在问题：

1.讲的多学生说的少。课堂上很多是老师在说，总怕学生不会。

分析原因：学生没有训练，学生不知道应该怎样说，更不明确怎样学。

2.不敢放手。

分析原因：教师自己不敢放手，怕放了以后收不回来，说明教师自己备课不到位。

3.课上问题零碎，一个接一个地问，学生学的知识零散。

分析原因：教师没有整体把握教材、梳理有效问题。

学校也提出要求课堂上要做到：

"五个让位"和"五个不讲"：即把"学习的时间和空间"让位给学生，"教师要少讲，多听听学生的想法"，但同时我们也发现，道理老师都明白，可是一到课堂上就又回到了自己想怎么讲就怎么讲的老路上。

针对这些问题，我们必须寻找改进措施。

二、加强校本研修转变教学观念

学校采取"2366"的集中学习和培训，利用每周二中午30分钟作为全校教师"校本研修"时间，互相分享自己的学习感悟、优秀的教育教学经验及方法，通过卷入式学习，人人都是学习者，人人都是培训者，让大家在挑战自我的同时，收获成长，专业能力在短时间内得到快速提升。组织教师参加"中国好教师""教师继续教育"等多项培训，先后派外出学习20多人，不断进行头脑风暴式学习，促进观念改变，让培训成为教师最好的福利。学期初教学工作计划中重点培训"如何教给学生预习方法""小组合作探究方式培养""对学生核心素养进行全面解读"及"教学目标的制定"等校本培训，交流研讨从思想上内化，教师的主要职责是：设法激励和帮助每一位学生找到适合自己的学习方法，让孩子们感受到被尊重和信任，愿意积极主动获取知识和技能。

三、群策群力凝聚智慧 磨课研讨聚焦问题

将课堂中的真问题、真发生拿出来共同探讨，我们追求的就是在课堂研讨实践中，达成学生"学会学习"的核心发展目标。学校按照"骨干引领、全员参与、互评互议、提升素质"的工作思路，扎实有序地开展"有效提问的教学研讨"活动。在各个学科，共进行了十二节"四新"教师的教学研究课。每节课团队群策群力集体研究，上课时全

员参与听课，课后由主管领导组织评课，最后教师反思形成经验。全面进行课堂分析，从教师评价语言到学生状态调整，从教学目标确定到教学重难点落实，从有效提问的设计到基础知识的夯实，步步剖析，层层深入，直指课堂最需关注与深入挖掘之处。通过研究，教师真切感受到"研读文本，解读教材"的重要性"明确目标，立足学情"的必要性，在一次次磨课的过程中，每位教师都能体会到学习与成长，同伴互助、互学、互研，不断自省改进。老师在磨课中蜕变，在听课中取长，在反思中成长，实现以课促学、以课促研、以课促培，不断提升教师的教学能力，提高教师关注培养学生学习能力的课堂新模式。

四、开展"自主课堂"教学模式研究促进教学方式转变

经过大家研讨磨课，在课堂教学的基础上，我们进一步提炼梳理了"自主课堂""四学模块"的教学流程：

导学模块——明确目标　激发兴趣

（不同点）将本节课的学习以"任务驱动式"的形式，开辟学生自主学习的空间。重在指导学生课前"预习"教给方法、学会思考、提出质疑，找到"自己学明白了什么，还有什么不懂的地方？"让学生明确自己的学习目标，其实也正是教师的教学目标，这样从课程开始学生和教师是向着同一个目标前进的。

自学模块——自主学习　小组合作

课上"研学"：重点强调"思"，自己梳理解决问题的思路，形成策略和方法。小组合作学习，交流自己的收获，学生自己能学会的教师不讲，在组内"兵教兵""互相解疑"，相互尝试解答，再将组内解决不了的问题提出来，全班共同研究解决。

展学模块——成果展示　汇报交流

在自学和小组学习的基础上，以汇报、小组交流的形式进行展示。突出自我"表达"，让学生在发现中得到快乐，增强自信。鼓励学生说出"我们小组通过研究知道了……"，比一比哪个小组最会学习，找到最重要的问题，也就是本节课的重难点加以深入研究，教师"退一退"，尽可能多地把讲台让给学生，给学生创造发展空间。教师"等一等"，课堂上让学生思维活跃，体验到成功的喜悦，积极主动参与课堂教学。

延学模块——总结提升　拓展延伸

通过书本知识延伸到生活实际应用，教师设计思考的是本节课对学生生活实际、能够起到"立德树人"为学生终生发展的有价值的问题，针对教学目标，对关键知识点做必要补充、点拨和指导，让孩子们理解学习这节知识的必要性、实用性，从而愿意将知识内化为个人素养。

梳理出"自主课堂"模式目的：

课堂能够做到四先四后："先学后教""先做后说""先思后议""先讲后评"倒

置教与学、学与思的关系，一节课的学习由"预—学—思—达"的全过程给学生赢得学习的主动权。是让教师在转变教学方式的过程中有所遵循，同时我们也让老师明白：不同的学科、不同年级的教师还要结合自己学科及学情特点，合理化地设计每一节课的教学内容。

随着"自主课堂"研究的不断深入，我们也感到不仅教师要关注学生能否"会自主学习、有学习能力、小组合作以及学生的表达效果，同时学生也要学会关注自我学习状态，学会"健康地进行自我评价"也极为必要，建立了和兴《争当学习小标兵评价单》：让孩子们每节课后自己评价，一节课中是否做到了五个一：提出一个自己要研究或不懂的问题；发表一个自己独到的见解；发现同学或老师的一个智慧思考方法；实现一次与同学的合作；获得一个方面或一点的提高，从而形成"乐学善学，勤于反思"的准确评价自我的能力。

五、加强集体备课明确改进目标

教学管理中让老师们明确"自主课堂"并不是教师全部撒手给学生，让学生漫无目的地学习，而是对教师理解教材、掌控和驾驭课堂的能力要求更高了，因此各学年、学科教师更要加强集体备课，学年增设了备课组长，增强学科备课力度。备课中，团队教师在认真研读教材的基础上抓住教学的关键点，重点备：学生的最近发展区，也就是和新知相关联的学生已有的知识有哪些？学生可以自己思考和发现的过程是什么？学生自己能够学会什么？教师要引导的关键点及学生容易出现的易错点、易混点又是什么，让教师在集备中真正发现问题、解决问题，坚决不搞花架子。本学期学校还根据实际情况，增设了两次"碰头备"时间，教师随时提出自己教学中的困惑与疑问，集思广益、畅所欲言，团队教师互相交流，进行思想上的碰撞，形成教学设计的总体框架，并且就如何突破教学的重难点形成有效的实施策略。

六、"自主课堂"初见成效促进师生全面发展

"自主课堂"的研究，最大受益者是学生。增强学习自信心，有兴趣选择学习内容，会与他人合作分享，主动查阅、搜索资料，并学会对自我学习结果进行评价，培养良好的学习习惯。让有能力的学生才智得以发挥，使胆小、后进的学生得到充分的锻炼。在培养学生自主学习能力的过程中，课堂上在发生着"悄悄的改变"，教师改变原有一言堂状态，更多地将知识的形成过程放手由学生自主探究，更多地让孩子站在了课堂的正中央，改变不仅表现在课堂上，还突出显现在作业上，各班已将作业作为充分展示学生自主学习能力的体现，作业分为必做和选做内容，除《资源评价》生字、作文为必做内容之外，学生还可按照所学内容完成展示自己个性的"实践性作业""特色作业"、不同孩子特点的"分层作业"。自主选择自己喜欢的内容完成的"自主作业"。有的班级还设立了"零作业日"既可以激励学生主动性发生，又做到了给学生"减

负"。各学科老师也积极以培养学生的动手实践和创造能力为主，开展草帽DIY绘制、薰衣草制作、设计校徽、绘制校园平面图等作业形式，有很多已经悬挂到我们的教学楼廊里，充分展示学生个性化创意，同时为学校整体文化氛围的提升做出了巨大贡献。

老师们也在研究中不断成长，在韩校长的带领下，学校三位副校长及三位教师参加了省实验教学说课比赛，分别获一、二、三等奖的好成绩。刘军老师在省国培实验课教学中做数学展示课、刘春艳老师在市道德与法治学科研讨会做示范课、李冰冰老师在市英语学科"四新"教学研讨会上做展示课，高莹老师在市区综合学科进行讲座，张晶老师在区道德与法治学科百花奖上做示范课、现在还有多位教师正在积极参加全国计算机融合课的说课大赛，信息技术学科吴颖、柳丹老师成为国家级青少年软件编程指导教师，在全国中小学信息技术（NOC）大赛中吴颖老师还作为哈尔滨市领队带领学生参加信息大赛，在2019年度哈尔滨市中小学编程大赛中共有20人获一等奖，宁波国赛1人获得一等奖，编程比赛1人进入省赛，15人参加能工巧匠比赛。2020年的青少年无人机大赛2人进入佛山总决赛。教师和学生的进步使学校有了更多的发展空间，和兴小学也有幸成为南岗区"课程改革点校"、哈尔滨教育学院、剑桥学院的实习基地、国培计划项目的培训基地等。

和兴小学的"自主课堂"教学研究是一项系统工程，我们只是刚刚起步，还需进一步探索与实践。我们还在思考"如何做到学科内容的整合""各年段教学中不同层次学生开放与自主的程度如何把握""如何提升教师学科知识素养"等问题，带着思考，带着责任，我们正努力引领教师走在培养学生核心素养与教师发展的路上，让教师在研究的过程中增加职业的幸福感。和兴人将矢志不渝、初心不改、稳步前行，努力创建品质学校，在南岗教育百花园中释放出独具和兴韵味的芬芳异彩！

办学理念

学生培养为中心　　质量提升为基础
教师发展为关键　　特色彰显为目标

为学生茁壮成长奠基

突破瓶颈 夯实常规 提升师生求知力

隽蕊捷

一场突如其来的疫情让我们真切地感受到网络信息时代的瞬息万变。如何把握住时代的脉搏，跟上时代发展的步伐？全面提高教师队伍素质，现在的研究生也在迫切应聘小学教师岗位，在学校发展的新征程上，将会面临更多挑战，那么如何认识新矛盾、解决新问题、迎接新挑战？大家是否有种"本领恐慌"的危机感？只有不断增强学习力，突破瓶颈、提升本领，才能克服危机感，提升教师专业能力，进而全面提升学生的核心素养。

一、用"学习强国"平台 激发党员学习力

为落实习近平总书记的号召"梦想从学习开始，事业从实践起步"重要指示精神，我校党员教师，每天热情高涨地参加党员"学习强国"学习，深入了解中国改革发展、内政外交、治党治国的重要思想，丰富的信息库、权威的内容带动着每位党员如饥似渴地学习着，激励党员教师更加奋发有为！利用一切可利用的时间进行学习，交流体会。韩校长会经常在党员群里发一下自己的学习感悟："学习不松懈，学习有进度。"不断鼓励大家！我也是每天清晨醒来第一件事就是打开"学习强国"，已习以为常。也让我养成了"挤"时间去学习、持之以恒的好习惯。所有党员教师都把时间碎片放进"学习强国"中，郑晶莹老师一直是学习中的领军人物排在榜首，李洁然、田晶欣、周力几位老教师也都走在了学习前列，榜上有名。学习让我们不断提高思想觉悟、文明素质和素养，把学习与工作相结合，立足岗位，以身作则，充分发挥党员的先锋模范作用。现在全体领导班子、党员积极分子，包括吴颖老师也都积极主动地参与进学习强国学习中，也希望有更多的老师加入，加入强国的学习之路。

"中国好教师"也是一个非常好的学习平台，疫情和假期期间，很多老师都积极参与平台上组织的紧扣我们平常教学中出现的教育教学困惑问题，聘请教育专家以主题演讲、情景再现、多方研讨等新形式，帮助我们解决教育的真问题，老师们非常珍惜这样难得的学习机会与优秀的学习资源，认真聆听，仔细做好培训笔记，积极思考，不断总结自己的收获。这个假期又有李梅、吴颖、高莹、柳丹等多位同志获得了学习证书。学习已成为一种生活方式、一种精神追求，也是一种政治责任，自觉做到终身学习，我们一直前行在路上。

二、用"夯实常规" 促进教师学习力

学校的快速发展离不开一支高素质的教师队伍，只有精细化的"常规管理"突破瓶颈问题，才能不断提升教师学习力，培养出一支素质优良、业务精湛的教师队伍。

（一）突破教案"累赘"，重视"有效"，促进"实质"

重视意义：

教案进修教研员下来第一项就是检查教案，因此教案必有其存在的意义与价值。教师上课的原则也是"没有教案不能进课堂"。

瓶颈问题：

1.设计环节不清晰。

2.教案与上课不一致。

我校教案模板虽已初步成型，教学目标、重难点等项目都已齐全，但数学教案环节简单、语文教案层次不清晰的现象还时有发生。教案设计两个例题，课上只讲一个例题，不按教案环节上课，自己想到哪讲到哪，很随意，因此教案实用性不强。

问题原因：

对一节课的教学目标，是否能够达成，教师本身不重视，凭经验比较随意，想到哪讲到哪。

改进措施：

1.落实"三级管理"制

学年分配好单元主备人，主备人首先修改教案的适用性，教材现已确定，教案认真修改，一年比一年更适用，组长及备课组长首先在运用的过程中负责检查，重视研讨，学年教学领导负责检查把关。

2.做到"两个统一"

统一使用：检查合格教案学年教师统一使用，统一按教案上课（包括教学进度、板书等环节要与教案一致）。

统一思想：备课中重点研讨教案环节，教学目标制定是否合理、教学环节是否适用、可操作，是否通过教学环节与策略达成教学目标。学年教师在共同研讨过程中达成教学思想统一，备课中直接进行补充修改，形成课堂适用教案。

检查改进：

首先做到自检，我们领导听课中看教案，整体环节是否与教案一致，教案是否操作性强，有价值，要接受上级领导检查，不断改进。

（二）突破课堂"教师讲得多"，重视"有效"，促进"提质"

重视意义：

课堂中教师讲得少学生才会讲得多，很多老师习惯于自己讲，生怕不讲学生就不

会，出现问题老师马上讲，但如果学生不过脑，学习效果不佳。

瓶颈问题：

教师讲的多学生说的少课堂上很多是老师在说总怕学生不会。

问题原因：

没有整体梳理有效问题，教师的思想观念不能转变。

改进措施：

请老师们必须转变教学观念，课堂教学做到"五个让位"：

1.把"课本研读"让位给学生。

2.把"自主学习时间"让位给学生。

3.把"学习活动的空间"让位给学生。

4.把"提问的权利"让位给学生。

5.把"学习的体验"让位给学生。

教师少讲，就要做到"五个不讲"：不讲学生已经会的，不讲学生能学会的，不讲学生怎么也学不会的，在学生思考问题的过程中不要太急于讲，在学生发表不同见解时不要急于讲解多听听学生的想法。

把握住"五个讲好"：

讲好重难点，讲好规律，讲好方法，讲好易错点，讲好易混点和易漏点。

（三）突破备课"走形式"，重视"实效"，促进"高质"

瓶颈问题：

周二集体备课还存在不能抓紧时间、唠嗑说话较多，没有真正研究教材，备课记录不是当场真实研究记录，而是照教参后补。

问题原因：

对集体备课重视不够，真正研究教材、研究学生、研究教法的意识不够。周二的集体备课也应该像上课一样，不能随意去做其他事。

改进措施：

1.为提升教师的学习力度，班科任1:00之前到指定教室学习30分钟，进行头脑风暴。接受新思想、新理论、新教法等方面的学习，提升思想意识。然后是一小时数学，一小时语文，科任学科的集中备课，做到短时高效。

2.做到"真研究"：在把握学段课标，落实语文单元主题、数学章节例题前后衔接的基础上，重点研究每一课时的"五个不讲和五个讲好"。学生已经会的是什么？学生能学会的是什么？学生可以自己思考过程是什么？学生能够概况出来的是什么？本节课的重难点是什么？学生发现的规律如何指导方法？易错点、易混点在哪儿，这些必须强调。

检查促改进：

1.重视"听课"，促进"落实"，领导课堂听课，检查加以反馈，听评课指导，促进教师课堂改进。接受进修教研员、初教科视导检查，不断改进课堂教学方式，提高课堂实效性。

2.加强教研，开展"基于学科素养，促进高效课堂"团队研讨课，采取"啄木鸟课堂"系列活动，互听互评，共同改进。

3.开展骨干教师示范、引领课，互学互帮，加快改进。

三、用"培养训练" 促进学生学习力

叶圣陶先生说："教是为了不教。"学习的真正意义不是知识的获得，而是掌握学法，学会学习。

本学期重点关注培养学生学会自主学习的"五种"关键性能力，指导学生学会：

1."预习"的能力；

2."提问"的能力；

3."运算"的能力；

4."朗读"的能力；

5."应用"的能力。

瓶颈问题：

测查，不会的还是不会。问题原因：孩子没有学到位，孩子没读懂文章自然课上回答不出来老师的问题，老师就不得不自己讲。

改进措施：

采用"三步训练法"，让孩子在掌握方法、经过训练后能形成习惯。

1.预习能力的训练：三步

老师可以查找一下方法，找到适合自己班级特点的方法（培养孩子能力）。

一步，先教。（教的不仅是知识更是方法）（不同颜色的笔圈画）

一、二年级重点读音、生字、词的认读，三年级过渡由词到句子再到篇章，四、五年级自己阅读文章、自学数学章节，学会批注。

二步，再练。每天坚持，激发兴趣，目标明确。随着学生的知识增长，要求逐渐提高。

三步，考查。班级学生互助检查、测试检查、学校检查反馈。

学校听课过程中，随时检查学生的书，看学生是否做到书上有圈画。

2."提问"能力：培养学生学会质疑，训练学生积极主动地提出不懂的问题，真正经过自己独立思考"深度学习"会提出有价值的问题，同时又要训练学生学会合作，具有共同解决问题的能力。

3.我们都知道"运算"能力可以说是小学数学中最重要的一项能力，计算习惯主要

包含书写习惯、审题习惯和验算习惯等。书写习惯：教学中教师就要以身示范，在平时的板书中规范，引导学生的规范书写，保证作业本的干净整洁，不随意地涂擦，清晰掌握算理，尝试引导学生建立错题本，才能做到计算准确，这是我们要教的。

4."朗读"能力：将文章读通顺、读流利，学会有感情地朗读，孩子们才能爱上阅读，我们要培养学生具有扎实的"朗读、基本功"，帮助学生建立自信、增强语感，学会更多生字，学会更深入地理解文章含义。课上更多地让学生去读，很多内容孩子自己读着就能读懂、就不需要老师讲了，所以我们要给孩子更多读的机会。

5."应用"能力：学习的目的是要学会应用，我们教孩子认字的目的是要能够更快更准确地阅读，我们带领学生学习文章的目的是引导学生学会作者表达的方法，逐步运用到自己的作文中，其他学科也同样如此，带入和运用到生活中非常必要。通过各种活动、语境，激发孩子将所学内容主动应用。相信只要经过老师的精心培养，学生定会有不同的表现。

检查改进：

1.通过听课过程，观察班级中学生是否有更多的孩子具备以上五种关键性能力，不同层次的孩子是否能够有不同的发展。

2.九月份我校将进行（1—5学年）口算计算训练、能力展示汇报。

3.十月份我校将进行（1—5学年）背诵朗读训练、能力展示汇报。

4.十一月份全校百词书写大赛，十二月份应用能力测查。

我们经常说的一句话 "授之以鱼，不如授之以渔。"教师的责任就在于教学生学会学习，在培养学生良好学习兴趣的基础上，更要授之以方法。不断培养学生学会学习的能力，树立"终身学习"的观念，比传授知识更为重要。

四、用"教师培训" 提升教师专业能力

我校教师培训工作结合区师训工作计划部署，坚持注重实效、联系实际、立足校本的原则，充分发挥校本培训的功能和优势，营造有利于教师终生教育和可持续发展的良好环境，造就师德品格高、业务素质强、教学技能全、教学基本功硬，具有一定研训能力、适应新时期新课程改革需求的教师队伍。

（一）业务培训求"稳"

以课题研究为抓手，增强教师的科研意识，培养教师的可持续发展能力，引领教师真正走进教师专业型发展学校。

加强现代信息技术知识的培训和运用，提高教学技能。结合区教师培训工作精神及本校教师情况，实施"四个一"工程，即每人每学期读一本教育理论专著，上一节研讨课，评一节课，写一篇有质量的教育叙事。同时，继续加强教师粉笔字和钢笔字的练习与指导。本学期继续进行钢笔字和粉笔字交替完成的基本技能训练。

（二）自身提高求"精"

1.充分发挥教师自身主体创造性、能动性和资源优势。按计划、有步骤地开展研究活动，特别注重平时研究，坚持教研结合。提倡写自学读书笔记、教育教学随笔，撰写教育叙事、教育教学反思、研讨交流报告等。结合教学、科研、德育等工作要求，教师进行阶段性的文字梳理。

2.以读书节为平台，建立健全的读书制度，经历"头脑风暴"，实现文化自觉，练好"内功"。通过评选书香教师，调动教师读书的积极性。每位教师每月建议读一本书，每月进行读书交流。

3.继续积极参加远程研修工程，并效仿远程研修中"两轮备课三次打磨"的模式对新岗教师、骨干教师进行校本研修式培训，在课例打磨中快速成长。

（三）骨干教师培训求"质"

加强我校骨干教师的队伍建设，充分发挥其科研带动作用，为我校创建名牌学科、名牌教师打好科研基础。实行名师包干制度，在开学初评选学科首席教师，学科首席教师和各学科教研员一起对本学科教师进行指导、帮扶，签订目标责任书，每学年至少发展一名骨干教师。同时组织部分骨干教师外出参观学习，开阔眼界，提升理论水平。实行外出学习的教师必须完成"四个一"：上一节汇报交流课，做一次交流，交一份书面汇报材料，组织学科一次教研活动。以此实现信息互享，共同提高。

（四）"新"教师培训求"实"

以读书工程、网络教研工程、名师工程为主要路径，采取集中与分散相结合，以分散为主；导师指导与自我实践相结合，以自我实践为主；本地观摩与外地学习相结合，以本地观摩为主；专家传授与互相研讨相结合，以互相研讨为主。通过这些方法，开展师徒结对工作。

1.完善教师专业成长档案，记录个人成长足迹，实现跟踪指导。校本教研中要加强各学科转岗教师的培训。根据教师的不同情况，可将教师分成"适应"培养层、"成长"培养层和"成熟"培养层三个层次。

2.切实关心教师成长，尽快提升教师素质。制定工作目标，制定具体的工作方法、工作内容及措施。

工作目标：

实现"一条途径，两点要求，三级创优，四个做到"的总体目标。

一条途径——研修，通过学习研修达到自我发展，共同提高。

两点要求——形成富有个性的课堂教学风格和具有特色的精品课。

三级创优——争创区骨干、区名师、高级教师。

四个做到——为人师表的楷模、课堂教学的能手、教学改革的闯将和教育科研的先锋。

3.努力将转岗教师培养成敢上课、能上课、上好课、有成效、想研究的专业教师。新学期，我们主要采取"啄木鸟课堂"系列活动：新岗教师诊断课—骨干教师诠释课—师徒拉手同行课，通过一系列的活动，全面提升转岗教师的课堂教学水平和骨干教师的引领作用。

五、用"特色课程"提升学校智慧

经过全校领导及师生的共同研究，立足学校和学生实际，我们正式确立了打造和兴小学校园课程体系的初步思路，并开始付诸了实施。这个思路是："一个中心，两个目标，三个内涵。"

一个中心：以"培养全面发展的小学生"为中心，力求使校园文化从德、智、体、美、劳诸方面都能给学生以良好的影响和锻炼。

两个目标：一是提高学生的生活品质，让学生从经典的阅读、智能的信息能力、辛勤的劳动中培养高雅的生活情趣，从而摒弃低俗的爱好，提高生活品位，形成健全的人格；二是服务于整体教育教学，校园文化的打造不能流于形式，脱离教学，要成为学校整体教育教学的有益补充和不可分割的一部分。

三个内涵：是指通过三个途径营造和积淀成三种各自独立而又密切相关的文化氛围。一是通过引导学生阅读古今中外的经典而逐步形成"书香文化"，二是通过开展全校性的智能信息课程而逐步形成的"益智文化"，三是通过劳动教育课题研究与实践而逐步形成的"劳作文化"，三种文化从各个角度服务于"培养全面发展的小学生"的"一个中心"，实现提高学生的生活品质，服务整体教育教学的"两个目标"。学校的综合实践活动和校本课程的开发和实施便以此为依托展开了。

1.以经典阅读为品牌，初步开发与实施适合学校的"国学"校本课程。

2.重视全年级信息技术能力教学，开设智能机器人等课程，为整体的信息技术教学服务。

3.规范校本课程评价体系，形成模式、健全资料、走向成熟。

4.营造校园文化氛围，利用学校和学生优势，综合实践活动开展得有声有色。

5.规范劳动教育实践教室的建设，逐步形成学校特有的吃苦文化氛围。

工作重点：

梳理课程体系，形成完善、完整、有特色的和兴课程体系。

随着课程体系的完善，让学校真正有特色、教师真正有思想、学生真正有特长。

漫漫育人路，唯有不断学习，拓宽教育视野，丰富理论内涵，才能超越自我，适应新时代教育发展的要求，让我们共同为打造"智慧校园"共同努力！

构建特色德育体系　打造优质德育品牌

张　皞

张皞　德育副校长，高级教师。忠诚于党的教育事业，为学校提速发展全力以赴。曾获"哈尔滨市德育工作先进工作者"、"南岗区支持少先队工作好校长"、"南岗区德育百花奖优秀组织者"等称号。教育感言："积跬步以至千里，汇小流以成江河。"

在疫情背景下的新学期德育工作难度将增强，责任将更大，任务将更重。将繁杂的工作做到"安全有序、融会贯通、相得益彰、凸显特色、提升品质、打造品牌"是本学期德育工作思路的关键词，本学期的德育工作要求全体和兴人树立"四个意识"，做到"四个确保""三个凸显"，德育管理精细化是本学期德育工作的重点突破瓶颈。构建"以生为本"的特色德育体系，打造"和谐共育"的优质德育品牌，是本学期德育工作的首要任务。

一、防疫工作常态化，确保校园师生安全

按照上级要求，本学期防疫工作与安全工作相结合，学生上下学采取错时错峰，高度重视饮食及活动安全。在保证防疫物资充足的基础上，加强全体师生动向管理，继续做好师生健康码的上报统计工作，确保信息准确，发现异常情况第一时间上报。每周设定防疫值周领导和值周教师，做好早、中、晚防疫工作管理。保证学生一日五次测温（居家、入校前、晨测、午测、晚测）。班主任老师每周一早上，将上周测温、通风、消毒记录上交学校大队部，学校统一归档。身体不适，有发热症状的孩子不要到校（咳嗽、腹泻等也不建议到校），生病的学生必须持有医生诊断作为复课证明才能到校，有

外出到省外的孩子再返回哈尔滨，必须进行核酸检测，持有检测证明才能到校。进入秋冬季，要做实防火、防寒工作，在做好消毒工作的同时高度重视水、电安全，树立"人人都是校园安全员"的意识，发现任何安全隐患第一时间上报学校，将安全隐患扼杀在萌芽状态。管理精细化的突破重点：细化分工、责任到人，保证防疫值周全方位、无死角。保健老师负责每天病、事假情况核实汇总（随时发生），人事老师负责上报师生出勤情况（每天9点之前），教导主任负责统计师生健康码上报情况（每天上班、上学之前）。德育领导每月进行防疫数据月归档，确保防疫工作万无一失。如果在校期间有发热学生，必须第一时间告知学校，学校启动应急预案迅速上报，发热学生需要拿医生复课证明来校方可复课。建立校园安全台账，每周进行不定期抽查，抽查结果计入安全量化考核。

二、创城工作进行时，确保创城氛围浓厚

本学期是创城复牌的关键学期，上级督察重点在校园周边创城环境营造及校园师生文明行为方面。我校按照上级要求，在创城公益广告、讲文明树新风广告、创城标语等宣传氛围方面已经比较完善，需要关注的是车辆停放、无照商贩、小广告及环境卫生几个方面的时刻关注，要做到车辆停放有序、没有无照商贩经营、小广告及时清理、环境卫生整洁干净、宣传板有污损及时更换。全体师生、家长使用文明用语，全体教职工包括保安、保洁，必须会背诵社会主义核心价值观、志愿服务精神、志愿服务理念，做到文明交通，不随地吐痰，不在公共场所吸烟，杜绝一切不文明行为。全体老师发现有上述情况马上向学校报告，树立"人人都是创城监督员"的意识，为创城复牌工作全力以赴、尽到责任。管理精细化的突破重点：对小广告和社会车辆停放建立管理日台账，保安、更夫做到每日早晚一检，发现问题及时记录，解决处理，无法处理立即上报学校。

三、垃圾分类有实效，确保环境卫生整洁

按照上级要求，垃圾分类工作也是本学期的重点工作。学校已经在标准化四色、垃圾箱布置，在宣传氛围营造上做了充分准备，目前相关材料还在完善中。垃圾分类活动的开展做到了党员先行，教师和学生将陆续开展相关主题活动，以志愿服务等形式在校园、社区等场所开展丰富多彩的活动。四色垃圾箱要与防疫垃圾箱、污物桶区分开来，要求全体老师树立"人人都是垃圾分类监督员"的意识，老师为学生做榜样，发现垃圾分类投放有问题的学生要及时地对他们进行教育指导，确保垃圾分类投放准确，校园环境整洁干净。管理精细化的突破重点：建立垃圾分类管理台账，由各楼层负责领导带领卫生员每周一、周三检查，班级做到垃圾桶日日清、不留残余，并向领导汇报进行月汇总归档。期末评选最佳环保班级。每月要进行一次垃圾分类主题教育，让全体师生入脑入心。

四、常规养成重训练，确保良好行为习惯

学生一学期没上学，行为习惯养成需要狠抓落实。在防疫背景下，良好的秩序更是

防疫工作保证实效的前提，同时也与创城工作紧密结合。"保证纪律，不喧哗打闹，自动成行；遇见老师主动问好；认真听讲、大胆发言"就是本学期行为习惯的训练重点。重点关注新一年，争取家长的大力协助。常规养成非常琐碎，关注点可能是课堂内外的每一个角落、每一个学生，所以这就要求全体老师树立"人人都是德育工作者"的意识，发现学生有违反要求的情况要适时协助学校教育管理，不要视而不见，确保校园活而不乱的常规秩序。管理精细化的突破重点：强化班主任培训及值周管理，增强责任意识，每月进行文明班级评比，期末进行文明班级表彰。以"评"促优，以"优"带佳，形成良性激励评价机制。文明班级的评比重点在课间纪律、两操情况、环境卫生三大方面，班主任培训本学期共进行三次，校本研修两次，分别是针对好习惯养成等方面，力求实效。

五、主题活动再创新，凸显优秀德育品质

依托少先队阵地、艺体卫课程与活动、法治教育活动，充分挖掘常态活动的创新点，将"老生常谈"变为"别具匠心"，形式上新颖的同时确保卓有实效的教育意义。每一次对外宣传的活动，无论是请进来还是走出去，都能高标准体现和兴的教育品质。为深入贯彻落实习近平总书记致中国少年先锋队建队70周年贺信精神，聚焦少先队政治启蒙，紧紧围绕增强少先队员光荣感，建立阶梯式成长激励体系，培养少年儿童朴素的政治情感，响应共青团中央，以及教育部、全国少工委的文件要求。让品学兼优、组织意识强，有担当、有责任心、有奉献精神的适龄儿童先加入少先队组织。这既是对这些儿童的一种肯定，也是为其他同伴树立了学习的榜样，有了榜样的引领才能使组织更优秀，而组织中的队员才能越来越优秀。管理精细化的突破重点：注重活动设计和组织的细节，对活动亮点和教育点的整合深入思考，注重少先队组织构建的辐射作用，以大队引领、中队推进、小队落实的层级方式规范少先队组织管理。培养优秀的少先队干部是重点。艺体课程与活动将继续利用好课间操，将太极操、啦啦操、彩绳舞等项目训练好，开展好艺术节、体质健康检测、跳绳训练、冬季长跑、眼保健操比赛、冰雪活动等项目，让孩子们的课余活动更加丰富多彩，促进孩子们全面、健康发展。立足我校法治教育基点校的优势，继续开展"与法同行"讲座，"12.4"宪法宣传月等活动，切实开展好法治教育，引导孩子们做懂法守法小公民。

六、师德师风当表率，凸显优秀师表群像

不触底线、恪尽职守是师德工作的关键词。不违规违纪，建立良好的家校关系，与家长通力合作是师德工作的制胜法宝。老师的榜样示范作用对学生的教育力量是无穷的。按照上级要求，期末将开展师德演讲、教师满意度评选活动，将优秀教师进行大力宣传推广，树立敬业爱生、师德高尚的师表典型，凸显和兴教师的优秀师表群像。管理精细化的突破重点：强化师德档案的重要性，增强关注教师工作动态（尤其是班主任教

师），通过平台公开学校师德师风舆情反映热线，每月进行师德培训。年终满意度优秀教师作为次年评优首选。

七、工会服务促和谐，凸显优质人文关怀

定期征集教工意见，关心教工日常生活，为教工搭建发声平台，切实解决教工生活与工作中的需求和难处。组织教工，喜闻乐见、有益身心的工会活动，让教工感受到工会组织的呵护与温暖。本学期每月开展一次全校型工会活动，在征集教师意见后确定合理可行的付诸实施。管理精细化的突破重点：工会服务的人文化、规范化，每次工会活动以快乐、温暖、有趣为设计基调，真正起到服务教工、凝聚人心的作用。

立德树人是根本，提升品质是关键，打造品牌是目标。千头万绪的德育工作是教育教学工作的连接点和融合剂，处处是德育、事事有德育、时时想德育。在学校立足新起点、开拓新局面的背景下，将德育工作做得卓有实效、富于新意和品质已经是必然趋势和途径。和兴的德育工作必定会生机勃勃、意趣盎然，焕发出欣欣向荣的无限活力！

在大德育体系背景下，增强德育工作实效性
——"自礼"教育德育体系工作汇报

张　崞

一所学校要想形成品质、全面发展，就必须以"立德"入手，以良好的学校风气和教师高尚的师德，去感染、塑造具有崇高师德的教师和优秀品格的学生，才是学校优质发展的基石。我校德育工作顺应时代的发展，全面贯彻党的教育方针，以《中小学生工作指南》和教育局"大德育体系"为指针，提出"养成教育净化学生心灵品格、德育课程促进学生全面发展，校园文化提升学生道德素养"的德育工作目标，以创建文化校园为主线；坚持学校教育、家庭教育、社会教育三结合；坚持管理育人、课程育人、活动育人的三融合，为学校教育教学常规营造良好的育人氛围。营造良好的校园文化氛围，促进了学生在学习上的自信，生活上的自理，行动上的自律，心理上的自控，情感上的自悦，最终目标为培养德才兼备、全面发展的优秀学生。

一、制度领航，营造文明有礼的校园氛围

（一）构建有效德育管理网络，身先士卒，"以礼"育人

学校形成了校长负责—副校长、主任主抓—班主任监督的三位一体德育管理网络，以管理育人为重心，形成"一会、一结、一区"为途径的德育管理体系。一会：每周进行德育管理团队学习例会，每位德育领导自备德育管理内容学习材料，轮流主讲、以学促思。各种先进教育理念的学习，提升了德育素养，增强了工作经验。一结：每月的工作小结，养成自省自思的工作习惯，及时梳理，查摆不足，养成"日事日毕"的好习惯，提升了领导执行力。一区：设立领导分管责任区，每个领导都有自己的"责任田"，重点抓好分管学年的师德师风、安全、文明礼仪。

（二）拓宽德育工作网络，完善德育工作制度，构架家、校、社共育桥梁，形成德育工作合力

德育工作网络做到横纵贯通，家、校、社紧密结合，形成有力的"德育工作网"，让家、校、社协同育人起到较好效果。每学期的新生入学仪式、校园艺术节等大型活动，都是学校与家庭沟通交流的良好平台。通过线上培训讲座的方式在家长开放日上传递正确有价值的教育理念，赢得家长的高度认可。疫情期间，学校邀请优秀志愿者服务队走进来，执教心理辅导课。学校还特聘了家教专家在家长微信群进行每日定时的远程培

训，并通过微信群、微信平台等信息化途径将学校教育教学活动、重大事情、收费明细等及时发布；让家长与学校、与社会的关系和谐融洽，让家、校、社协同育人工作相得益彰，均取得良好的育人效果。

德育工作制度通过班子协议、党员商议、全体决议的规范流程，强化了管理"自制"，实现了制度公开、公平。全体和兴教师践行着全员育人理念和"弯腰精神"，在走廊中、操场上见到了学生不文明行为都会及时制止和教育，包括保安、保洁人员都随时对学生进行德育教育，改变了班主任唱独角戏的局面，形成了有效的教育合力。学科德育渗透不分课上课下，如学生的学习用具是否摆放整齐，回答问题是否按照要求、下课时是否摆放桌椅，准备下节课学习用具。课后提醒学生捡起桌下的废纸等，真正做到了"举手投足见德育"。

（三）常规管理"自制"有序，规范养成"以礼"育人

以"三岗"监督常规，即：红领巾值日岗、教师流动岗、领导监督岗。坚持值日岗制度，对于检查的情况每天及时公布，并根据实际问题，不断改进，做到有问题及时解决。

（四）充分发挥班任工作室辐射作用，确立德育工作"关键元素"

我校班主任队伍工作年限均值达十五年以上，是一支经验丰富、底蕴深厚的有力队伍。"慧眼育人"校级班主任工作室成立以来，定期开展了读书交流、案例分析、个案研讨、专题学习等形式多元的活动。每次研培活动有主题。有碰撞、有成效，及时将每位班主任亟待解决的问题集中学习，共同研讨策略，通过工作室成员的活动，把最精华的工作方法提炼出来，在全体班主任工作会议上进行培训推广。让班主任教师结成师徒对子，形成班主任团队良好的梯队建设。学校拥有一批优秀校级班主任带头人，对学校的班主任队伍建设起到良好的带头作用。各班依据班情制定了班级成长日志，提炼出班级特色文化和班规班训，确立班名，真正做到班班有"文化"，生生有"规范"。

二、课程先导，挖掘实践活动的育人优势

（一）多元活动让学生更自主

以活动育人为重心，以六项专题教育为主要抓手，通过各种形式和途径开展相关活动：渗透社会主义核心价值观教育的主题升旗仪式；关注生命教育的红领巾广播站；体现劳动教育的文明星级班级评比活动；彰显感恩之情的教师节主题教育活动；夯实文明礼仪教育的校本礼仪创编操；专注心理健康教育的德育班本课程……丰富多彩的各种活动为学生们搭建展示平台的同时，给予学生自己策划和设计的空间，让他们尽情展示自我，培养自主管理意识。同时，充分利用节日开展系列教育活动，在主题实践活动中促进学生良好德行的养成，如：三八节的母爱心意卡；端午节的旱地赛龙舟；三校联合开展的运动会；读书节的诵读大赛等，每项活动都让学生们大有收获并内化于行，提升了

学生的综合素养。

（二）德育课程让学生多元发展

以课程育人为重心，在上好德育实践活动课的同时，学校积极开发多项校本特色德育课程，如综合实践老师徐萍和郑晶莹开发的校本礼仪课、创编的校本礼仪操，音乐组创编的彩绳操、体育组创编的太极操等已在全校推广并收到良好效果，让学生们在做操的同时潜移默化地将文明礼仪铭记于心，成为校园中一道亮丽的风景。

三、环境优化，创设清新舒适的雅致空间

（一）让墙壁说话

楼廊布置充分展示了学生的主体作用，用其在综合实践、美术、校本等课程制作的作品展示在楼廊，培养学生尊重他人成果的意识，使校园变成了他们的展示乐园。同时，学校新建的书吧也充分发挥其育人功效，上万本图书让孩子们在课余饭后爱不释手，整洁有序的读书环境成为孩子们阅读的天堂。

（二）用标语唤醒

楼梯、走廊、操场的垃圾箱上，花坛里、厕所中、洗手池旁……随处都有养成教育"温馨提示"，让学生随时随处都能在"温馨提示"下自觉检查和规范自己的行为举止。一个个提示通行方式的"小脚印"也能让学生们自觉跟着"规范"走，达成自律的德育养成目标。将教育名言、"争当四有好老师"的宣示、勤俭节约的美德谚语等布置于醒目处，让师生随时可见，起到了文化环境育人的教育效果。

（三）使花草传情

"蓓蕾成长园"和"园丁培育园"是师生共同耕耘的种植基地，种类繁多的各类农作物为校园增添了勃勃生机，同时也融合了生命教育和劳动教育，让学生懂得生命的可贵和对劳动的尊重。

四、师德为基，培养身正学高的魅力之师

（一）以崇高师德塑和兴精神，让师者光荣抒自强礼赞

师德工作战略化、常态化，制度化，逢会必讲。定期评选推送"四有"好老师，开展了"我身边的小豆豆"师德故事征集活动，让老师将自己的师德故事娓娓道来，在回忆过程中提升光荣感和使命感。在班主任团队中开展了"成长火花印记"的论文征集活动，让班主任老师与学生的"师生情"跃然纸上，树立师道尊严的自强意识，用实际行动赢得社会与家长的礼赞。

（二）发挥体育名校传统优势，传承自强体育精神

和兴体育的优秀来源于和兴体育人的自强精神。几十年来为学校取得黑龙江省传统项目基点校、全国足球特色基点校等殊荣，更是各级各类体育赛事的"常胜将军"，这

都要归功于和兴体育人吃苦耐劳、不计得失、永不言弃的自强精神。体育组作为优秀团队和教师团队中的"排头兵",为和兴教师传递了正能量,为和兴学生树立了好榜样。

"老骥伏枥志在千里,静待花期任重道远"。让"德育"二字"润物细无声"地培养学生、成就老师、发展学校,让德育成为每位和兴师生思想形态中真正意义上的心灵自觉,助力学校向着品质学校创建之路不断迈进,这就是和兴教育人的不懈追求和光荣使命。

家校携手　共育英才

刘　洁

刘洁　副校长，三十多年的教育生涯中爱岗敬业，勇于担当。曾荣获国家级实验课题优秀校长，市级骨干校长，市级数学和德育骨干，市级优秀教师，市级精神文明个人标兵，区级优秀共产党员，区级优秀德育工作先进个人等称号。用爱心启迪孩子的心灵，用激情点燃孩子的智慧。

　　家长学校是社会主义精神文明建设的场地，是宣传正确的教育思想、弘扬中华民族的优良传统、普及家庭教育科学知识的良好场所，是广大家长了解孩子生理、心理发展、掌握科学的教育方法和技能，是协助学校共同促进学生健康成长的主要窗口。

　　家长学校的成立有利于家庭教育的科学规范，有利于形成良好的家庭教育氛围，有利于家、校沟通，形成教育合力，有利于家长素质的提高，有利于家庭教育观念更新，有利于提高学校的教育教学质量，有利于社会大环境的优化。对完善学校、家庭、社会三位一体的教育体系，营造良好的教育环境，深入推进素质教育，促进学生的全面发展具有重大意义。

　　学校积极开展家长学校工作，帮助和引导家长树立正确的家庭教育观念，掌握家庭教育的科学知识和方法；组织开展形式多样的家庭教育实践活动，增进亲子之间的沟通和交流，为家长提供指导和服务，解决家庭教育中的难题，提升家长教育培养子女的能力和水平。增进家庭与学校的交流和沟通，形成家校良性互动、合作共育的工作模式，为学生健康成长营造良好环境。

一、建立健全家长学校管理制度

学校制订了切实可行的年度和学期工作计划，按计划定时开课，针对不同年龄段家长的实际，实施分类办学，合理设置课程和教学内容，积极动员家长参加学习，提高家长受教育率。有课程表、家长学员登记卡、考勤签到簿，并建立健全有关家长学校的组织成员名单、教师名册、授课记录、讲课稿、家教论文、会议记录和音像等资料。

二、加强家长学校教师队伍建设

家长学校聘请学校具有良好的思想品德修养和业务素质的优秀教师，以及具备一定的家庭教育技能和经验的优秀学生家长及家庭教育专家担任家长学校的授课教师，通过培训、科研、考察、实验等活动，不断提高教育教学和管理水平。

三、合理设置家长学校教学内容

我们从学生、家长和学校的实际出发，根据学生的年龄、学段、地域、家庭环境等各种因素的差异，有针对性地组织教学内容。

一是让家长了解孩子。由学校的优秀班主任向家长们介绍学生成长发展过程中的生理、心理特征，阐述学生的社会适应性问题，明确学生的学习能力与发展状况等。

二是让家长了解教育及学校。召开座谈会，向家长们介绍教育法律、法规、方针政策以及学校的教育教学情况等。

三是让家长了解家庭教育。由家长学校校长给家长们讲家庭教育的各类基本知识。

四是让家长了解自己。邀请家庭教育专家讲教育学、心理学的基本常识，让家长正确定位个人在家庭中所扮演的角色。

四、建立三级家长委员会

为确保家长学校各项工作有序开展，在家长学校工作领导小组的基础上，成立了三级家长委员会，并制定了相关工作制度和各岗位职责。定期召开会议，商讨家庭教育中的重点、难点、热点问题，有针对性地开展家长学校工作。各班级委员会由班主任牵头组建，在管理体制上我们实行分级管理，层层落实的办法，确保了家长学校工作项项有人管、事事有人问。为使家长学校更加规范，我们向家长们下发了《家校工作"八禁令"》《"四零承诺"细则》，成立了"四零承诺"监督家长委员会，并建立和完善了家长学校的《家长委员会章程》《家长委员会职责》等各种规章制度，制度的完善使学校管理逐步迈向系统化、规范化和序列化。

五、开展丰富多彩的家校活动

1.家长开放日活动

家长开放日是学校教育教学融合的一大亮点，以班级为单位精心组织的经典诵读汇报，得到家长们的交口称赞和一致好评；参观师生齐动手栽种的蔬菜、水果种植园，感受学校的种植课程文化；参加庆祝"七一"党的生日活动、参加"三校运动会"及学生们的入队仪式、毕业典礼，让家长与学生共成长。

2.家长进课堂活动

家长进课堂活动开创了家校合作模式的先河，家长们各怀绝技，令人刮目相看：通晓天文地理的；精通笔墨丹青的；熟悉佳肴烹饪的……家长们教得尽心、学生们学的开心，营造出快乐轻松的家校携手共同育人的氛围，为家校共育提供了更多的机会和途径。

3.重视家访

在家校联系与沟通上，我校充分利用现代化信息技术开展家教活动。每个班级都设立了"家校联系卡"。学校要求每个班级都建立微信群、QQ群。家长与教师每天都在微信上沟通，了解孩子的学习情况、在校情况。学校班主任定期转发家庭教育的文章和案例，收到了很好的教育效果，改变了单一的家访方式，多媒体的信息技术成了学校与家庭的互通纽带，有效地促进了家校携手、联合教育。

六、家校携手抗击疫情

受新冠肺炎疫情影响，学生不能到学校上课，线上网课成了学生的学习新模式。为了保证学生学习的有效性和健康成长，家长学校发挥了积极作用。

1.别样的家长会

（1）"纾忧心 暖人心 树信心"家长知情会

这是在特殊时期以特殊方式开展的一次家校交流。通过先进的技术手段，实现了远程无接触的会议形式。同时，班主任又以丰富、专业、有趣、生动的内容，向家长传达学校工作情况、心理健康知识、亲子交流技巧，从而起到家校联合、共育人才的作用。

（2）"隔空不隔爱 家校云相聚"网络家长会

21位班主任和家长们，为了孩子们学习不断档、成长不延期，借助网络平台举行了不寻常的"云相聚"新学期特别线上家长会。

（3）"家校携手 助力学生成长"学期中家长会

以学年为单位召开线上家长会，由四位校长分别对家长们进行防疫知识宣传，指导家长如何陪伴孩子进行网课学习。

2.有效的专题培训

（1）"家校云相聚 携手育英苗"专题培训

全校教师携手全体学生家长，通过网络"云"一起聆听了著名国学专家、家庭教育专家白兴亮教授关于"传统文化回归家庭教育'三部曲'"的直播讲座。白教授从家庭教育对传统文化的缺失、如何回归、回归的五个方法等方面进行了翔实的阐述。精彩的讲座让老师和家长们受益匪浅，班级家长群里引发了共鸣，感谢学校能够提供如此好的家庭教育相关学习资源。

（2）"家校携手 抗疫护童"主题培训会

为了贯彻落实习近平总书记在全国教育大会上的重要讲话精神，进一步增强抗疫期间家庭教育指导的针对性和有效性，帮助家长树立正确的教育观念，形成了家校协同育人机制，营造了有利于儿童健康成长的良好环境。

学校与学生家长们在网络"云"端相聚，开展了"家校合作 抗疫护童"家庭教育主题活动。家校校长对家长们进行了"面对疫情防控下的复学，家长们要做哪些准备"的专题培训。

三名学校优秀班主任针对、中、高段学生的年龄特点，分别从"培养学生良好的学习习惯""语文能力的方法"，以及"如何做个好家长"做了主题讲座。家长们积极参与，认真学习，受益匪浅。

3."我的成长印记"学生作品集

这是一段特别的童年记忆——

最为漫长的寒假，

最多陪伴的父母，

隔着屏幕的老师，

形影不离的口罩，

……

当童年遇上疫情，

我们把难忘的记忆；

融入小小的身躯，

把成长的力量，

化作永恒的成长印记，

记录成长，记录美！

孩子们在家长的指导下，把疫情期间完成的教育教学活动拍成视频或照片，以拼图或彩视的形式留下了"我的成长印记"这段难忘的经历。

4."家校合作 并肩前行"信件交流

疫情期间，学校分别从抗疫知识宣传、抗疫一日流程、学生安全健康防护、教育教学活动开展、学生网课学习建议等方面多次致家长一封信，时时与家长保持密切联系，助力学生成长。

5.依托公众平台推出"和兴家校"专题栏目

依托学校微信公众平台，通过"和兴家校"专题栏目，建立并完善"参与式"家校共育机制，宣传家校工作，展示家校活动成果，推荐家庭教育好文章等，帮助家长在学生居家学习生活期间，实现学生成长和家庭建设双重效应，助力亲子共同成长。

　　扎实有效的家长学校工作让家长们走进学校、了解学校，参与学校的活动，家长们的教子观念发生了变化，愈加重视孩子的品德与心理健康。家长素质得到了提高，家庭育人环境得到了优化，学会了家庭教育的方法与策略，密切了家庭与学校的关系，形成了教育合力。家校携手，共育英才，助力学校办成百姓家门口满意的品质好学校。

导语：

"和乐"中谈"仁德"

教育是单调乏味的。备课、上课、作业、试卷、纪律、卫生……周而复始，年复一年。然而教育也是最值得享受的，因为每一个学生都是精彩的生命个体，每一个教育时刻都可能创造生命的奇迹。

我们踏上讲台的第一天起，我们就在憧憬未来，希望能给学生一片蓝天。随着社会的发展和知识的更新，对学生的需求，对教师的职业生涯提出了更加严峻的挑战。要求教师与时俱进，让我们拥有永远鲜活的"水"，这鲜活的"水"缓缓流向学生，学生回味的是"水"的甘甜，而我们教师享受的是成功的喜悦。享受教育必定是每位教育工作者矢志不移的追求与梦想。著名教育家朱永新在谈及"享受教育"时曾说："你的眼里没有色彩，你的生活就不会缤纷；你的心里没有阳光，你的教育就不会辉煌。"享受教育，你就多了一份快乐的心情，你会把每一个挫折看成是考验，你会把每一种困难看成是磨炼；享受教育，你就多了一股创造的激情，你会把每一堂课精彩地演绎，你会把每一句话精心地锻造，你会把校园变成追求卓越的教育梦工厂；享受教育，你就多了一种生活的诗意，你能从平凡中品味出伟大，从失败中咀嚼出辉煌。

教育的阳光在哪里？教育的色彩是什么？如果你能热爱教育，用心体验教育，你就会感受到教育的阳光与色彩。如果你的教育是与学生心灵的融合，灵魂的对话，智慧的碰撞，生命的互动，你的教育就会充满阳光和色彩。有了阳光与色彩，我们的教育就充满真情与诗意。

教育叙事，就是讲教育故事，陈述的是教师在日常生活、课堂教学、德育活动、教改实验等教育实践活动中曾经发生或者正在发生的故事，陈述的是具体的、情境性的、活灵活现的教师经验世界，记录教师心灵成长的轨迹，是教师在教育教学活动中的真情实感。教师通过教育叙事反思记录着自己的教育工作，表达着自己的教育思想。我们把这一份份情真真、意切切的叙事汇编成册意在留住真情，反思教育，促进我们的教育提升。这一篇篇优秀教育叙事，从作者的字里行间，我们看到作者或讲述教师文化，或发表教育观点，或评析师生情谊；在写法上旁征博引，没有理论的阐释，行文缜密而不失活泼，结构自由而不失严谨，富有"理趣"性。相信，每位读者会在故事中回味真情，在真情中享受教育。

我与"和兴"的故事

隽蕊捷

1991年，刚刚从师范学校毕业的我来到和兴小学，听着老校长深切的告诫："干一行就得爱一行，做教育工作就得有一份责任心。"这句话让我铭刻在心，无论走到哪一个岗位，都始终把"责任"二字放在首位。

正因为有了教师这份责任，在和兴十年的班主任生涯中，我把全部的身心投入到教育教学之中，关爱每一个学生，不让一个孩子掉队。也正是因为这份责任，让我在父亲生病期间，都是早晚去护理，没请过一天假，直到父亲病危之前，我还是先来到学校安排好班级学生，才和领导请假匆匆跑到医院去见临危的父亲最后一面。结婚是等到教了六年的孩子已近毕业，生孩子是一直坚持到临产前一周才离开学校，在当时"和兴"严格的氛围熏陶下，总是有一种自我约束感，不能因为自己的私事而影响学校的工作。

作为当时的年轻教师，被随时听课是必然的，这使我养成了习惯，每天睡觉前教案肯定放在枕边，晚上看一遍第二天要讲的课，早晨再溜一遍，往往是半梦半醒之间，脑子里总是溜着教案。每学期每人一节公开课，就连50岁以上的老教师都在做，作为一名没有教学经验的我，只有反复钻研教材。当时没有现在如此先进的电脑网络，我就到书店购买各种教案设计的书籍，为的是让自己的课堂有一个更为创新的花样。为了上好一节课，反复修改的教案不下数十次，也正是一次次的磨炼、不断的学习、老校长们的反复指导，让我逐渐成长并越来越走向成熟。在教育教学工作中，通过不断的认真学习，我逐渐对所教学科具有了系统丰富的专业知识和教学经验，能创造性地处理教材，有自己独特的教学风格，教学基本功扎实，教学技能娴熟，教学水平有了很大提高，在区里获得百花奖一等奖，并在市级教学活动中做《太阳》一课，同时在省专项技能展示中获优胜奖。

2000年2月，我调到了铁岭小学，正因为有在和兴小学的积淀，教育教学工作成绩突出，我通过学校中层干部竞聘，步入教导主任工作岗位，被任命为铁岭小学教学主任。在铁岭小学做了15年的教学主任，分管了学校的科研、培训，近三千人的学籍管理和学校的各学年教学工作，把每一项工作做好，让领导放心，踏实认真，一直是我的一种工作态度。我努力做好自己的本职工作，协助校长一丝不苟地抓好教学常规落实与各项考核评估工作，做好教导处事务性工作，使学校教学工作按部就班、管理井井有条，竭尽全力为教师的业务提高、专业成长搭台铺路，做好三千多名学生学籍的规范管理，为提高学校的教育教学质量保驾护航。

也正是因为有了这份认真与执着，2015年3月，经过教育局正规考试程序，又回到了曾经见证我青春与汗水、成长与奉献过的和兴小学这片沃土，我带着从前的回顾与依恋，走到教学副校长的岗位，我更为学校的发展心急如焚。从担任教学校长的那一天起，我便把"责任"担在了肩头，以兢兢业业、默默奉献的工作态度，将满腔的热血倾注于学校教学工作之中。为了能够更快地提高课堂教学质量，我下定决心从头抓起，带领教师们研究教案，领着示范集体备课流程，从没有教案到有了成形教案，再到"自主教案"，从集体备课到听评课再到"研究课"，一步步地规范着和兴小学的教学行为。正因为是班主任出身，所以我更加理解老师的辛苦，更多的是激励和引领，努力转变教学观念，以"自主课堂"为切入点，注重培养学生"学会学习"的核心素养，每天巡课、听课，指导教学。牢固树立为学生、为教师服务的思想，秉承着热情、公正地对待每一个人、每一件事。做好校长的助手，教师的桥梁和纽带，积极配合校长将先进的办学理念，严谨科学的管理机制、富有前瞻性的学校发展蓝图根植于教师心中，扎扎实实地开展好学校的各项工作。我更领悟到教育的真谛——在工作中要履职尽责做表率，勇于实践争先锋，引领教师逐渐走向深入教学研究之路。

转眼间近三十年的教学生涯已过，我忽然感到孩子们是那么天真可爱，每一个生命的绽放都有他独特的魅力。给孩子们上课，和他们交流，让我感到是一种享受，会令我创设出许多智慧的火花！感谢校长的鼓励、老师们的支持，让我又增添了信心，坚定了信念。我要与和兴小学的伙伴们共同战斗在一起，与智者为伍，与善者同行，努力为和兴小学的发展奉献出自己的一片赤诚之心！

生日的颜色

张　嶂

我向往的生日，
充满了缤纷而幸福的色彩。
像是晨间剔透晶莹的露珠，
蕴藏着升华为碧空云朵的希望；

像是路边生机勃勃的花苞，

满怀着绽放成美丽花蕾的力量；

像是林中破土而出的幼苗，

饱含着挺拔出参天身躯的梦想。

但是，这希望、力量、梦想，

又都是这样相像。

希望的碧绿欲滴，

力量的火红向上，

梦想的金碧辉煌，

都蕴含着清澈坦荡、明亮浑厚的爱之底色，

是对蓬勃生命的敬畏与歌唱，

是对伟大母亲的感恩与颂扬，

更是对温暖人间的憧憬与凝望。

我向往的生日，

充满了缤纷而幸福的色彩，

也欣欣然的洋溢着与生相伴的爱之荣光！

注：此诗获得教育部语言文字应用管理司、中华诗词学会联合举办的2017年度全国诗词创作征集活动二等奖。

因"和"结缘 因"和"聚首

刘 洁

每个人都有许多斑斓的梦想。1990年7月，我实现了儿时最大的梦想，成了一名光荣的人民教师。从初为人师的班主任，再到教导主任、副校长的管理岗位，印证了我的努力与拼搏。

2013年5月，我因工作调动与和兴小学结缘，先后主管德育、教学及家长学校工作。期间又因工作需要被借调到南岗区社区教育学院。2019年3月，我又重新回到学校。我清晰地记得就在上级领导通知回学校报到之时，惊喜地接到了还未曾谋面的韩吉青校长打来的电话，韩校长说："欢迎你回家！"刹那间我的眼睛湿润了，话虽不多，却温暖如春。

回到学校担任家长学校校长，负责家长学校建设方面的工作，与校长、主任们共谋学校发展之事。韩校长对我更是问寒问暖，关怀备至。韩校长的信任，伙伴们的支持，使我回到学校后的工作生活舒心、开心，更尽心！

每每看到韩校长早来晚走，全身心为学校、为师生的发展殚精竭虑工作的身影，我也打消了想平平稳稳、轻轻松松地度过退休前的两年时光，重新燃起了全身心投入工作的热情。

2019年5月29日20时40分，伴随着隆隆的火车轰鸣声，带着校长的信任和老师们的期盼，我带领学校第一支研学团队开启了为时三天的黑河、俄罗斯布什文化交流研学活动。

5月30日清晨，踏上黑河土地的那一刻，我喜欢上了黑河——蔚蓝的天空，清新的空气，整洁的街道，热情的主人……

三天的研学活动，共走进五所学校，参观了瑷珲历史陈列馆和知青博物馆。同时也领略了异国风情及本土景观。

三天的研学活动，感悟颇多。

"缘分"：来自学校的不同岗位的6位同事，组成了学校第一个研学团队，吃、住、学习、工作在一起。

"震撼"：黑河五所学校的办学理念、校园文化建设、学生的养成教育、课程建设等值得我们学习。

"情怀"：五所学校的领航人都有着教育家的风范，热爱教育事业。

"希望"：这次研学活动，让我看到了和兴小学发展的未来，也看到了老师们自身成长的未来。

"感恩"：感恩韩校长的信任，让我收获颇多。感恩黑河及布什学校领导与教师的热情接待。感恩研学团队伙伴们的相互支持、互相关爱。感恩研学期间在校工作的领导与老师们为我们承担着工作，让我们在外安心学习。

作为家长学校校长，我深知肩负的责任。我利用一切空暇的时间来学习有关家庭教育方面的书籍，参加最前沿、最高端的家庭教育培训班，丰富自己的理论知识、策略方法和指导能力。

一年多的时间里，我成立了家长学校，组建了三级家长委员会，针对不同年龄、不同性格表现的学生家长，进行了十余场家庭教育专题讲座，让家长们转变了教子观念，掌握了教子方法，受益匪浅。尤其是在疫情期间，更是借助"网络云"平台，及时向家长们传递疫情消息，普及疫情防控知识，进行心理疏导，指导居家线上学习方法，帮助建立良好的亲子关系，共同平安健康地度过居家的学习生活。

2020年9月，我又承担了班主任工作。54岁，学校里最年长的班主任。我每天早来晚走，忙于疫情防控工作；忙于班级管理；忙于数学和语文的知识传授；忙于学困生的辅导；忙于各项活动的开展……身心疲惫，乐此不疲，累并快乐着。

"和兴"——和正乐学，兴业报国。有幸与和兴人结缘，与和兴人聚首。"莫道桑榆晚，为霞尚满天"。我将尽我所能助力和兴小学的再辉煌。

融入学生　成为"新新人类"

张　琦

张琦　中共党员，高级教师，数学学科市级骨干教师。曾获得市、区级优秀教师、优秀班主任，德育先进个人。

　　人们习惯把八十年代出生的人群叫"新人类"。因为他们想法新，做法新，更重要的是他们中很多都是独生子女，而我也成为的其中一员。

　　小时候，我不屑于和小朋友们玩"小游戏"，自己躲在阳台扮成老师上课，煞有介事。没想到长大后模仿秀变成了真人秀，而我所教的更是一群独立，更有个性的"新新人类"。

　　上班的头一天夜里，我辗转反侧，想起上小学时，班级同学把新来的老师气哭的情景。于是我暗下决心，板起脸给他们个下马威。第二天40分钟的课，我没笑一下，课堂静静的，我暗暗得意。可好景不长，没出一个月，淘气的学生蠢蠢欲动，再后来，我的强势"镇压"失效了。

　　这是怎么了？我请教老教师后幡然醒悟。我和他们不过差七八岁，如果不是在学校，可以以兄弟姐妹相称。我明知道什么样的老师更受欢迎，而自己偏偏向往最不受欢迎的那一种。儿时梦想实现了，我却把这个梦变得灰灰的。

　　从那以后，笑声进入我的课堂。上课的我带着微笑，疑难问题编成有趣的情境，奖励的是一个小笑脸，下面的学生听得津津有味，课堂不需要维持纪律，因为没有一个学生舍得溜号。课下孩子们围着我，我们聊着共同喜欢的话题。我也把画的漫画人物送给他们做礼物。看着孩子们如获至宝的样子，我想这应该就是教育该有的模样吧！

　　育人到底育什么？经过长时间的研究后，我得出了结论：我们的最终主旨——立德树人。以德为根本教育学生，遵循学生的认知规律，这样的教育是长效的，也是实效的，不浮于表面，不流于形式，对学生的终身成长影响深远。

我与学生共成长

朱 睿

朱睿 中共党员。一级教师，1996年参加工作，曾担任和兴小学班主任、大队辅导员和德育主任。目前兼任一年级班主任。曾多次获得"哈尔滨市优秀教师""哈尔滨市优秀大队辅导员""哈尔滨市德育先进个人"等荣誉称号，并多次在省、市、区级赛课中获得好成绩及指导奖。教育感言：教育无他，爱与榜样。好的教育，就是用大爱做小事！

师者，传道授业解惑也。记得初为人师的我，总是认为老师就是权威，老师教什么学生就学什么，并时时处处都要捍卫自己的威严，尤其课堂上，不敢笑，坚决不能有学生出现异样的声音与答案。于是，班上的孩子很少提问题，也不敢提问题，课堂上的学生都是木然的神情。然而上班不久便让学生给我上了生动的一课，让我知道了什么样的老师才是真正的"传道授业"，更让我知道了"教学相长"这个词语及其真正的含义。

"老师，这道题我的答案没错呀，就应该是52本，和你的答案是一样的，为什么给我圈出来了还扣分了？"

看着刘宇同学一脸无辜，一手举着试卷看似质问我的语气，我不开心了，一定要维护老师的威严的想法顿时冲了出来。我指着他手里拿的题目"书架上层有98本书，下层有40本书，要使上层的本数是下层的2倍，就要从上层拿出几本书放到下层？"对他说："测试前，我再三强调用方程解应用题，因为顺向思维更有利于你的思考！"

"可是老师，我用这种方法简单呀！上层是下层的2倍，就可以看成上、下层共3份，98除以3就是一份的量，也就是下层的数量，再用98减去下层数量，得到的52就是拿出的数量，和你的答案一样一样的。"

"用方程试试！"

"用方程我不会，我只会用这种方法！"

"不行，学了就应该会，不会的话看板书，看会。实在不会，老师再给你讲一遍！"

"那我这道题答案是对的，老师你不应该给我扣分！"

"因为你没用方程解，测试前我再三强调，因为我们刚学习完这种方法！"

"我对了，你为什么给我扣分……"

和他你一句我一句中，这个孩子哭了，哭声引来了其他学生探究的目光，我毫不客气地批评了他，因为他扰乱了教室的秩序，最主要的是他侵犯了我师者的威严，我心里暗暗想：绝不允许这样的情况再次出现。

第二天的数学课上，这个孩子心不在焉地坐在那里，我讲什么问什么看似根本没有听进去，提问他，他就说不会，别的学生看到这种情况，也不敢举手发言了，数学课上得我筋疲力尽。回到办公室，我和学年老组长说了这件事，她把我单独叫到一间无人的教室，和我聊了好久，让我对教师的职责有了深刻的认识，也让我产生了改变课堂教学方式的想法。

回到班级，我和孩子们进行了检讨，肯定了刘宇同学的解法，看着笑容又爬上他的脸颊，我又问他是否有兴趣让老师再给他讲讲方程的解法。课下，这个学生主动找到我，很快就理解我所教给他的方法。在以后的课堂上，我变得幽默了，会笑了，学生更爱发言了，争着表达自己的思路想法，课堂变得活跃又高效。

【思考】

《礼记·学记》提出："是故学然后知不足，教然后知困。知不足，然后能自反也；知困，然后能自强也。故曰：教学相长也。"在处理刘宇同学的问题中，我只关注到培养学生解决问题的能力而忽视了对学生学习热情的保护，一味地维护老师的威严而让学生缺少自主思考与创新的能力，兴趣才是最好的老师。从此以后，在课堂中我更关注学生的自主思考与合作交流，使学生获得更多的学习技巧与能力，而我也在教学中，被学生一次次地教育与感染，引发我的教育思考，改变我的教学方法……教与学中，我和学生共同成长。

科技艺术显身手

韩文德

韩文德　区体育骨干，学校后勤主任。一直为学校运转保驾护航。曾获得市优秀教师，市道德先进个人，多次做观摩课，多篇论文获奖。教育感言：踏踏实实做人，勤勤恳恳做事。

我第一次认识小周是在1998年暑假接任三年级（4）班的时候。交接班那天，我一踏进教室就看到了他。他是个非常帅气的小男孩，卷曲的头发，大大的眼睛，很惹人喜爱。当时我就向任教数学的陈老师询问他的情况。陈老师告诉我，小周很聪明，就是做作业拖拉，哪怕是考试时，他也是这样无所谓。不管老师怎么劝告和批评，他依然我行我素。我边听着陈老师的介绍边看着他的反应，只见他东瞧西望，一副若无其事的样子，好像陈老师叙述的对象不是他而是其他同学。我想，这个学生的行为比较特殊，还应该从其他方面多了解些情况。我进行了家访，那天只有他父亲一人在家。当我说明来意后，他父亲告诉我，他妻子带儿子去学跳舞了，原因是儿子平时不合群，家长为了改变这种状况，为他报名参加"国标舞"的培训，希望通过学习跳舞，多和他人接触，在校能和同学相处融洽。他爸爸又拿出各种书籍给我看，说他儿子非常喜欢看书，为此他父亲还参加了"贝塔斯曼书友会"，以便能有更多的信息买到一些适合他的书。看来小周的父母非常重视儿子的教育，不光在学习上，而且在怎样做人也真是用心良苦。只是儿子年龄尚小，不理解父母的一番苦心。最后他爸爸叹口气说："我们花了这么多的精力，为他创造了这么良好的条件，但好像效果不大，希望老师能对他进行帮助。"看着他父亲着急的样子，我也不知说什么好。通过其他老师的介绍和家访中小周父亲的叙述，我对这个学生只能说是初步了解，最终怎样，要靠我在实际接触中加深了解。新学期开始了，我对小周特别关注。我发现他上课无精打采，下课就他一个人在教室或走廊上走来走去，从不跟其他同学玩耍；班集体的事他也不关心，值日生不肯做，更不要说其他事了。我曾经问他为什么不和同学玩，他回答："我从来不和同学玩，在家也是我一个人玩，习惯了。"看来这种情况是多年累积的，一定要找出问题的原因所在，选择适当的方法，才能取得教育的效果。

一、科技节，他初露锋芒

一年一度的科技节来临了，学校大队部要求每个同学制作一个科技小作品，最好是废物利用。我在班级中又强调每个同学都要以集体利益为重，重在参与。这时，小周主动问我："韩老师，我能否按照科技报上那些科技作品去制作一个？""当然可以！"看到他这样的态度，我打心眼里高兴，因为他从来没有这么主动过，这说明他对科技制作很感兴趣。第二天，他捧来了一堆科技报和几本《少年科学》杂志题给我看，让我做参谋。我看到这些小制作都比较复杂，要花一定的精力，担心他会全力以赴做他感兴趣的科技作品而耽误做作业，但又不能打击他的积极性，就同他；"你怎么看？"他说："这些制作太难，我想做个既简单又好看的。"第二天，只见他下课后坐在座位上不停地翻阅科技书。转眼一星期过去了，每个同学都在积极地准备着，想在科技节闭幕式上献上自己的科技小作品，为集体争荣誉。我看小周这边毫无动静，担心他一腔热情过后又打退堂鼓，忍不住问他："小周，你的作品怎么样了？"他朝我笑了笑，神秘地说："到时候你就知道了。"看来他也在紧锣密鼓地干着。科技节闭幕式那天，每个同学都带来了科技作品，只见摆在小周课桌上的是一架飞机，红色的机身，黄色的螺旋桨，用手一拨开关还会转动呢，看飞机上的零件，都是利用的废物。他爸爸非常支持他，帮助他一起翻阅资料，因材料问题就推翻了好几个方案。后来，他偶尔看到一只小电扇，触发了灵感，两人一起合作，以小周为主，制作了这架漂亮的小飞机。当校长来各班挑选科技作品时，一眼就看中了他的作品，拿到学校去展览。这次我们班还被评为"爱科学班"。事后我问他："小周，能为集体出力，获得荣誉，感到光荣吗？"他使劲向我点头，脸上露出了灿烂的笑容。

二、艺术节上又显风采

为了让学生得到全面发展，艺术节拉开了序幕。学校要求每个中队都要排练一个节目，定在五月中旬进行审查，挑选出好节目在"六一"庆祝大会上表演。时间很紧，又面临考试。我考虑到小周有跳舞的特长，可以少花些时间排练，也为了调动他的积极性，让他和一名女同学合作跳一段"拉丁舞"。起先他的老毛病又犯了，排练时扭扭捏捏，无精打采，看得别人光着急，使不出劲儿，任你怎么劝他也不管用。他妈妈告诉我，每星期一次的跳舞学习，他也是这个样子，很不认真，希望我能借助这次艺术节，让他改变。之后，每次排练我都给予鼓励，并在休息时向他讨教跳"国标舞"的几种常识，让他感到自豪，老师也请教于他，慢慢地他的积极性被调动起来了，对每天的排练开始热心起来。中午放学后，他赶紧回家吃午饭，放碗筷就带好音乐磁带和皮鞋（因穿跑鞋跳不出感觉）匆匆到我的办公室，等待其他同学来了后进行排练，而且每一次都是他第一个到。排练时他很认真，不时地纠正自己的舞姿，有时还会主动教那些伴舞的同学。审查通过后，他让妈妈请裁缝做了一件仿真丝的白衬衫。演出那天，他穿上新衬衣，对妈妈说一定会好好表演，为班级争光。在舞台上他跳得特别认真，尽力做好每个动作，台下的许多老师看着他那优美的舞姿，都说现在舞台上的他和以前看到的他简直判若两人。最终，这个节目得到了各评委老师的认同，获得了铜牌。后来，他妈妈告诉我，自从这次演出后，他去参加舞蹈培训班时认真了，进步很大，得到了舞蹈老师的表扬。他表示今后要用更优美的舞蹈为大家表演。其实，小周同学是个很有潜力的孩子，只是由于种种原因，没有好好地发挥，现在有了这种表现的机会，他便能全力以赴，充分展现自己的才能。目前，小周同学与同学和集体的关系有所改善，但要彻底改变，还需要一定的时间。从这一跟踪研究中，我深深地体会到：作为一名教师，不能只单单关心学生的学业，学生也有许多心理的需要，需要我们的关怀与支持，我们要循循善诱，帮助他们改正那些不良的习惯与行为。

用心来诠释　用爱来浇灌　用情来塑造

金　颖

金颖　和兴小学德育主任、班主任。高级教师，区科研骨干教师。市优秀教师、区教育系统职业道德先进个人，在哈尔滨市"做党和人民的好老师"评选活动中，荣获"最美班主任"称号，"百花奖"一等奖、优秀指导教师。教育感言：愿做学生心灵那扇窗，眼前那盏灯，照亮孩子前行的方向，一路陪伴走向远方！

自1997年走进和兴小学，我就以"理想信念，道德情操，扎实学识，仁爱之心"为准则在教师岗位上奉献了二十三载春秋，每一天都是忙碌而充实、辛苦而幸福的。每一天都在具体的教育教学实践和学校管理工作中不断地锻炼、提升自己，不断地收获喜悦。在班主任平凡而又不凡的岗位上，我始终用心诠释着对学生、对教育工作的热爱与忠诚。

一、用爱心滋润学生

我爱我教过的每一个学生，在我眼里学生们就和我自己的孩子一样，都是最美的花朵。我愿意为了呵护他们的成长付出全部的心血。新带的一年级学生自理能力都较差，天气变化的时候，我时常提醒他们随时增减衣服；在教室里用餐的时候，我时时叮嘱他们不要烫到，提醒他们不要挑食，尽量保证全面均衡的营养摄入；有学生生病或在操场上摔伤了，我会马上发现，及时处理；有个学生经常脑供血不足，不是晕倒就是一动不能动，每遇到这种情况，我总是第一时间把学生抱到保健室休息，在身边陪伴，并随时与家长沟通。虽然生活中我是一个特别爱干净的人，但是当学生不小心吐在地上或身上时，我却丝毫没有有嫌弃之心，总是一边安慰，一边教育其他孩子遇到这种情况时更应该给予同学更多的关心和帮助。为了让孩子们养成良好的写字习惯，放学后我在微信上一遍遍地给孩子们指导，一遍遍帮助他们修改……孩子们取得的点滴进步，都会让我的内心激动不已。

二、为学生们操心，值！

班主任工作是一份需要用"心"的工作，这"心"就是对学生无限的爱和对教育工作无限的责任感。我所带的任何一个班级，都跟学生、家长建立了很深厚的感情，得到了他们的信任和理解。许多已经毕业的学生，依然跟我保持联系。这让我想到曾经我对他们的关爱是值得的，因为我也让他们学会了关爱别人。我坚持写班主任工作手记，把与孩子们的交往，把工作中的点滴体会记录下来。当班主任虽尝尽酸甜苦辣，但更多的是收获了成功。我用笔记录了每一个学生从幼稚走向成熟的历程，记录下了他们每一次成功与失败，记录下了我对他们一次又一次的理解、关爱、肯定、表扬、鼓励、赞美……记录下了师生间的那段真情。特别是对于"问题学生"的认真关注，一旦发现问题，及时把问题消灭在萌芽之中。对"移民"学生、"空巢"学生，更使其感受到老师如妈妈一样的爱。

班主任是世界上最小的主任，却有着操不完的心。现在2010后出生的孩子们，头脑更灵活、思想更独立、个性更鲜明，敢说敢做。他们活跃，喜欢表现自己，自信心强，上进心强，同时也存在一些问题。例如：骄傲、娇气，以自我为中心，喜欢表扬，听不了批评，不能够虚心听取别人的意见等。针对这些问题及孩子的年龄、心理特点，我组织学生学习传统美德，结合区"星级少年"的评选活动，在班级从"孝敬父母""尊敬师长""团结友善""热爱劳动""勤俭节约"五个方面制定了详细的评比方案，开展了班级、学校"星级少年"的双评比活动，以此帮助孩子们树立正确的世界观，进而让他们能够有机会赢得更精彩的人生。

三、用循循善诱的耐心感染学生

我们经常听到老师抱怨"现在的学生不好教""如今的孩子太不懂事"等，这是因为现在的孩子们接收到更为丰富、复杂的信息，所以管理班级需要更多的耐心。有时说了一遍不行就说两遍，说了两遍不行再说一遍，讲到每一位学生都能牢记、都做到为止。在平时的教学工作中，最让人头痛的就是"学困生"了，但是既然选择了这个职业就不能怕麻烦，对待"学困生"更是要有充足的耐心。

作为一名教师，组织课堂活动时应该兼顾到每个层次的学生，特别是基础较差的学生。根据学生的基础和接受能力设置不同难度的活动，让尽量多的学生能够参与到课堂中去。我特别关注基础差的学生，给他们提供及时有效的帮助，使他们消除学习障碍，跟上课堂进度。当这部分学生提高后，我又能及时给出评价，鼓励他们，树立他们的信心。冰心说过:"每一朵鲜花都是美丽的,每一个学生都是可爱的。"不放弃任何一名学生正是我秉持的信念!花开很美,等待花开的过程更美!

班级里有一个叫霖霖的孩子,感统失调、注意力不集中,自控和自理能力都很差,上课的时候总爱溜号做小动作,甚至喊叫。对于这样的孩子,爱尤其重要。为了让霖霖尽快适应学校生活,我经常用一个微笑、一个拥抱来安抚他,用一个大拇指、一朵小红花鼓励他。有一天他居然激动地抱着我说:"金老师就像妈妈呀!"这就是爱的力量!我还发动全班同学都来关爱他、帮助他。班级里的每一个孩子都有爱心、有担当,懂得对弱者要无私地伸出援手,对于别人的缺点要大度地包容。五年来,霖霖在这个团结友爱、互帮互助的集体中成长,学习能力和生活自理能力都得到了很大的提高,最重要的是现在霖霖喜爱校园生活,每每他的父母和他一起分享校园生活的细节,他都会很开心。是啊,生活在正能量满满的班集体里。有充满爱心的老师和同学关心他,他怎么会不开心呢?

教育的领域中,爱是永恒的主题曲,爱是不变的主旋律。只有爱的播种者,才是真正的教育者。"一棵树摇动另一棵树,一朵云推动另一朵云,一个灵魂唤醒另一个灵魂"。我愿意用爱浇灌出充满精神滋养的"花朵",用心唤醒"花朵"来享受生命的愉悦,把理想播种在"花朵"的心中;我愿意用"心"来诠释对学生、对教育工作的热爱,做有理想信念、有道德情操、有扎实学识、有仁爱之心的"四有"好老师!

关爱　力量的源泉

王　亮

　　王亮　从事教育工作21年，曾荣获全国"种子杯"班主任风采大赛特等奖，南岗区音乐学科骨干教师，获得南岗区音乐学科教学百花奖"一等奖""优胜奖"。南岗区艺术教师专业素养大赛最佳表现奖，以及音乐学科教师基本功比赛声乐组"一等奖"。被评为南岗区艺术教育工作"先进工作者"称号。撰写的经验论文多次获国家、省、市级一、二等奖。教育感言：爱是打开学生心灵的钥匙。没有爱就没有教育！

　　人们常说："一个好的辅导员孕育着一个优秀的团队"。是的，辅导员老师既是少先队组织的领导者和管理者，又是各项活动的组织者和指导者。辅导员工作"上接天下接地""十处打锣九处都在"，需要处理的事情多而杂，但是也非常锻炼人。作为一名大队辅导员，我与学生接触频繁，对学校大部分学生的情况都了解的比较深入，因而对他们的影响力较大。在日常的学校德育教育管理中，我也常常会发现一些影响学生德育发展的案例

　　我校学生郑某某，自从他进入五年级的时候，就早已是学校小有名气的"淘气宝""打架王"，学习成绩也是"鼎鼎有名"。所有带过他课的老师提起他就头疼。它的捣蛋法真是一套一套的，专爱干一些"坏事"：常欺负小同学，抢女同学的东西，爬树、翻围墙更是他的家常便饭。学习呢，马马虎虎，吊儿郎当，一副天不怕地不怕的样子，有时真拿他没办法，也伤透了脑筋，因为是这种学生，常常破坏同学之间的团结，学校、少先队及班级不管制定什么样的计划和规章制度，他总会带头违反，不遵守、蓄意破坏等，削弱了他所在班级的凝聚力，也影响整个班级教育教学质量的提高。

作为大队辅导员的我，对于他的名声早已耳闻了——郑某某这个学生的大名，但我并没有立即给他一个下马威，而是静观其变，了解他的心理特征。对于我这位辅导员，他并没有放在眼里，依旧我行我素。我把其他同学报告来的"罪状"都记下来。一周以后，我把他找到少先队活动室，没有板起面孔教训他，而是与他和蔼地话起家常来。通过谈话，我得知他家中就他一个男孩，前面有一个姐姐，爸爸当工头，对其疼得不得了。经济条件不错，对其只是一味的庇护和娇惯，听之任之，从不管教他，一味的纵容，所以他养成了以上那么多不好的习惯和毛病。

但通过谈话，我发现他挺机灵的，说话头头是道。我当时没有表什么态，只是把他的所有"罪状"念给他听了，让他想一想应该怎样与同学们搞好团结？和他说如果所有的学生都像他那样，那我们的学校还要不要上课了？并且问他喜欢什么样的老师？这之后有一天，他在无别人的时候，对我诚恳地说：就喜欢我这样的老师，不打学生，还与学生聊天，就像朋友似的。我就问他：那么，你愿不愿意帮助老师把班级工作搞好呢？他试着问我："我能行吗？"我说当然行！只要你改掉以前那些好打架、爱捣蛋的坏毛病，我负责你能在班上当个好班干。他听后很兴奋，很激动。

之后的几天里，他的表现突然好了许多，我在课间操上表扬了他，并向其他同学提出向他学习。这时，他很不好意思地笑了，我发现他还是挺可爱的，只是缺乏相应的家庭管教，本性还是很好的。有一次，他下楼时路过大队室门口，看见只有我一个人在办公室里打扫卫生，便进来问我为什么只有我一人在。我告诉他我在整理物品，他听后便快速地跑走了。我也只顾扫地没理他，以为他玩去了。可是，一会儿他却从班级找来一把扫帚，二话没说就帮我扫起地来。我当时见他一系列的动作，没有任何人指使，却反应那么快。我很感动，连声对他表示感谢，他的脸红了也会心地笑了。

从这件事上，我发现了顽劣外表下掩藏着本性的善良和纯洁，很有助人为乐的精神。反应机敏，这都是他的闪光点。我便以此为契机，非常中肯的表扬了他，希望他同样能帮助其他同学，为学校、为班级多做贡献，于是，我与他的班主任交流，委派他担任了小队长。自从他当上干部以后，学习和工作热情都非常高，自觉改掉了不少毛病，还特地与我聊天。但他有时在工作中遇到不听话的同学，仍忍不住想打人，我便常常告诫他要注意工作方法，不能再随便打人，并指导他怎样为班级工作。

他进步的很快，对我也特别信任。有一次他居然用一周的零用钱买了一盒巧克力送给我，当然我没有接受。但他的这份心意真令我感动！我知道他已完全变了一个人了，并告诉他，送给老师最好的礼物是学习好、品德好。于是他向我表态要好好学习、改掉坏习惯。我告诉他，若有什么不会或弄不懂的地方，随时可以找我帮助。后来证明，他的进步的确很大，尤其是数学课。有一次小测验，居然跃居班级前茅。当时我在大队部向所有大队委员表扬了他。也大大地满足了他的自尊心，这件事情以后，老师们都说他上课时变得爱动脑筋了，也时常积极举手发言，作业也写得认真了，成绩提高了许多。尤其是自身的品德上也变得文雅、懂礼了！

这个案例使我得到了许许多多的启示。我们在平时的教育教学中要对问题儿童有更多的关爱、呵护，不能一味的训斥、指责。老师要用爱心去滋润孩子幼小的心灵，细心捕捉孩子的闪光点，让孩子们在温暖的环境中成长。

我国有一句名言："人生十指有长短，一母同胞有愚贤"。是呀，一个班级中总有这样那样的孩子，只要我们认真对待每一个学生，认真关心每一个孩子，相信任何问题都是有解决的方法的，我们要用温润的心灵交融稚嫩的心灵。会读懂学生，唤醒学生，其实关爱的力量是无穷的，其间我们也一定会收获很多的幸福！

做学校的一颗螺丝钉

李　东

　　李东　1994年毕业于哈尔滨师范学校美术专业，1997年就任于哈尔滨市和兴小学校，担任美术教师一职，2013年3月就职于哈尔滨市南岗区招生考试委员会，负责考务工作。2019年参加浙江大学中层干部培训。作为"种子教师"，于2019年10月在华东师范大学参加"全国中小学法治名师培训工程"专题培训。

　　一个看似平凡的岗位，却能通过出色的工作状态彰显学校魅力；一个看似普通的岗位，却能时时让领导与教师感到放心。因为工作需要，我经常同时在多个部门忙碌：法治教育、家校工作、后勤协助、美术组等。对于很多人来说，多部门的工作共同完成会增加熟悉工作的难度，我却觉得"我愿意做学校、做组织的一颗螺丝钉，学校要把我放在哪里，我就在哪里；组织需要我做什么，我就做什么。"

一、攻坚克难，让法治教育熠熠生辉

　　教育部法治教育司在和兴小学建立了黑龙江省第一间法治资源教室。作为法治教育的前沿基地，从建设到后期使用都要从零开始。我作为学校法治教育的负责人，承担起了这项艰巨的任务。我不仅仅在2019年国庆节期间完成了法治教室的基本建设，连接入网，并在后续的使用中自学软件的维护与升级。短短一年的时间内，和兴小学先后举办了多次省、市、区各级各类法治教育活动，承接了全省各地、市的法治资源教室的参观活动，在全省范围内起到了辐射作用。

　　在外围辐射的同时，我想到创新性地培养学校的法治宣讲员，让更多的孩子走在法治教育的前沿，通过社团活动让法治宣讲员接触到最新的法治知识，再回到班级做具体的法治教育宣传。在多次的区域内法治活动中，法治宣讲员也大显身手，介绍法治资源教室，给大家留下了深刻的印象。

思政课堂是法治教育的最佳阵地。我与思政团队教师一起，细研法治最新文件，配合法治教室配套资源，将一节节的法治教育思政课带给孩子们。在我的课堂上，法治大讲堂、法治时光机、法治游戏都是孩子们最喜欢的环节，和兴小学的法治教育呈现出百花齐放的样态。

二、专业攻坚，做技术型专业教师

在学校，我主管美术团队，同时担任高年级的美术课教学工作。在认真备课、认真上好每一节课的同时，让学生学会鉴别美和创造美，以美育促进德育的发展，提高学生的审美能力是美术团队的教育目标。兴趣是最好的老师，按照学校的总体办学思路，我领着美术组开展的特色美术教学在小学阶段的实践与研究取得一定成效，方向和重点是教学方法和教学手段的创新研究，实施灵活多变的教学方法，设计生动有趣的教学手段，是激发学生参与学习积极主动性的前提。

在教学中，我结合教学内容，以调查学生对作品的理解来讲，以吸引、引导和激发学生，提高他学习的兴趣，调动学生学习的积极性，体现了学生学习的主体地位，学生有了良好的学习氛围。我还充分发挥美术教学的特有魅力，课程内容、形式和教学方式都能激发学生的学习兴趣，同时将美术课程内容与学生的生活经验紧密地联系在一起，强调知识和技能美化生活方面的作用，使学生在实际生活中领悟美术的独特价值。

在南岗区教学"百花奖"赛课中，我将法治教育与美术创作结合在一起，设计的《漫话法治》一课进入决赛，并在综合场上进行展示。

三、螺丝钉精神，在服务工作中发出光芒

利用美术方面的特长，我在学校还负责校园文化的建设工作。这对学校的建设发展来说，就如一架机器上的一颗螺丝钉，螺丝钉虽小，其作用却不可估量。

学校的每一个楼梯墙壁，每一块展板都凝结着我和团队背后默默的付出。课上辅导、征集作品、统一装饰、分类布置等工作，都是利用课后时间和节假日完成的。我比较善于分析工作中存在的主要问题，总结工作经验，及时与领导沟通汇报，根据学校情况，最大限度地节省办公经费，却呈现出最佳的文化布置效果。

四、用心育人，用爱开展家校工作

我在完成自己本职教学工作的同时，还担任家长学校主任的工作。在协助创建和兴小学第一批家长委员会后，依据家长的需求，做了大量的家校协同工作，取得了很好的协同育人效果。

我倡议举办了家庭教育讲座，通过讲座帮助家长确立新的理念，树立新的质量观，

全面发展的高素质的人才观。同时，根据不同情况召开小型座谈会，召开部分学生家长会，指出培养学生高尚的情操、坚强的意志、良好的习惯、健康的心理、健全的人格等综合素质，具有不可估量的作用。在日常工作中，我及时与家长联系：一方面鼓励家长校访，一方面将学生在校情况通过书面联系、电话联系及时与家长取得沟通，取得家长的支持与配合。我创新性地通过"家长与孩子共编健康童谣""家教知识竞赛""家教经验交流座谈""家访回访录""评选优秀家长"等活动或形式吸引家长自觉参与，使家长在理、情、趣相结合的活动中轻松愉快地获得科学教育知识，形成教育合力。在每一次家长开放日活动中，我向家长全方位展示课堂教学，家长们走进学校，走进课堂参加孩子的活动，与孩子共同听课，了解老师的教育方法，还向家长展示老师的备课笔记和学生的优秀作业，进一步增进了老师与家长的理解，从而使家长正确认识学校教育，正确认识评价自己孩子的能力、特长、兴趣等，同时对家庭教育如何与学校教育配合也有了清楚的认识，家长们反响很好，收到了很好的教育效果。这些幕后的布置与协调工作，都倾注了我全部的教育信念。

"螺丝钉虽小，其作用是不可估量的。我愿永远做一颗螺丝钉。"雷锋日记中这一闪光的语言，激起了我崇高的思想火花，激励了我踏踏实实做好学校方方面面的工作，发扬螺丝钉精神，为学校发展做出自己的贡献。

唱响和兴赞歌·奏响美妙乐章

贲飞鸿

贲飞鸿 大学本科学历，教龄20年，和兴小学音乐学科组长。性格开朗、积极、乐观。在工作中不停地与时俱进，始终坚信，一分耕耘，一分收获。多次获得哈尔滨市、南岗区艺术先进个人，基本功比赛一等奖。多次荣获市、区级"德育先进工作者"等光荣称号。同时多次荣获哈尔滨市、南岗区合唱和舞蹈比赛优秀指导教师奖。先后获得教学"百花奖"一、二等奖。多篇教育、教学论文在国家、省、市、区级评选中获一、二奖。教育感言：育人，是不朽的金曲，而我，是用爱唱歌的人。

"教师"——光荣而神圣的称号。2001带着对这个职业的满腔热血，我走进了这所美丽的校园——哈尔滨市和兴小学。弹指一挥间，我在教育这个平凡而又光辉的岗位上，工作了20个年头。"桃李不言，下自成蹊。"怀揣着爱与责任，在这里书写着"师与生，师与校"扣人心弦的美妙乐章。

一、用音乐滋养心田，做学生的筑梦人

我带着一颗仁爱之心对待每一位学生，在所教的二年、五年级的音乐课堂上，我利用学科特有的力量来教育学生，尊重学生的人格，给学生独立的空间，对学生进行多方面的引导和教育。在课堂上我教学非常细心，了解每个班级的特色，哪个班旋律感好，哪个班节奏感好，哪个班的表现欲强。所教的年级跨度比较大，所以我格外注重学生学习习惯和良好性格的培养。音乐课以审美教育为核心，所以我注重培养学生对音乐的兴趣，以学生为主体，让学生在愉快的音乐实践活动中主动地去发现、探究、感知、理解、表现音乐，并在一定知识基础上大胆创编音乐。为了让学生能自信的展示自己，我发起并训练组织每一届校园"口风琴风采大赛"，学生们以班级为特色，以学年为单

位。从班级海选到个人踢馆赛，再到综合汇报展演。每一届的"口风琴风采大赛"，都给了学生展示自己的舞台，让学生自信满满，收获满满。在疫情期间，我为学生编辑制作曲谱，实施线上教学，为学生量身打造"云学习、云展示、云颁奖"。作为一名新时代的教师，要具有先进的教育理念，开拓的教育实践步伐，紧跟时代旋律，不断提升自身的美育素养。为了传承中华民族的经典文化，开设独具匠心的校本特色的音乐课程，《经典咏流传》中华古诗文歌曲传唱，由我本人亲自录制、编辑和制作古诗文歌曲的微课短视频。让学生们通过演唱和手势舞等方式，更加深刻地理解和感受我们中华古诗五千年文化、三千年诗韵的魅力。我带领我校的学生们一起"走进经典"，一起"传唱经典"，乘着歌声的翅膀，唱响时代的殿堂，搭建展示的舞台，放飞学生的梦想，我记录学生展示的照片和视频，并制作成精美的微视频，为学生保留了珍贵回忆，得到了学生们和家长们的一致好评。

二、用仁爱之心，做学生知识的引领人

课余时间，我搜集了很多爱国主义和具有民族特色的歌曲，播放给学生们来欣赏和演唱。潜移默化地培养学生的爱国情怀和思想品德。我也鼓励学生来搜集音乐学习的资料，使学生多去了解民族音乐方面的知识。我组织发起"玩音乐——艺课程"，我在疫情期间梳理教材的难点、重点内容补充"空中课堂，云平台"课程的不足。还在线为学生答疑解惑，我结合学情制定教学设计进行分层引领，切实有效地达到教学目标。我录制了《龟兔赛跑》《神奇的报纸》等音乐微视频。开发生活中的小乐器：报纸、薯片桶、塑料水瓶等等有趣的打击乐器。让学生们在音乐游戏中获得审美体验，感知音的长短、节奏的快慢等，提高了学生听辨能力、创造力、表现力。"三寸粉笔，三尺讲台系国运；一颗丹心，一生秉烛铸民魂。"习近平总书记深切地表达了对我们这一代中华民族"梦之队"的殷切厚望！守望理想，塑造灵魂，传播知识，时时以一个"四有"好老师的标准要求自己，对教育、对学生满怀深情。我并期盼自己在教育的道路上不断创造新佳绩。

我眼中的艺术教育

丁 鹤

丁鹤 从教十五年，现任美术教师，爱岗敬业。用海一样的胸怀接容每一颗童心，愿化作点点雨露滋润每一颗小苗。

艺术教育是生命早期发展的主要动力，是全面提升个体素质与能力的重要路径。每个儿童都拥有一颗艺术的心。儿童就是天生的艺术家。每个儿童都天生拥有着游戏的精神和艺术的心灵。

一些教育家主张，人在7~14岁期间，艺术教育应该成为学校生活的主旋律。所以，没有艺术和游戏陪伴的儿童，是孤独不幸的；没有艺术和游戏的童年，是黯淡无光的。

如果一个孩子丧失了内心的艺术本能，人性意义上的"死神"就会降临。

艺术教育有助于培养人的认知能力；

艺术教育有助于培养人的创造能力；

艺术教育有助于提高人的审美能力；

艺术教育有助于提升人的心理调适能力；

艺术教育有助于培养人的社会交往能力；

更重要的是，艺术教育有助于人的人格的形成。

对家庭而言，艺术教育是日常生活的诗意化，是道德教育的愉悦化。在家庭中有意识地开展艺术教育，首先能够让日常生活变得诗意，让教育变得柔软，从而家庭成员的生命的存在，最终如同诗人荷尔德林赞颂的那样："充满劳绩，然而人诗意地栖居在大地上。"

对人类而言，艺术教育能够帮助我们形成看待世界的第三只眼，交给我们开启世界的另外一把钥匙。人们一旦学会了用艺术的眼睛去看待世界，也就会自然而然地用这只眼睛省察日常生活、反观自我成长，从而在心灵上发现自我，在精神上获得丰盈，在生命上感受意义，在人生中活得从容。

古今中外许多杰出的科学家，往往也是颇具艺术修养的人士。比如爱因斯坦对音乐、文学的迷恋，早已成为脍炙人口的佳话，竺可桢、苏步青、李四光、高士其、李政道等也都具备深厚的艺术修养。

难怪美国艺术学博士贝蒂·艾德华呼吁："人人都应像艺术家一样思考！"

总而言之，艺术教育在人的发展、社会进步的进程中具有不可替代的重要作用。

可以说，不重视德育，损害的是一代人的道德水准；不重视智育，损害的是一代人的认知水平；不重视体育，损害的是一代人的身体健康；而不重视艺术教育，损害的则是一代人的心灵世界，损害的是一个民族的精神、想象力和创造力。

琢玉成器 我们的世界春暖花开

范春玉

范春玉 哈尔滨市和兴小学教师，2004年从事教师工作，从教16年来历任四届班主任，在平凡的岗位上做出了不平凡的业绩。教育感言：捧着一颗心来，不带半根草去。

即使时过境迁，两年多的时间悄然而逝，我的脑海里，依然牢牢地印记着刚刚接手的这个班级，第一次走进三年（1）班教室时的场景！

乱，不可思议的混乱一片！

即使上课铃声响过，我已经站在讲台上，孩子们依然我行我素，课桌上坐着的，钻到桌子底下的，还有满地溜达的……好说歹说，诸生归位，接下来的一幕越发"精彩"，这群"顽童"仿佛一点不懂得课堂规则，说说笑笑，打打闹闹，我这里讲的热闹，他那边，竟有人钻桌子底下了，连女孩子都跟着笑得前仰后合。更绝的是，孩子们下课时不去厕所，上课时，齐齐举手，一问原来都是要去上厕所。

接下来的期末考试，更让我哭笑不得，惊出一身冷汗。好多卷子，答非所问，不知所云，不少孩子还在卷面上乱写乱画，有的画个机器人，有的写着"某某人是小王八"，而且，无论我怎样强调，收上来的卷子，有三分之一不写姓名。

在此之前，对这个班级的状况早有耳闻，不仅全班的成绩与学年第一的平均成绩差14分，还有几位科任老师上课时被气得心脏病发作，几乎所有老师都避而远之。接到这个班班主任的任命之际，我也曾有些犹疑，有些为难，尤其没有想到，班级竟会乱到这样。然而，眼前的诸种乱象没有让我动摇，反而激励了我的斗志，十二年的教学经历。虽然我没有带过这样的差班，但不服输的个性，让我暗下决心：非得把你们教好不可。

我的"治乱"工程，从孩子们的家访开始。

通过走访，我了解到，班上的孩子以贫困家庭和农民工家庭居多，且有一些单亲家庭，多数家长忙于生计，对孩子疏于管理，孩子们也缺乏成长过程中应有的关爱。既然孩子们缺乏应有的关爱，那么就对症下药，就用爱的雨露阳光，滋养这些渴望关爱的"顽劣"心灵，想尽一切办法，把孩子们这段"顽劣"人生，变成一个个"美丽的故事"，让班级成为一个爱的港湾，成为温暖孩子心灵的"家庭"。这也是已经成为母亲的我，悟出的一个简单的人生道理：孩子还小，既要当好他们的老师，也要当好"保姆！"

爱是涓涓滴滴的山泉，汇成河流才能席卷孩子们的心田。

从生活琐事开始，从改变孩子们的行为习惯入手，阳光和爱心在我的手里渐渐展开。我利用下课时间，教孩子们怎样站队；利用午休时间，教孩子系鞋带，整理书包，练习坐姿。随后，我又想出了"家校联系单"的学校和家庭互动模式。每一天，我的"家校联系单"都会写满一篇A4纸，除了向家长交代当天的作业之外，还要留一些需要家长帮助孩子训练养成习惯的作业，还要介绍当天表现出色的各项小标兵。在这样的状态下，孩子们一天天地进步，"家校联系单"也成了我和家长们的感情纽带，家长们对班级的活动更加关心，对孩子的进步更增强了信心。

严冬的一天，放学后，已是晚上七点多种，天已完全黑了下来，还有一位学生孤零零地等在教室里。原来，这位粗心的单亲家长和朋友聚会喝酒，忘记来接孩子，还关掉了手机，怎么都联系不上。联系不到家长，我在家长的联系方式中，找到这位家长的朋友，从他那里得到孩子的家庭住址，和爱人一起把孩子送回了家里。还有一次，一个孩子因为拉肚子，在教室拉在裤子里了，没等家长到来，二话没说，我给孩子清洗得干干净净。这件事，不但拉近了我和孩子们的距离，孩子们也在我的行为中，体会到关爱他人与帮助他人的意义。

班里有名后进生，也是单亲儿童，做事拖拖拉拉、磨磨蹭蹭，学习成绩极差。尤其是数学，每次考试成绩都稳居40分左右。家长对孩子已经失去了信心，作为老师，我的责任却是"一个都不能放弃"。一天，我把他叫到身边，拿出一张早已准备好的本子，神秘地告诉他："这是老师特地为你准备的几道题，千万不要告诉其他同学，免得他们对老师有意见，不过这几道题有一定的难度，我相信你一定能做出来。"其实这几道题都是他很容易做的。他很快地做出来，并神秘地递给我看。我当着他的面一边批改，一边夸赞："你很聪明，反应很快，老师很喜欢你，如果你能把脑子里的"懒虫"挖掉，学习再用功些，相信你能有很大的进步。"这一招果真管用，他的课堂作业从此没在拖拉过，在后来的考试中，他的数学成绩已达到了80分。

作为班主任，提高个别学生的成绩相对容易，而改变整个班级的落后状态则不那么简单，接手这个差班之后，我便有计划地开展了一些"听课明星""发言明星""班级作业之星"等评比活动，来激励和养成孩子们的自主学习习惯。一个个评比，一个个奖励，激励着孩子们进步的脚步。课堂上，他们变得勤于思考，习惯于追问和探讨，课堂外，他们变得好学认真，作业越来越干净，越来越漂亮。努力和坚持，在孩子们的身上没有徒劳。走到今天，班级学习成绩从原来的学年最差，平均分数相差14分，急起直追，平均分提高了20多分，学习成绩学年内名列前茅。

三年的时间一晃而过，如今那群"顽劣"的孩子，已成为我为之骄傲的好学生，在操场上，课间操时，队伍里站姿最标准的准是他们；在教室里，没有轮流值日生，却每天把教室打扫得一尘不染的也是他们；班主任不在时，安静地上好每一节课，次序井然的还是他们；在学校的各项活动评比中，多次被评为"先进集体""文明班级"，乃至于一名同学被评为"全区最美少年"的还是他们……

非常喜欢那英的那首《春暖花开》："如果你渴求一滴水，我愿意倾其一片海；如果你要摘一片红叶，我给你整个枫林和云彩。"我和孩子们的世界也是这样的境界，只要你敞开真诚的胸怀，我们的世界就会阳光明媚，春暖花开！

让你慢慢喜欢"我"

付 琳

付琳 1997年参加工作，二级教师，美术组教研组长。从事美术教学24年以来参加过各级各类比赛均取得优异成绩。让孩子们在学中玩，在玩中学，轻松愉快地绘画，健康快乐地成长。

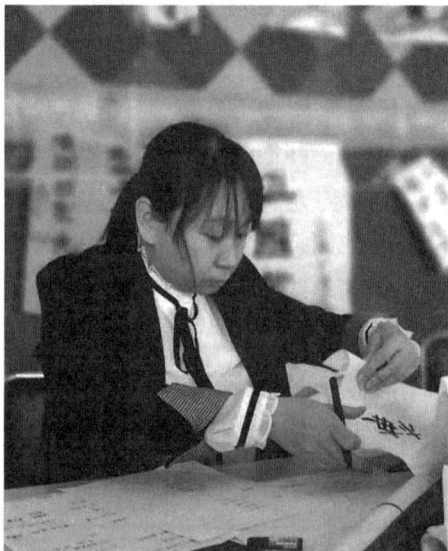

　　我是一名小学美术教师。在我曾经所教授的一个班里，这有样一个女孩子，她博学多才、成绩优异，尤其喜欢研究恐龙，非常喜欢读书，却唯独不喜欢学美术。

　　开学第一节美术课《我的小天地》，通过彼此介绍师生们都相互认识了一下，正常地讲课、习作、指导、上交作业、批改。因为彼此刚刚认识，这张作业足以看出大家都能画到什么程度，所以我没有指导，让学生都独立完成。我就是在上交作业这个环节上"发现"了她。这个孩子只用了大概十分钟，以班级第一的速度完成了一幅作业上交给我，并回到座位拿起一本课外书开始看。只因为我在讲新学期要求的时候说过，我们是两节课连上，完成本节课内容后，得到老师允许可以利用剩下的时间画画、做做习题或看看课外书，不要盲目浪费时间。毕竟画画这种艺术类别课程，在完成的时候是存在学生个体差异的，所以时间上就有快有慢，相差很多，作品质量也根据悟性及掌握绘画技术程度而参差不齐。

　　其实这个孩子我早有耳闻，她是我同事的女儿，听说她对恐龙有着执着的研究，成绩优异但唯独不喜欢画画……期待着打开她的作业本的第一印象：构图范围内人物、景物都画得太小，很潦草、不用心，技法一般，但是构思很有想法，没有照搬范例，课题都用很多颜色变体字来写。我会心地望着她笑了，她虽然画得不好，但却没有让我失望，因为这个孩子很有创造力，有想法，只需稍加指导，一定能不错！她好像有些许发现，也抬头看了我一眼，没什么表情，又低下头。我没再跟她有任何交流，正常地巡视、批改，只是在下课前修改了之前的要求："必须认真地完成作品，作品优异的方可做自己的事，质量第一，速度第二！以免有些同学们敷衍了事钻空子。要是再有人为了读课外书而不认真完成作业，那么剩余时间自由分配这件事将会被取消。"她又一次看着我，这次眼镜后我看见了眼神中的敬畏。当时她还只是三年级的孩子，从这一刻起，我俩算是"杠"上了。

之后的几节美术课，她依旧第一个交作业，自己抓住作业要求、重点随便地画一画敷衍了事，回去就抱着课外书，目的很单纯，态度很坚决。我会每一次都若无其事、不厌其烦地把她叫到前边来，告诉她如何画好人物，如何把景物放大，鼓励她能画得更好，只要她用心！她的本子左侧空白处全是我给她示范的小图，有时也把画放在黑板前把通病讲解给大家，因为她画得实在太快了，往往她这边改很多次大家才开始勾边涂色。改作业的方式他的同学也亦然，只不过挪到了铅笔稿完成那个环节，他们不会画的时候都会请教我，画完也会找我修改。一学期下来，虽然同学们可能觉得这个老师很严谨甚至有点啰唆，另一方面他们觉得美术课还是挺有意思的，而且是非常有"技术含量"的。大家交作业的时间比之前长了，作品也都越来越好；剩余时间不再是他们的关注重点，而一张漂亮干净的画，一件完美的手工作品，才是同学们争先恐后完成的标准。同学看我的眼神也不再是木然，而是尊敬，连同她也不再是第一个交作业了，有时候会为了一棵树、一条尾巴，在本子上纠结，而不再毛糙地想赶快画完去拿包里的课外书，因为她已经深深地被画画所吸引，深深地喜欢上了我，喜欢上了课美术课。

每个差异孩子都不同，评价点也就不一样，我们要尊重他们的个体差异。例如有的画工好，有的立意新，有的构图完整，有的工整洁净……作为教师的我们要善于去发现，勇于去鼓励，让他们都大胆地去尝试！我常跟她们说一句话："画得不好看没关系！慢没关系！关键你用了心老师就能发现，每一件作品都有它的优点，都有值得我们学习之处！"

一位哲人说过："无论做什么事情，你的态度决定你的高度。一定要勇于尝试，善于改变，敢于成功，不轻言放弃。"学习者亦然，教育者亦然！

用爱为孩子撑起一片蓝天

高 莹

高莹 "一级教师"中共党员 哈尔滨市"四有"好老师，哈尔滨市劳动技术教育先进工作者，南岗区级骨干教师，综合实践学科名师工作室成员，教学大赛多次获一等奖。多篇论文获国家、省、市级优秀科研成果奖。教育感言：以智启人，以爱育人，以德感人。

　　学校是学生成长的乐园，作为科任老师我积极搭建平台，因为我深知生活的空间有多大，综合学科的外延就有多大，所以我经常创设开放性的学习活动，让学生参与尝试探索和发展的过程，使学生在获得知识的同时形成积极的情感体验。教学中我注重与学生间进行平等的对话与交流，通过师生间心灵的对接、意见的交换、思想的碰撞，促进学生个性的发展。

　　去年十月份，在四年（4）班举办了"暖心月饼，情浓中秋"活动，为激活学生思维，我创设生活情境，和学生来一次操作性活动——制作"桃山皮月饼"学生兴趣大增，跃跃欲试，而小瑞同学依然坐在一个角落里一言不发。他是一个单亲家庭的孩子。通过平时对他的观察发现，他生活得并不快乐，无论我开展什么活动他都不愿意参加，他常对我说，他什么也做不好，爸爸从来都瞧不起他，每天只会听见爸爸的辱骂声，在爸爸眼里他就是个"笨蛋"，他觉得很难过，看来爸爸的做法在他幼小的心灵中留下了阴影。因此他平时很少说话，总会在角落里沉默，这次又是如此，我悄悄地走到他的身边，把手中的一块月饼递给他，他似乎很难为情地望着我，我忙说："孩子，尝一尝，看看这块月饼与你曾经吃过的有什么不同。"他接过月饼咬了一口，然后轻声地说："老师，这块月饼软软的，真甜！""这可是老师亲手制作的，你想来试试吗？"我微笑着对他说。"我？怎么可能？"他又开始后退，这时我拉着他的手走上了讲台，此刻小瑞的手在颤抖，我摸摸他的头说："老师相信你一定可以做出暖心月饼！"我拿出了准备好的材料和工具，临时将我演示制作过程的环节改为我们两个人的合作示范完成，在我们的配合下，一块精美的月饼制作出来了，大家高兴地鼓起掌来，小瑞的脸上顿时露出了灿烂的笑容，之后他成了各小组的场外指导，大家都为他的进步点赞！月饼制作完成后，我带领学生进行了精美的包装，然后请同学们带回家里给父母品尝。第二天，让我出乎意料的是，小瑞跑到办公室对我说："老师，爸爸表扬我了，他说这是他吃过的最好吃的月饼！"看到孩子重新找到了自信，我心中有说不出的喜悦！也就是从那时起，小瑞不再自卑，变得活泼、开朗、快乐！

通过这件事，我感受到了教师的价值，我将不断审视对自身角色的定位，学会换位思考师生关系，与学生做朋友，尤其要关注特殊学生的情感变化，用教师的爱心和耐心与学生进行情感的交流、心灵的碰撞，使师生在充满活力的课堂中一起学习，一起成长，用爱为孩子撑起一片蓝天。

爱是打开童心的钥匙

郭宏艳

郭宏艳 中共党员，一级教师，哈尔滨市数学学科骨干。从教二十六年，一直踏实工作在第一线，多次被评为市、区级优秀教师，区优秀班主任，"四有"好老师事迹在生活报上发表。撰写的多篇论文、案例在国家和省、市、区均获奖，并在刊物上发表。参加国家、省和南岗区教学比赛并获得较好成绩。教育感言：教师要以东风化雨之情、春泥护花之意，培育人类的花朵，绘制灿烂的春天。

"你快回去吧，大姨在外面会等着急的！"这句话我不知重复了几遍，可这个小姑娘就是埋头干活，把我的话当成了"耳旁风"。对于她的不理不睬，我没恼火，而是异常地欣慰。本是回教室取书的她，当看我正打扫教室卫生时，什么也没说，低头就扫了起来，直到帮我把教室打扫干净，才抬头对我抿嘴一笑。

她是单亲家庭的孩子，妈妈常年在外地打工，便把她寄养在她的大姨家。就是这个小女孩，一入学便显示出她的与众不同，上课任你讲得如何生动，面部总是一副木然的神情，要不就是两眼呆呆地望向窗外。她从不举手回答问题，叫到她的头上，站起来也是低头不语。我曾试图与她谈心，可这个刚入学不久的小家伙好像天生不愿与人交流，任你与她多亲近，她也是金口玉言，要么点头，要么保持沉默。即使周围哄堂大笑之时，她也仅是环顾一下，然后置身度外，没有任何表情。似乎从入学开始我便没见她笑过。一次上课，我在问她几遍而无反应，而又面对其他同学困惑的目光下，忍无可忍的我决定给她和其他同学一个下马威，便毫不客气地批评了她。这下可坏了，其他同学是镇住了，她却来了脾气，站在座位那里，头垂得更低了，从她那低垂着的小脑瓜顶上我都能感到那股倔劲儿。从我批评她的那天起，这个倔强的小姑娘就不像其他学生那样，对于我的亲近显示出兴奋，一见到我就是低头走路，要不就躲着我。当有几次我试图去亲近她时，她却对我敬而远之！

那次的冲动让我深深处于自责与思考中。可能单亲家庭的孩子原本就有一颗自卑又脆弱的玻璃心，总是把自己封闭起来，唯恐受到更大的伤害。我那一次的冲动，无疑让她变得更自闭、更消沉。而教育应该是一道光，照亮孩子的心灵，给孩子光明的指引，让他们快乐、健康成长。教师，就是投射光芒的人。我该如何改变他们，让他们拥有和别的孩子一样的天真、快乐与自信呢？我反复思索，希望寻找恰当的切入点，走进孩子的心灵。

我开始故意接近她。上课提问她同桌时，自然而然地走到她身边，用手摸摸她的头，起初我感受到的是来自手心里的抗拒，一天，两天……直到她不再躲闪，当转而提问她时，一直微笑着耐心等待，最终给她鼓励和表扬；下课后，我把她叫到我身边，让她帮我送作业本，顺便问问她的哥哥。（因为她现在在大姨家住，她的哥哥是我刚毕业的得意门生，和我一直有沟通。）我惊喜地发现她哥哥成了我俩最合适的话题。于是每天我都会抓住这个话题，和她说几句。慢慢地，她从最初的默默听从到肯抬头冲我笑，我仿佛抓住了一缕灿烂的阳光。课间吃水果时间，我总是在先喊一名表现好的学生吃一块后喊她："快来帮我消灭它"。升旗仪式上，我给孩子们系围巾、戴帽子，到她身边时，用手摸着她的小脸蛋，温暖她冰冷的小脸，轻声说："冷了吧……"我投入了全部的心思，期待着春暖花开。

爱与温暖同行，温暖让冰雪消融。一个月后，便出现了开篇的一幕，她不声不响地帮我打扫，我感受到了阳光的味道！再以后，她会课上主动举手发言，下课就来粘着我，找我说她的哥哥，告诉我她昨晚在家做了什么，给我吃她带的糖果……直到现在我的脑海中还深深地印记着她第一次发自内心的笑，那天真无忧的眼神。在走进这个孩子心灵过程中，我深深地感受到了育人的责任与方法在现在孩子的成长道路上是多么迫切地需要。

苏霍姆林斯基说过："一个好老师意味着什么？首先意味着他是这样一个人，他热爱孩子，感到和孩子在一起交往是一种乐趣，相信每个孩子都能成为好人，善于跟他们交朋友，关心孩子们的快乐和悲伤的，了解孩子的心灵。"所以，爱，是打开心灵之窗的唯一一把钥匙。怎样爱，如何爱，是一门学问，更是一种技巧。

有些单亲家庭的孩子都有或多或少的自闭，不能敞开心扉，对周围的人常有戒备、厌烦的心理，表现出来自卑、孤独、内向，长此以往对孩子人格的形成是极大的伤害。作为教师，唯有真爱孩子，从心底为他们着想，让这样的孩子感受到老师的爱如一缕温暖的春风，如一抹柔和的阳光，用爱温暖，才能打开心扉。爱，应"雪落无痕"。有些单亲家庭的孩子本身是敏感多疑的，他会抗拒，会觉得自己与众不同，因此在关爱他们的过程中，不能让孩子感觉到他的特殊，自始至终都是与别人平等，不特意，不突出；爱，要持之以恒，对于单亲孩子来说，他们需要更多、更持久的关爱，让孩子有情感寄托，教师不能因为学生众多，而顾此失彼，要腾出更多的时间与耐心去走近他们，沟通爱护中形成良好的人格品质。

面对心灵自闭的孩子，作为老师要时时关注，多多思考，找到开启不同心扉的钥匙，让教育的阳光照亮、温暖每一颗心灵。

抓住教育的契机

金 超

金超 从教三十二年，自2001年到和兴小学，曾在班任、科任、教辅等多个岗位上任职。曾记功二次，荣获"哈尔滨市师德先进个人""区百名师德先进个人"称号。用责任心做事，用感恩心做人。

时光飞逝，花开花落，一届届的学生走了，又来了。感慨时光的匆匆，更坚定这份职业带给我生命的充实。发生在我和学生之间的故事，一个个随着岁月之河流走了，流不走的总在记忆的深处让我时时想起，时时提醒自己。

作为一名教师，我们每天不厌其烦地教育他们，传授知识。我们感觉问心无愧。然而我们又忽视了什么？我们是否透过那一双双稚气的眼睛看到了他们内心的焦灼不安？我们是否用爱心抚慰他们因各种原因而倍受创伤的心灵？我们是否用自己的力量去拨开蒙在他们心灵上的迷雾？有人常说："没有教不好的学生，只有不会教的老师。"这句话说得虽然过于绝对，却是也有一定的道理。教育不是万能的，但教育的作用绝对是不可忽视的。我觉得，教育也是要讲"天时、地利、人和"的，也就是说要有一个适当的契机。善于抓住这个教育契机，往往会"事半功倍"。

在我教的班级中就有这样一名学生。自我接这个班半个月以来，几乎很少看见他的作业本，甚至有时上学来书包都不背，这是我见过最"轻松自在、我行我素"的学生了。多次与家长沟通后根本不见起色，孩子的父母对孩子简直是无条件、无原则地溺爱。既然得不到家长的配合，那么就自己找突破口吧！毕竟这个孩子才刚刚三年级，正是爬坡阶段，如果不及时改变现状，初中的学习真的让人担忧呀！通过几天的观察，我发现他在体育方面很有天赋，在校运动会上取得了优异的成绩，为班级争了光，使班级获得了有史以来的第一名。这是多好的一个契机呀！抓住这个机会实施展开教育：表扬，谈心，从爱好、生活、谈到理想与现状，与他一起从自身找差距并制定今后努力的方向及目标。功夫不负有心人，渐渐地他改变了，变得优秀起来。

教育是神圣的，作为人类灵魂的工程师，公平、公正地对待每一个学生是何等重要。教育更是神奇的。许多不争的事实说明：一次偶然的教育机会可以改变一个学生的一生。作为辛勤的园丁的教师，又怎能随意错失这来之不易的教育机会呢？朱永新教授在《新教育之梦》中写道："爱心无价！无论做什么事情都要有一颗爱心。"没错！我们理应放下我们对许多学生的成见，细心地去关爱每个学生，让他们都能充分享受到老师的爱，都能在老师爱的滋润下茁壮成长。无论用什么方法，老师的目的只有一个：教育好学生，使他们有健康的思想、有远大的理想、有正确的人生观、有积极的生活态度……

乌夫斯基曾经说过："教育应该是一门面向全体学生的教育。"我一定会总结经验教训，对每一位学生都付出我最真挚的爱心。

小白，谢谢你的贺卡!

李冰冰

李冰冰 和兴小学英语教师，教龄21年。高级教师，哈尔滨市小学英语学科骨干教师。曾获哈尔滨市"身边好老师"称号，南岗区"四有"好老师称号。南岗区小学英语学科"名师工作室"核心成员，曾获全国"希望之星"中小学英语教师技能大赛一等奖，中央电视台英语演讲大赛特等奖，全国小学英语课堂教学优秀课展评一等奖、最佳教态奖。在英语教师岗位上一直秉持着"说的好不如做得好，行动胜过语音。"的信念坚定前行。

【题记】

有些留守儿童由于父母长期不在身边，缺乏父母关爱而常常导致性格自卑、孤僻，甚至易怒，产生与他人沟通的障碍。作为教师，帮助留守儿童形成良好的性格与健康的心理，与帮他们学业有成同等重要。乐观、自信的人才不会被环境打垮，善良、诚实的人才能被他人信任。

【案例】

雪花飘起，圣诞将至。傍晚的冰城满眼都是绚丽的彩灯，快乐的圣诞旋律感染着来往的每个人。我下班经过收发室，更夫手里拿着一封信询问是不是我的。拿起那淡粉色的信封，看上去里面应该是一张贺卡，收信人的位置用英文写着"Jessi（收）"。我猜，应该是某个可爱的小女生寄给我的，就笑着谢过更夫带回了家。晚饭后拆开信封，当我看到几行简单的祝福语下的署名时大吃了一惊，那个有着清澈眼睛、皱着眉头的小男孩的样子又浮现在我的眼前……

还记得几年前，我承担了新一年级的英语教学工作。面对新的教材、新的学生、新的课改形式，我很担心无法胜任。而在一个班级里发现了一个特殊的学生更让我头疼不已。

他叫小白。在第一节英语课上，他就在我专注讲课时大声嚷嚷："老师,你说的都是啥啊？我听不懂啊！"我连哄带吓，忙得满头大汗也没起作用，最终课堂秩序被他搅得一片混乱。下课后，我的心情沮丧极了，不知道应该怎样面对这样的一个学生。我恐惧下一节课的到来，为什么他会是这样的？

原来，小白的父母联姻属于南北结合。但是，父母的感情不和，离异后都不负责任，对小白漠不关心。父母把他寄养在哈尔滨的大姨家里，妈妈每年偶尔回来一两次，爸爸更是几年见不上一次面。大姨的粗心与表姐的粗暴对待，对他产生了非常坏的影响。他没有接受过系统的学前教育，也没有良好的行为习惯，更不懂得如何与他人相处，所以，他给大家的印象就是"十足烦"，他的大名也迅速在老师中传开。

第二节课，我微笑着走进教室，他一边摆弄着橡皮一边不时地偷看我，他的眼神仿佛在说："我就不买你的账,看你还有什么办法。"我假装没有看到他，挥着手中的卡片对全体同学说："今天，我们每个同学都要有一个英文名字，而坐得直、认真听的同学就能先获得英文名字，前十个获得名字的人还会获得Sparky粘贴！"孩子们兴奋了，都想先得到名字和粘贴，从他目光停留在粘贴上的时间，我看出他也想尽快获得，然而当他看到我留意到他时，他又继续做小动作，做出一副默然的态度。我心里有些兴奋"原来他也喜欢粘贴啊！"我组织孩子们坐好，故意在他周围选择表现得好的人取英文名字，发放粘贴。得到的人都兴奋不已，拿着那形象可爱的小粘贴跟周围的人炫耀。他看到周围的人都得到了漂亮的粘贴，心里明显着了急，但还尽量装作漠不关心，眼看着名额越来越少，他坐不住了。看我选的都是坐得直的孩子，他思想斗争了好久，最终放下了手中的橡皮，将双手放在身后，上身挺得直直的，涨红着小脸看着我。我故意没有马上给他，而在只有最后一个名额时点到他的名字，他兴奋得大叫："哈哈！我也有啦！我也有Sparky！"然后冲到我这里伸手抢过最后一个粘贴，向同学炫耀！我马上对全班孩子说："小白今天进步真大！如果大家多鼓励，我猜他下节课也一定会和这节课一样坐得直！"孩子们边做着拥抱的手势边对他用英语说着："You are great."他的小脸一红，然后一咧嘴笑了。那笑是无声的，却是最纯粹、最真诚的！

在以后的日子里，我尽力帮助他解决他认为无法解决的问题。比如，孩子们的英语书、活动手册和练习本都包上了白色的封皮，全班只有他是用一张皱皱巴巴的旧报纸包的。我问他原因，他告诉我："大姨说了，家里没有白纸，也没钱给我买白书皮"。他就自己找到一张旧报纸包了书皮，却不够包别的了。这是一个多么不受关注的孩子啊！我不忍心，就在午休时把他带到办公室，让他坐在我的旁边，一边吃着我洗好的葡萄，一边看我用新的白纸给他包好了书皮。他在这个过程中话很少，低着头慢慢地吃，时不时地偷偷观察我的表情。我一边包，一边给他讲书皮怎样包得好。当我包完所有书本后，我又帮他写好书名和他的姓名。然后，把剩下的书皮送给他，对他说："如果有其他需要包的书就用这个，如果你还包不好就拿来，我帮你包，你知道了我的办公室，以后有困难可以随时找我。"他接过书皮，小声地说了声："Thank you."第二天一早，他竟然哭着来找我，说表姐从我给他包好的书上抢走了书皮。他和表姐打了一架，可由于力气没有表姐大，他没有抢回书皮。

他的眼泪让我心里很难过。我重新买了新书皮帮他包好，然后帮他想办法：把书皮放在教室后的柜子里，不带回家，表姐就抢不到了。他抽搭了半天，看到书皮包好，又看到我把剩余的书皮纸放到他学校的柜子里，才慢慢平静下来。几周下来，我感受到他对我的依赖和信任。有时，他会拿着散开的作业本来让我帮他订好，有时还会在课下把他从同学那儿赢来的卡给我看。甚至有一次，美术老师来问我，小白在英语课上为什么那么认真，为什么那么听我的话。我想可能他从内心把我当成了一个可以分享快乐、解决困难的大朋友。

在以后的几年里，虽然小白偶尔犯错，但他还是向好的方向发展。他的听课习惯越来越好，也常常帮我收发作业，上下课帮我取送教具。最让我高兴的是他的英语成绩一直是他所有学科中最好的！在四年级下学期，小白告诉我，她妈妈在北京上班，准备把他接到北京去上学。他临走时，竟然送给我一张用图画纸做的卡片，上面用有限的几种颜色画了一个我，旁边还站着一个他，我们两个人手拉手，开心地笑着。他说："Jessi，我要是想你了怎么办啊？"我说："你可以给我打电话啊！你不是知道我的手机号吗？"他"嗯"了一声，然后说："我肯定得想你!等我回来的时候我给你带北京的好吃的!""谢谢！你妈妈在那儿上班很辛苦，还要供你上学，别给我买好吃的了，还是等你自己长大赚钱再给我买吧！"他笑了，我也笑了。

小白走了。我希望他能尽快适应北京的生活，在妈妈的照顾下快乐成长。没有想到，他竟然寄了一张贺卡给我"To Jessi：圣诞节到了，祝你圣诞快乐，新年快乐！我在北京很好，天气不冷，有时候会想你，等我回去看你啊！"寥寥数语，但我能感受到他最真诚的问候。

小白，谢谢你的贺卡！祝你每天都健康、快乐！

【案例评析】

通过上述案例，我很想跟大家分享如下几个观点

一、保护好"小白们"的自信心

小白的特殊家庭结构，使他的生活与其他孩子不同。父母不在身边，得不到充分的关注与爱，被亲戚当作累赘，能提供他基本的温饱已经不易，根本谈不上鼓励孩子提升自信心。六、七岁年龄的孩子，本该在父母跟前撒娇，但是小白的父母完全忽视了孩子

成长过程中心理的发展与情感方面的缺失，导致孩子自信心不足，不懂得与他人沟通的方法。

二、善用"疏"与"导"

像"小白"这样的孩子，有太多的沟通障碍与情感郁结无从解决。如果我们只是将他们视为课堂上的"另类"孩子，不去与他们交流，一味追求知识的掌握与分数的高低，那就太失败了。"疏"要抓住重点，比如小白，他不被关注，渴望得到关注；他得不到赞美，迫切渴望得到肯定。所以他用简单、直接的方式——大声说话打断课堂秩序来显示他的存在。我用他能够接受的方法，鼓励他去完成稍加努力即能完成的任务。在这个过程中，他学会了自律，学会了通过合适的方式获得大家的关注与肯定，树立了自尊心与自信心。"疏通"了心理上的障碍，再引导他通过正确的方式得到大家的肯定，一切就顺理成章了。课堂上的教师与学生是面对面的，但教师与学生的关系永远不该是对立的。

三、善于抓住教育时机

生活中的每个细节都可以成为教育的契机。小白的书皮在他看来是一件天大的难题。在他已经有了自尊心与进取心的基础上，他想和其他同学做得一样好，但是亲人无法让他达成自己的心愿。这时，适时地帮助让他懂得老师不仅关注他的课堂表现和知识学习，而且可以成为他生活中的朋友。通过两次包书皮，让小白感受到人与人的交往可以是最平常、最普通的"支招"与"分享"。教育孩子成长的过程中，既要让他看到生活中的美好与阳光，同时也要教会他如何对待不同的人，以及处理各种棘手问题的方法。

四、坚守"初心"

教育，从来就不是一个"短、平、快"的过程。"立竿见影"可以描述的是教学方法而不是育人方式。想做一个"纯粹"的教师，就不能采取同样的方式去对待不同的孩子。每个孩子都是独一无二的，任何一个成功的育人案例都不能百分百复制。"千教万教，教人求真。千学万学，学做真人。"在循环往复的"教"的过程中，我们会遇到各种孩子。在帮助引导他们"求真"的过程中，我也在"学"，学习做一个真正能帮助他们做人的教师。

静待花开

李 丹

李丹 从教15年，一直担任班主任工作，区级数学骨干，区级科研骨干。区级"四有"好教师。多次参加区级数学"百花奖"赛课，获得一等奖。正如陶行知所说："教育不能创造什么，但它能启发儿童创造力以从事于创造工作。"

当一名人民教师，是我儿时的梦想，可以把自己的所学传授给学生，把教育的理念与他们一起分享。教师的职业让我觉得是幸福的，看到他们天真的笑脸，更是满足的。但是，并不是所有的学生都是在同一个起跑线上的，他们需要不断地追赶着。

曾记得，那是我带的第一个大循环班级的孩子。她的名字叫宋烁，一个长着大眼睛、圆脸的可爱女生。一年级，她是班级里比较特殊的孩子，说她特殊是因为她是班级里唯一没有受到过学前教育的孩子。原本我以为是因为家庭经济的原因，后来经过了解，她的家庭也比较特殊。母亲的智力有问题，父亲是打工的，挣完钱就出去喝酒，所以家里所有的费用都需要靠姥爷的退休金维持。因为她的情况特殊，我对她也格外关注。

课堂上，当孩子们纷纷举手回答问题时，她是沉默的；当其他人都回答完，再让她重说一遍，她也是沉默的；课下，孩子们在操场上欢快地玩耍时，她更是沉默的。因为她什么都不会。家庭作业经常完不成，有时她的作业是由姥爷代写的。为了不让我发现，她的姥爷会模仿孩子的笔迹，但毕竟是孩子，怎么能不被发现呢？后来，我把她的姥爷请到学校沟通这件事情，家长的态度也是不以为然，说孩子太累了，写一会儿作业就睡着了，所以就代写了。生气、愤怒和不解，让我开始为她吃不好饭、睡不好觉。怎么解决这个问题呢？孩子不想学习是因为不会，家长袒护帮忙写作业，真的令我很犯愁。没办法，还是从孩子入手吧！我放弃了休息的时间，上课关注她，只要她主动举手，我都会让她先回答问题，回答错了我也不会批评她，而是引导她、鼓励她。不会的问题，我会让她重复其他同学说过的答案。中午午休，我会让她给我讲一讲课上所学的知识，我再给她辅导。放学后，我也会单独辅导她当天的作业。就这样，慢慢地孩子从一点不会到慢慢理解，从空白的试卷到有了一些分数。当然，还是有不及格的时候，但是她已经努力了。最让我高兴的是在全区进行的统一测试中，她已经及格了。当然，这样的成绩和其他同学还差得比较远，但是对于她来说是很大的进步了。

时光飞逝，转眼间这个孩子已经上高中了。有一次她回来看我，我都不认识她了，变化很大，变得既懂事又漂亮了。她现在在铁路的职业高中读书，毕业后可以分配到高铁工作。她说一定把这个好消息告诉我。看到她那灿烂的笑容和自信的样子，真为她高兴。每个人的人生不同，所追寻的快乐也不同。我的快乐很简单，只要学生们有自己的梦想，能够实现自己的梦想，我就是快乐的，做一名教师，真好！

感受魅力　走进科学

李　宏

李宏　高级教师，南岗区科学学科骨干教师。曾荣获哈尔滨市新时代"四有"好老师称号。撰写的经验论文多次获国家、省、市级一、二等奖。教育感言:把机会让给学生，把精彩留给学生，把掌声送给学生，把希望带给学生。

28年的教学生涯中，我始终在教学一线工作。其中的20年在教授科学学科。在科学教学中，立足校园，大胆探索教学规律，积极投身课改，用自己不懈的追求，努力实现着提升学生科学素养的目标。

"科学不会拒绝任何亲近她的人，她更喜欢孩子。"

我在接新三年级科学课时，都会把第一堂课是准备得格外精彩。

第一堂课常常会选择在实验室，为学生表演:蜡烛跷跷板、空中悬针、捉"空气"、吸管穿土豆……表演引得学生们欢呼雀跃，即使下课了，他们也不愿离开实验室。

"孩子们，科学神秘吗?""神秘!""很多孩子觉得科学很陌生，这只是源于孩子们远远地望着科学，觉得它很神秘。第一堂课，我就要让他们走近科学，科学不会拒绝任何亲近她的人，她更喜欢孩子。"

为了让孩子们喜欢上科学课，我不断地改进自己的课堂教学，进行了"学与玩"的情境教学，让自己的课堂成为孩子们的科学乐园，成为孩子们幸福成长的地方。

针对现在的孩子自我意识强、自我表现欲强的特点，我会把班级学生分成固定的组别，让他们为自己的小组起上精彩的组名：发现者、研究者、探索者、超级赛亚人……现在的孩子更想实现自我价值，更渴望在别人面前展示自我，我就给他们这样的机会，为他们创造探究情境，让他们为小组的荣誉而"战"。所以，每次科学课，从准备到上课，孩子们的主动性更强了。

为了发展孩子持续学习科学的能力，在相应的教学单元结束后我会进行一些小活动。例如：在《运动和力》单元的学习结束后，设立赛车比赛活动。

比赛中，孩子们兴奋、紧张。比赛虽然结束了，可孩子们的热情不减，有的成绩不理想的邀约再次比赛。

"我的学生缺少的是接触科学的机会，而不是头脑。"

一次，外校老师来学校上科学课，当上课老师提到太阳的时候，除了"热、大、远"几个特点之外，有个学生说："姥姥告诉我，日食是人惹怒了上天，上天要惩罚人。"课后，有的老师善意地安慰上课老师："这些农民工的孩子太笨，什么也不知道。"我深深地感到自责："问题不在孩子，在我、在家长、在他的生活环境，我的学生缺少的是接触科学的机会，而不是头脑。"

因为科学课标中四大版块之一的宇宙类的科学知识离学生的生活比较远，学生的课外书又少，很少有其他渠道能够了解天体现象。

我就上网查找一些资料，利用休息时间到书店、音像社去寻找资源。每学期，当学科课程结束，我都会利用一些课时，在学校的支持下，利用学校五楼多功能厅为学生播放自然科学知识、科学现象、科学探索，向学生们介绍航天历史、航天知识、航天科学，以此来开阔学生的视野，帮助学生进一步了解科学、亲近科学，热爱科学。

"科学不仅仅在课堂上存在，生活中科学更应该值得孩子们发现、观察"

"学生学习科学课不仅仅是为了学习知识与方法，接受早已形成的科学结论，更重要的是通过科学课的学习，激发、唤醒、培养孩子们对身边、对自然、对世界的好奇心、思考。科学不仅仅在课堂上存在，生活中科学更应该值得孩子们发现、观察。"

为此，我在网络上学习、寻找、解答生活中的科学现象，并在课堂教学中尝试增加了一个环节——"生活中的有趣现象"，以此来引导学生有意地观察生活，用科学知识解答问题，用热情追逐科学："洗完的衣服怎么晾能干得快？泡泡糖渍怎么能弄下去？鸡蛋在冰箱中应该怎么放？植物会呼吸吗？……"一个个生活中的问题有效地激发了学生们寻找科学答案的兴趣。

2008年的春季，学校食堂边上有一块空地，我就借来工具进行翻耕，弄了一块科学实验地，种上玉米、绿豆，带领学生们把实验室里学生的种子发芽实验长成的幼苗，种到试验地中，让生活在都市里的学生观察植物的生长全过程。

我不知道自己的坚持、努力能在孩子们的身上留下多少对科学的兴趣。但是我会坚持下去，让孩子们知道，科学不神秘，科学就在我们的身边。

用心浇花花更艳

李 梅

李梅 高级教师，中共党员，哈尔滨市小学语文学科骨干教师。曾获哈尔滨市优秀教师，哈尔滨市优秀班主任，南岗区"四有好老师"等称号。从教26年，带着爱心与责任，始终坚守在一线教师的岗位上。教育的事业是崇高的，毅然选择，集伟大与平凡于一身，融显赫与无闻于一体。教育感悟：潜心育人，安静教书。

儿时的我便向往着"教师"这一神圣的职业。如愿以偿之后我才知道这神圣的后面凝聚着怎样的艰辛。在与孩子们相伴的一年又一年中，我渐渐地成熟起来，知道了教育学生从保护学生的自尊心出发，尊重孩子，让他们健康快乐地成长。

苏联教育家马卡连柯曾说过："尽量多地要求一个人，也要尽量多地尊重一个人。"有理智的尊重爱护会使受教育者从中体会到教育者的要求，使之更加自尊、自重、自信，也从感情上愿意接受教育者的严格要求、严格教育。在正确的教育下，获得前进的勇气和信心。这个原则就是严格要求和尊重爱护相结合。

在我的班级里有个特殊的学生，智商低，显得呆板迟钝，学习非常吃力，成绩较差。但我并没有放弃她，同对其他学生一样，严格要求。我把她放到离我最近的第一排桌，在学习上紧紧关注她，格外热心地帮助她，给她打字头，亲自示范告诉她格式，手把手地教她打格、写、算，领着她逐字逐题完成。上课我经常提一些浅显的问题让她回答，答对了就表扬，以培养她的学习兴趣和自信心。我的表扬在她心中迸发出了火花，这是自尊和上进的火花。为了使她尽快赶上来，我为她补课，辅导作业。课堂上她听不懂我就单独给她讲三遍四遍……直到她真正懂了为止。开始一堂课学十个字，她最多只能记住二三个。为了开发她的智力，帮助她记忆，我想了许多方法。比如，每天把学习的音节、字写在卡片上，在旁边画上图，让她随身带着识记。为了消除她的自卑心理，我给她讲述了数学家巴伯斯基和马阿特，曾因考分最差受奚落，但他们立志向上，最后终于获得成功。这些动人的故事，给她树立了榜样，使她增强了信心。我细心体察她的心理，及时发现和肯定她的点滴进步。有一点儿进步，我就予以奖励。同时，我还引导班级同学主动关心她、亲近她，和她一起写作业，一起游戏，使她感到在班里时时受到关怀，处处有温暖，让可亲的班集体像磁石一样吸引她。有一次，她第一次按我的要求写了一篇作文题目是"我的妈妈"。文章虽然文理不通，感情还是很真挚。我精心地帮助她修改后，让她当众朗读，并对作文的优点给予了充分肯定。同学们对她的进步报以热烈的掌声。她激动异常，这是她第一次享受到学习的快乐。从她的表现中我看出她渴求表扬、渴求进步的愿望。就这样，她慢慢地转变了。学习上开始用功，成绩渐渐提高了。看来，尊重是培养自信的最好妙方，最关键的是要尊重信任孩子，以情动人。

学生的转变使我深深地体会到教师是人类灵魂工程师的最深层的含义。要尊重、保护儿童的自尊心。儿童的自尊心是很脆弱的，老师的批评教育永远要给孩子们留有回旋的余地，让他们在未来的道路上，健康地成长。

一次，我推荐黄蓓佳的《我要做好孩子》让同学们读，一个月后，她笑呵呵地对我说："老师呀，其实我就是一个好孩子"！书中的金铃，跟我一模一样呐，身子也是胖胖的，做事慢腾腾、爱帮助别人……我摸着她的头，亲切地说："谁说不是呢！你本来就是个好孩子哟，金铃还有不如你的地方呢！你看，你多了不起呀"！

教育的任务就是，"要在每一个人的身上发现那独一无二的创造性劳动源泉，帮助每个人打开眼界，看到自己身上人类自豪感的火花，从而成为一个精神上坚强的人，每天抬起头，挺着胸膛走路的人！"经验告诉我们，任何一个学生的心灵深处都有想做好孩子的愿望，教育的使命和教师的任务就是要呵护这种愿望，让学生从小就有一种良好的心态，学会自信，学会欣赏自己，赶走内心的自卑，树立创造者的自尊。

正如陶行知老先生所说："你的教鞭下有瓦特，你的冷眼里有牛顿，你的讥笑里有爱迪生。"作为教师，我们要保护每个学生的自尊心，要用一颗炽热的心爱每个学生，要用满腔的热忱去点燃学生心灵的火花，尊重每个学生。

师生情

李晓红

李晓红 1986年于哈尔滨师范学校毕业并参加工作，至今从教35年，有连续22年的班主任工作经历，带过多个毕业班。曾获得市级师德先进个人，区级优秀教师，优秀中队辅导员等光荣称号；以及百花奖一等奖，优质课市级二等奖等；撰写的论文获得各级别的奖励。教育感悟：用千倍耕耘，换桃李满园。

　　源于父母是教师的影响，我从小便立志也成为一名教师。经过努力，梦想成真。1986年，我从师范学校毕业，来到"和兴"这片沃土，登上了梦寐以求的三尺讲台，接过了父母的接力棒，成为教师，至今已从教35年，其中有22年连续坚守在班主任的工作岗位上。

　　初入和兴小学的教师队伍，我深深地牢记父母的殷殷嘱托和谆谆教诲，也学着他们辛勤工作的样子，对待工作满腔热忱，严于律己，倾注了我的全部心血。担任小学班主任工作的妈妈认真负责，无怨无悔，让我历历在目。我回忆着，学习着，也实践着，并且边工作边反思边改进。在"和兴"大家庭里也得益于老领导、老教师们的指导和帮助，以及周围小伙伴们的团结协作，使我慢慢地进步与成长。22年的班主任工作辛苦繁重，有喜有忧，但对于我来说却是一种特殊的历练和一笔宝贵财富的积累，使我养成了能吃苦的好习惯，为今后的工作打下了良好的基础。感谢付出，感谢锻炼，感谢和孩子们共同进步的每一个值得回忆的故事。

　　教师的幸福莫过于桃李满园，花开娇艳。在我的学生中，张琦给我留下的印象最深刻，她使我教过的一个班级的面貌大有转变，令我至今记忆犹新。1990年，我接了一个很头疼的班级，因多个老师代课，导致班级学风不正，纪律散漫，即使我倾注了全部热情，非常投入地管理，但是收效甚微。经过一番思考，我改变了方法，从我们班的体育特长这一特色出发，作为突破口，来寻求改变班级面貌的策略。苦思冥想之时，张琦同学便是我寻找的"目标"，成为我改变班级现状的关键性人物。她不仅品学兼优，而且也是校队的优秀体育全能选手。别看她每天训练特别辛苦，却丝毫不影响学习，反而劲头非常足。课堂上她神情专注，积极发言，对解决问题具有独到的见解，令同学们佩服。她的作业每次都是我们班级写得最优秀的那一个，学习质量和成绩都名列前茅，在同学们的心中具有一定的影响力。因此，我经常向全班同学表扬她，既能吃苦又爱学习的精神，并号召全班同学以她为榜样去学习、去转变、去进步，为集体增光添彩，她也积极地发挥班干部的作用，和落后同学交朋友，帮助他们共同进步。慢慢地，在她的带动和影响下，我们班以体育为特长，发挥班级优势，良好的班级风气逐渐形成，大家以她为目标，开展自我管理，比学习、比进步，班集体建设得到明显的改善。张琦同学也不负众望，在教练的科学指导，自己的努力、同学们强有力的支持和鼓励下，取得了各级竞赛的冠军或亚军，不仅为班级争了光，也为学校争了光，更加得到大家的拥护，被推选为市文明青少年。榜样的力量是无穷的，班级在改变管理模式、发挥领头羊的作用下，越来越有进步，一举加入到文明班级的行列，班级干部的骨干力量发挥了特殊的作用。我们师生相处三年，一直到她小学毕业，这份感情我将永远珍藏。

如今，她也成为"和兴"沃土中的一名实力骨干，继续在教师这个岗位上忙碌着、奔跑着。师徒变同事，但是不变的是难得的师生情、教育情，她出于蓝而胜于蓝。我虽然年纪大了，但也在努力追赶着，学习着，努力发挥更多的余热，继续为"和兴"沃土辛勤耕耘。愿我们师生在韩校长的带领下，发挥我们这一个个小音符的作用，继续为"和兴"谱写出更美妙的乐章。

要用师爱启动学生的心灵

刘春艳

刘春艳 高级教师，市学科带头人，市"四有"好老师，师范附小教育集团道德与法治学科工作室主持人，南岗区第三届年度人物。多年来一直担任国培讲座任务，为内蒙古、新疆等多地教师进行培训，还获得了大国良师的殊荣；做区级、市级、省级、国家级课八十余节。教育感悟：教育是没有极限的，但我们可以追求过程的完美。

从教21年，我走进了无数个奥妙无穷的世界，开启了一段段精彩纷呈的探索之旅，在教育的百花园中既遇到了高贵清雅的"百合"、端庄秀丽的"兰花"、蓓蕾初绽的"桃花"，也偶遇了孤芳自赏的梅花，甚至触到了满身带刺的"玫瑰"。我深知：不一样的花朵有不一样的美丽。在这万千的百花世界里要怎样悉心呵护？如何妙手栽培，才能赢得百花竞放，香飘万里呢？下面我就讲讲自己怎样"爱花""护花""赏花"的小故事。

泽林是我所教学生中很特别的一个。去年刚接三年级，一走进教室我就被角落中的他深深吸引了，胖乎乎的小脸蛋，大大的眼睛，半张着嘴，两个大板牙醒目地立在双唇之间，嘴角的两个小酒窝时隐时现。他不时地挤眉弄眼，小脑袋灵活地转动着，东张西望俨然是小家伙的习惯动作，凭我十几年的教学经验，我敢断定这是朵与众不同的"花"。"老师，你长得好漂亮！我喜欢你穿的衣服！" 小家伙大方地说话了，被我猜中了，我暗暗为自己独到的眼光点赞，他压根儿没把我这个新老师放在眼里，必须给他来个下马威，我马上微笑着说："谢谢你的赞美，上课不能随便说话，要遵守规则呦！""老师，他什么课都随便说话，可烦人啦！"底下的同学开始七嘴八舌地告状了，关于泽林的缺点如冰雹般噼里啪啦地砸了下来。我同情地望着他，最令我心痛的是，泽林笑嘻嘻地坐在那儿没有感觉，好像大家在说别人。看来他已经习惯了在同学们的指责中生活，我必须改变这种局面。"同学们，我并不赞同大家的观点，目前为止我对大家都不了解，这个男同学敢和老师说话，说明他有勇敢的一面，他很单纯，就是比大家随意些，我们帮帮他好吗？"底下的同学异口同声地回答："好！"我赶紧趁热打铁，请同学们先从上课的规矩上帮他，让他学会举手说话，真是说起来容易做起来难，泽林才坚持两节课，就又旧病复发，上课几十次地随便说话，每次说完都自己打自己一下，后悔不已。我同情地望着他，忽然灵机一动，大禹治水疏比堵好，何不因势利导，给他说话的机会呢？"泽林太爱表达自己的思想啦，老师要交给你一项光荣的任务，做我的总结评价员吧，老师讲的每一个知识点，你都得细听，然后在同学们面前做总结归纳，每节课还要对课上同学们的表现做点评。任务很重，你行吗？"我充满信任地望着他，"我行！"泽林一副受宠若惊的紧张样子。接下来他的出色表现让我惊叹不已，作为点评员，他必须约束自己才能以身作则，因为要总结评价，他必须认真听讲方能慷慨陈辞，于是泽林收起了平时的闲言碎语，开启了精彩的点评模式。他的发言还常语出惊人，头头是道，赢得同学们的阵阵掌声。泽林进步了，可是我又担心起来，我怕他的好仅仅是昙花一现，于是我抽出课上十分钟，举行了"泽林进步奖励会"。我特意为他买了他最喜欢的火车头文具盒，鼓励同学们每人说一句表扬他的话。泽林美得涨红了小脸，笑得眼睛眯成了一条缝，兴奋得手足无措。我望着他仿佛凝视着一朵即将绽放的花蕾，我一定要把他捧在手心里，我要倍加呵护这娇嫩的"花蕾"，期待那来之不易的绽放。所以我每节课在细节上更加关注他，要求他上课时眼神要盯着老师，发言时不能抓耳挠腮，别人发言时要认真倾听，点评同学时不能指指点点。不知不觉中，他由不足走向了正常，由正常迈向了优秀。泽林变了，他变得稳重了，变得儒雅了。虽然他在课堂也会情不自禁地冒出几句不着边际的话，虽然有时也会控制不住自己疯闹玩耍，影响身边的同学，但这些都会在泽林的控制下稍纵即逝。慢慢地我成了泽林最喜爱的老师，上我的课成了他最大的期盼。今年四月份我出去学习了几天，当我回来迈进班级时，那张可爱的小脸蛋又浮现在我眼前了，泽林哽咽着说："早也盼，晚也盼，总算把你盼来了！"他的话暖暖的，那样真诚，那样发自肺腑，多可爱的孩子，一想到自己被孩子如此牵挂，如此想念，真是"受宠若惊"呀！一种为人师的幸福感油然而生！笑容灿烂的涵策坐在教室里仿佛一朵盛开的玫瑰，芳香四溢。花自然地开了，开得无声无息，开得绚丽多姿，它因爱而娇艳，它因爱而婀娜。泽林你尽情开放吧，希望你能在花团锦簇的世界里去尽享花飞蝶舞的幸福！

泽林的进步使我感到：好的关系胜过好的教育。只有站在学生的位置和角度上，客观地理解学生的内心感受及内心世界，并且把这种理解传达给学生，与学生做朋友，才能真正走进学生的内心，他们才愿意敞开心扉，与老师倾诉衷肠。所以，我们要不断审视对自身角色的定位，用独特风格的教学与学生进行情感的交流、心灵的碰撞，平时与学生沟通更要从点滴做起，亲切的语气、关切的眼神、友善的态度、甜美的微笑、主动握握学生的手，时不时拥抱一下学生，轻轻拍一下学生的肩膀，渐渐缩短师生之间的心理距离，这些日常的小行为会给学生带来温暖和亲近感，让他们时时都享受到爱心的滋补。每位学生都渴望得到老师的肯定与鼓励，对待弱一些的孩子，不仅需要有积极的态度，还要有耐心细致的思想准备，学会站到学生的背后，用学生的眼睛，面对与学生同样的世界，体会对方的心情。用好朋友式的谈话，民主、平等思想的熏陶，最终会获得学生的信任。古人云："亲其师，才能信其道"。如果能以妈妈的身份进入他们的生活，使他感受到尊重与信任，一种相对自由和谐、彼此尊重的关系就建立了，这样做也真正践行了陶行知的教育思想——"真教育是心心相印的活动，唯独从心里发出来的，才能达到心的深处"。

二十年来粗略计算，我教过的学生得有三千多人。虽然时代在变迁，虽然孩子在成长，但我在工作中始终关爱每一名学生，不断学习专业知识，增强自己的专业能力，提升自己的专业水平，每节课都要对孩子们进行心灵的"滋养"，让每一个孩子在课堂上不仅学习知识，更培养他们良好的品行和美好的人生态度。我爱我的学生，他们每个人都是一本书，是一支需要点燃的火把，是一朵需要耐心浇灌的花，虽然你们中有的特立独行，有的与众不同，但在老师心中你们永远是最美的花！一想起曾经杏花春雨中的你们，老师耳边总能回荡起你们的盈盈笑语！你们的喜怒哀乐永远逃不过老师的眼睛，希望你们不仅仅是一枝独秀，而且能够引来百花齐放。你们的世界将是花开满园，香飘万里！

心灵的碰撞

刘 芳

刘芳 哈尔滨市和兴小学教师，中华民族传统美德教育研究与实践"百佳示范课"教师，南岗区教学骨干教师，哈尔滨市优秀班主任，区转化后进生先进个人，优秀少先队中队辅导员，南岗区"四有"好老师。教育的舞台因追求而绽放异彩，教书的生涯因执着而无怨无悔。

翻开罗燕的作业本，上面居然没有一道作业题，我的眼前浮现出这个小女孩的样子，她是上学期刚转来的外地孩子。

罗燕近来情绪为什么这样低落呢？来到这个集体已经一个学期了，应该适应新环境了，她不写作业一定事出有因，必须先解决她内心的困惑。

我找到罗燕，轻声地对她说："你的作业没有完成，愿不愿意告诉老师真正原因？"她抬头看了看我，话还没出口，眼泪就从脸颊滑落下来，开始告诉我事情的经过原来罗燕有个小弟弟，她一直跟奶奶生活，现在她离开了奶奶，回到父母身边来读书，她很想念奶奶，看到爸爸妈妈十分疼爱弟弟，只要弟弟稍有进步父母就会表扬他，弟弟有任何要求总会满足他，平时父母从没有对自己的进步给予表扬，她更加想奶奶了。

后来我请来了她的母亲，把罗燕不写作业的事告诉了她的母亲，希望母亲和父亲的做法能有所改变。在班级中，我经常利用机会表扬罗燕，让大家向她学习。不久，在同学们的感染和影响下，我看到她笑了，笑得那么灿烂……罗燕在表扬声中对自己有了新的认识。

我又让她的好朋友做学校与家庭的联络员，把她在学校好的表现告诉她的父母，让她父母对她加以肯定，听到父母的第一次表扬，她第二天一大早就兴奋地跑过来告诉我，显得神采飞扬。

通过解决罗源与父母的关系问题，我更加理解作为一个班主任，应该及时发现并帮助指导家长对孩子进行家庭教育，这是我们工作中必不可缺少的一部分。

教室里的水桶

刘 军

刘军 汉族，男，1971年2月12日出生，1994年7月参加工作，市骨干教师，现担任班主任工作，多次在黑龙江省中小学教研工作会议上做公开课。

"人应该学会自我更新，今天的我应该比昨天的我有新的发现，新的认识，新的能力"。

陶行知先生曾经说过："教育的根本意义是生活之变化。生活无时不变，即生活处处都含有教育的意义。"让学生通过生活，把在班级里发生的事作为活动的主题，避免了枯燥的讲解，让学生亲自去感受，去体验，去经历，去获得。学生中独生子女较多，平时被家长宠着了，不懂得爱惜班级的日用品和学习用具。在班级中以"水桶坏了"为教育契机，我开展了自己动手收集废品，攒钱买撮子的活动。利用此活动，引导学生养成勤俭节约、爱惜学习用品及日用品的好习惯，改掉坏毛病。

有一天，学生跟我说："昨天，班上的几名同学在搞卫生抬桌椅时，不小心把水桶弄碎了。"赵姝豫说："那从今以后不能用水桶搞卫生了？"马上，"水桶"问题变成了学生们的议题。这不就是一个很好的向学生进行爱惜班级日用品、勤俭节约教育的好契机吗？

让我们自己来解决！

水桶破了，该怎么解决呢？班会课上同学们展开了热烈的讨论。

赵姝豫说："再让学校发给咱们班一个，不就行了嘛！"

"学校固定每个班级发一个，不能搞特殊再发给我们班第二个水桶，我不同意。"郑子墨同学立刻反对。

孙铭翼站起来高声说："这还不简单，让我老爸去再买一个送过来，不就解决了吗？"

这时，班长王鸿钊站起来说："我们损坏的，我们应该自己解决，平常我们班同学经常喝矿泉水和饮料，喝完后就把易拉罐和塑料瓶扔掉，我们把它们攒起来去卖掉，等攒够了钱再去买水桶。"

"对，对！"同学们都觉得这是个很好的主意。

攒钱真的不容易！

每天同学们都攒废品，集中放在几个同学家里，废品越来越多，攒废品的热情感染了每一位同学。两个星期过后，几个同学家里已经收获满满。同学们准备把这些东西卖掉。可是一算还是不够买水桶的钱，攒钱可真不容易。想到父母攒钱的不容易……同学们不禁感慨万千。借机我让同学们都说说自己父母挣钱的不容易，让他们体量自己的父母。经过这一总结同学们变得懂事了，越来越爱惜班级的物品，感恩自己的父母，"水桶"改变了一切。经过一个月的"奋战"终于攒够了水桶钱，当新的水桶买回来，大家使用时都倍加爱惜，生怕再次弄坏了。同学们再也不大手大脚地乱花钱了，注意了节俭；同时也感恩父母，个别和父母关系紧张的，也随着学生观念的改变，更加理解父母，更爱他们，家长们都感觉孩子们一下长大了。这个攒钱买水桶的过程就是育人的过程。这一切都是在活动过程中萌发并形成的，我通过班级里发生的这件小事，以此为契机，让学生学会了成长。

"生活即教育，社会即学校。" 让我们抓住班级和生活中的"小事"，都成为学生成长的契机。

我与同伴共携手

柳 丹

柳丹 1997年参加工作，一级教师，和兴小学信息技术教师，国家级青少年软件编程指导教师，在学校普及图形化编程、机器人搭建、无人机方面指导学生在各级竞赛中取得佳绩。

多一份赏识，就多一份成功的希望。

在我们学校，我亲爱的同事！生活、工作在我周围的伙伴们，每天、每时、每刻、耳边、眼前、心里都被你们的行为充斥着、感动着！我身边的榜样有很多，年轻人就不必说了，他们精力充沛，积极向上，一直感染着我。

先说说吴颖老师吧，她数年如一日，勤勤恳恳地工作，孜孜不倦地育人，做事踏踏实实，卓有成效。时间、精力的奉献和牺牲在她身上体现得尤为突出，同事对于她的印象，如同自己的家人。尽管她也疲劳，也会回到家里就倒在床上让人照顾，但只要她站在大家面前的时候，就总是表现出精神振奋、充满力量的感觉，让大家从她的身上看到一种积极向上的精神、一种克服困难的态度和为了大家而奉献牺牲的行动。这种对工作高度负责的态度让我深深感动。

还有我们学校的岳东军老师，多年来，学校计算机软、硬件的技术支持工作，都留下了他的身影。我校教师在使用计算机的过程中，出现了问题首先就会想到找到他。而我们经常听到的是"好，我马上就来""没问题，我马上帮你解决，在学校的工作中，他从不计较分内分外、个人得失。我校教师进行课件制作，越来越多地使用多媒体技术，为此，经常有一些教师去找岳老师处理一些多媒体技术方面的问题，而他总是想各位教师之所想，急各位教师之所急，为了帮助我校教师制作课件，他无论是上班时间，还是休息时间，都能够及时帮助老师完成，有时甚至在家加班加点。

当然，感人的故事还有很多很多，在"和兴"这片净土上，每天都上演着这样一个个感人的故事，这些故事感动着孩子、感动着老师、感动着家长、感动着每一个人。

静待花开

柳清敏

柳清敏 从教二十多年，区德育优秀教师、语文骨干教师，是教坛的生力军。课堂上用汗水挥洒着无悔的青春，施展人生的抱负，用火热的激情书写教学的新篇章。课堂外，是学生心灵邀约的朋友，用爱心守护学生的成长，放飞学生的梦想。虽然没有家喻户晓的名气，却用满腔的热情践行一名老师的职责与担当。教育感言：辛苦是一种幸福，责任是一种荣耀。

　　宠辱不惊，看庭前花开花落，去留无意，望天上云卷云舒。我和一群可爱懂事的孩子们在幽静的校园里朝夕相处。他们虽然时而顽皮，但是却不失天真可爱；他们没有长大成年，却有着比成年人温暖细腻的心。和孩子们相处的每一秒钟都值得我去细细回味。

　　在艺术节上，我见到了孩子们丰富多彩的才艺。

　　在运动会上，我见到了孩子们稚嫩却矫健的身姿。

　　在课堂上，我见到了孩子们活跃聪慧的头脑。

　　在扫除中，我见到了孩子们勤劳能干的双手。

　　我还看到了他们的热心温暖、互帮互助、团结友爱……

　　他们就像是初升的太阳朝气蓬勃、能量满满，他们未来可期。

　　我以前总是偏执地认为孩子太小什么也不懂，可是当我生病的时候他们却会贴心地告诉我"老师您在班里好好休息一下，我们静静地上会儿自习绝不会吵到您"。也会有孩子热心地把他的感冒药递给我，他们也会主动承担一些事情减轻我的工作量，这样的事太多太多，但他们无一例外地告诉我，孩子虽小，却有着能感动人的心。我很幸运能够守护这群天使，我看着他们成长，他们带给我感动。

　　刚刚好，看见你们快乐的样子，于是快乐着你的快乐！

　　希望孩子们茁壮成长，祖国的花朵们，我会静待花开！

我骄傲，我是和兴人

吕红滨

吕红滨 小学一级教师，从事班主任工作23年。区语文学科骨干教师。曾代表哈尔滨市参加国家级语文传美优质课赛课，所执教的《黄山奇石》一课获一等奖。曾连续多次参加区百花奖活动，均获得一等奖的好成绩。所教班级连续多次被评为"市级优秀少先队"。教育感悟：花儿开放需要一定的时间，孩子成才需要一个过程，做一个有爱心、有智慧的教师，用自己的汗水去浇灌每一种"植物"，让他们开出独特芬芳的花朵。

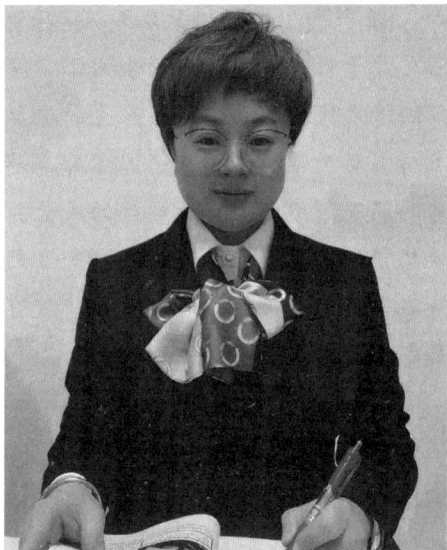

　　我是土生土长的和兴人，从毕业到现在，整整22个年头。是和兴这片沃土滋润了我，是和兴这个大家庭滋养了我。可以说我对和兴有着深厚的情感。

　　从实习就被分配到了和兴小学，当时我的指导老师是现在的红岩校李湘琳校长。是她对教育事业的热忱鼓舞了我，对课堂教学的精益求精启发了我，对孩子的爱心影响了我……听她的每节课我都能学到新的东西，可以说她是我教育生涯的启蒙。从那时起，我便下定决心，也做一个像她那样的好老师。后来我真的如愿分配到了和兴小学，那时心里别提有多自豪了。要知道，同年分配的同学中，如果听说谁被分到了和兴小学，大家都会羡慕的！可见当时和兴小学在南岗区的地位。

　　提到和兴的辉煌，不得不提到孟秋艳校长。孟校长是给我印象极深的一位校长。她很严肃，不苟言笑。我们都很"怕"她。一次，她来到我的班级里听课，一听就是一上午，数学、语文、班级管理面面俱到。听课后孟校长问我："小吕，你觉得自己讲的怎么样？"我的心里真没底，就说："还可以吧，校长。"孟校长笑了，那是我第一次看见她笑，她说的话我至今都记得："你的课讲得真不错，是个好苗子！"这句话一直烙在我心里，能被孟校长肯定是我人生中一件多么值得骄傲的事儿！就是这句话一直鼓励着我，在教育教学的道路上努力前行。连续获得五届南岗区教学百花奖一等奖，并代表哈尔滨市参加全国语文教学赛课，取得了特等奖的好成绩。

时间流逝，斗转星移，和兴小学带着她曾经的辉煌一路走来。如今我们又迎来了新的领路人——韩吉青校长。她像一缕阳光，又似温暖的春风，给我们这个老牌名校注入了新的活力！

虽然她已年过五十，但是她的脸上却始终洋溢着充满活力的笑容。她更像一个年轻人，一个有着追求梦想的年轻人！每当看到她不知疲惫地为了学校的发展而奋斗时，大家都深受感动。韩校长对每个人都给予了人文关怀，大家都亲切地叫她"韩姐"。工作中她严谨的态度使大家发自内心地敬佩。"要求老师做到的，学校领导一定要先做到"，她以身作则的工作作风，使我们每个和兴人都没有理由怠慢我们的工作！如今我们这个老牌名校又在韩校长的领导下，如雨后春笋般有了新的活力，新的生机！

天时，地利，人和！相信在韩吉青校长高瞻远瞩的引领下，我们和兴小学会更加辉煌！

倾听花开的声音

孙一晗

孙一晗 哈尔滨市和兴小学教师，2003年从事教师工作，从教17年来历任四届班主任，在平凡的岗位上做出了不平凡的业绩。教育感言：行是知之始，知是行之成。

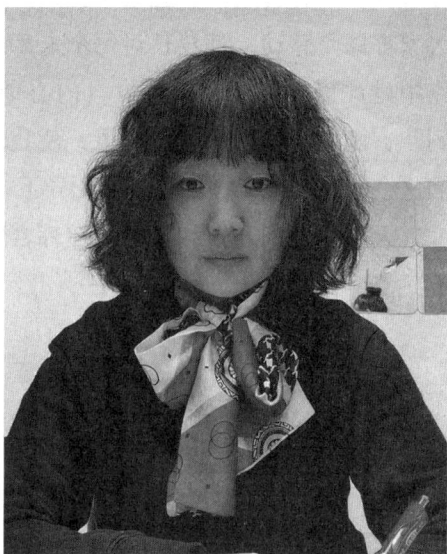

在多年的教育教学工作中，我始终认为每一个孩子都是即将盛开的雏菊，只有保持着自己独立的绽放，才能展现生命的蓬勃。于校园中，我相信，只要把心温暖地安放在学生心中，所有与我有缘的孩子都能像花儿般静静开放！ 走进四年（1）班干净整洁的教室，每个人都会被班级内的文化气息与浓厚的学风，还有孩子们朝气蓬勃的精神面貌所吸引。和兴小学四年（1）班就是一个幸福、和谐的大家庭。在这个大家庭中，34名同学一起努力拼搏，努力实现共同的梦想，因为"阳光、团结、奋进、创新"是四年（1）班最大的特点。四年来，他们秉承着这样的学风与作风一路走来。下面就请跟随着我的笔尖倾听他们的故事。

一、团结进取、共同成长

在四年（1）班每个同学都有强烈的集体观念，对班级有着浓厚的情感。在孩子们心中这不只是班级那么简单，而是他们温暖的家。哪位同学有困难了，准会有同学伸出援手；哪位同学不舒服了，准会有同学送来热水。大家像家人一样彼此关怀着。"团结进取、共同进步"是他们共同的目标，班级的《小学生守则》是他们自我约束、自我教育的准则。在这个团结进取的大家庭中每个人都幸福快乐地成长！

二、自主管理、形成特色

四年（1）班四年来一直在打造班级孩子的自主管理能力，四年的研究与实践，四年1班的孩子们已经形成了自主管理的自我教育能力和学习能力。记得《56号教师的奇迹》中雷夫老师的"道德六阶段"中，第六阶段是这样说的："有自己的道德标准，并奉行不悖。"四年的努力，班级的孩子们很多人都能达到这个阶段，孩子们不但能够自主管理好自己，还能当小老师管理好其他同学。在四年（1）班每个人都是小班干，有固定班级管理的班干，有轮流值日的班长，每个人都履行着自己的职责。当老师不在时，每位同学都能够安静的上好每一节课，能够安静地扫除。当天负责的班干还会给学生出题讲解，一切都是那么井然有序。在操场上站队时，他们肯定是最直的那一个。班级的钟表没电了，第二天准会有学生把新电池换上。班级的扫除用具没有了，第二天准会有人拿来新的扫除用具。记得去年学校的艺术节，又赶上班主任孙老师外出学习，学生们自主地为班级艺术节献计献策，班级干部主动领着同学练习，编排动作，还有的同学利用周末自发地进行舞蹈创编。在班级同学共同的努力下，班级在大合唱比赛中获一等奖，赢得了校领导的一致好评。在艺术节表演当天，班级同学编排的《青春纪念册》也受到全场师生的高度赞誉。在学校的诵读表演、课本剧展演活动中，孩子们自立、自强、奋发拼搏的精神让人敬佩。

三、醉心阅读、兴趣广泛

朱熹说："读书之法无他，惟是笃志虚心，反复详玩，为有功耳。"四年（1）班在四年的不断努力中，全班学生的阅读覆盖面已经达到100％，而且不同层次的学生都有着他的阅读兴趣。班级同学的阅读兴趣浓厚，几年来，班级同学自发形成了"博雅"文学社和"春晓"出版社，出版了"小语漫谈"和"阅读品析"很多书刊。而且班级自发组建了兴趣小组，学生们快乐地享受着多彩多姿的校园生活。

四、朴实学风、激励提高

孩子们不仅重视自身能力的培养，更重视自身道德修养的培养。四年（1）班的学生学习兴趣浓厚。我深知好孩子是夸出来的。几年来，我坚持在课堂上表扬、鼓励孩子。在课堂上孩子们总是争先恐后地发言，而且会全神贯注地听课。在学校教研公开课上，孩子们出色的表现一直受到听课领导和老师的赞扬，几年来学习成绩大幅度提高。

五、永无止境、继续拼搏

几年来，同学们的共同努力，班级取得了可喜的成绩，在学校的各项活动评比中，多次被评为先进集体，文明班级，这些成绩的取得离不开全体学生的汗水和奋斗的心血。"阳光，团结，奋进"的思想，让大家认为自己有能力在各项活动中做得更好，奋进的精神令我们看到自己有潜力和实力能更上一层楼。

一路走来，我与孩子们共同拼搏、共同成长。这一路上我和四年（1）班的孩子们听到了那美丽的花儿开放的声音。那声音里充满着温润、明亮、自信，还有勇气和力量。我期待孩子们能一直这么自信而淡定地走下去，欣赏并享受彼此生长的愉悦。静静等待我们生命中的这些花儿悄悄绽放，愿与他们一路偕行。

爱与责任

田晶新

田晶新 中共党员，一级教师，曾担任班主任及学年组长工作，先后获得区、市优秀班主任，市德育先进工作者，市职业道德先进个人，市中小学转化后进生先进个人等光荣称号。区教学百花奖一等奖，全国"春蕾杯"作文指导奖。现担任学校的卫生保健工作，多次获得区卫生工作先进个人称号。教育格言：尽职尽责，在平凡的岗位上书写自己的人生价值！

爱，是一种神圣的情感，是一种不要求回报、是理解和接受。而教师的爱就是对学生的尊重、爱护和信任，是学生真正感受到来自教师的温暖和呵护。自从踏上三尺讲台整整已经30个年头，我深知教师这一职业注定没有轰轰烈烈，有的只是平凡与那份不可推卸的爱与责任。

一、播撒爱心

世界上没有一朵鲜花不美丽，没有一个孩子不可爱。因为每一个孩子都有一个丰富美好的内心世界，这是学生的潜能。——冰心

教师节这一天，当一名亭亭玉立的女孩手捧一束鲜花来到母校看望我时，此刻的我内心很激动，看到那张成熟灿烂的微笑，我的思绪又回到三十年前，那时的我还是一名刚刚20岁的小姑娘，是一位刚从学校毕业走到工作岗位上的年轻教师，刚报到校长就派我担任一年五班的班主任。班里有一个小女孩叫张宁，一张白皙的脸蛋上嵌着一双像黑宝石般的大眼睛。那双大眼睛总是扑闪扑闪的，是那么天真、活泼、可爱。在一节语文课上，同学们都瞪着眼睛听老师讲课时，一串串叽里咕噜的"胡言乱语"让我在讲台哑

然失色，只见张宁同学嘴里不停地叨咕着并一头栽倒在地，手和脚不停地抽搐，嘴里还吐出白沫，我被眼前这一幕吓住了，不知该怎么办好，只是本能地叫班长快去找校长，我忙蹲在地上扶住孩子的头，无助地看着她。当领导赶到教室时，孩子已停止了发作，看到领导们的出现，我的眼泪唰地落下来，是惊吓、无助，还是对孩子的心疼，那种滋味真是无以言表。后来她妈妈赶到学校告诉了我孩子的病情。孩子患有先天性癫痫，怕同学们歧视，老师嫌弃，就一直没敢告诉老师。看到妈妈那种无助的眼神，此时的我眼睛又一次湿润了，只对她说了一句话："抓紧时间给孩子治病，孩子在学校里我会照顾好她。"从那以后，我的办公室柜子里多了一些孩子的短裤、线裤、外裤、袜子等，因为孩子发病时，有时就会大小便失禁，当她失控时会不知不觉地排尿，裤子从内到外全部尿湿，每当这个时候，我都会轻轻地抚摸着孩子，安抚她："没事了，一切都会好起来。"然后把她领到办公室，为她换上干净的内裤、袜子，重新给她扎好两条羊小辫。就这样我默默地做着这些事情，但孩子们都看在眼里，班级同学互助互爱的暖流潜移默化地在班级流淌开来。六年时光，师生在一起朝夕相处，感情深厚。毕业时张宁哭着拽着我，不肯离去！就这样我通过自己的努力和辛勤的付出，为自己树立了一个良好的口碑，学生都非常喜欢我，家长们都想办法进我班级，校长对我的工作非常认可。我关爱着每一个学生，智力低下的骆永龙在我的耐心教育下找到了平等和尊严；因父母离异性格怪僻的孙迪变得活泼开朗；因爷爷奶奶的溺爱，娇生惯养的孙天佑变得懂事、听话了……我用爱心滋润着每一个孩子的心田，并用爱心为孩子们编织着一个个美好的童年。

在教育学生方面，我始终遵循"没有教育不好的学生，只是我们缺少发现，缺少方法。"这个真理。我以宽厚的胸怀爱学生，爱班级中的每一名学生，不但不偏爱优等生、尖子生，更不冷落、歧视后进生，甚至对于有缺陷的孩子，我会给予更多的爱。多年的教育实践，使我逐步形成自己独特的教学方式，那就是用平和、轻松、愉快的心态感染身边的学生，在师生之间建立平等、和谐的关系，给学生一种乐观向上的生活态度，这就是我的情感与微笑教育。

二、快乐课堂

快乐课堂侧重于打造愉悦、轻松、灵动的课堂，是适合学生实际的课堂，是突出学生主体的课堂，是富有学习情趣、充满思维活力的课堂。

一个优秀的班主任不但要有一颗慈母般的爱心，还应具有丰富的教学经验和较高的教学水平，这样学生才能信任你、敬佩你，从而激发学生的学习热情。教学中我注重创设丰富的现实情境，化抽象为形象，诱发学生积极活跃，主动地参与到学习中来。比如我在上《称象》这节公开课上，亲自制作一头泥象，把鱼缸搬到教室，用木排制作一艘小船，通过实物教具的演示，让同学们亲眼看见曹冲称象的全过程，学生一下子就明白了是靠着水的浮力来解决的这一教学难点。那么这节课教具的精心制作给孩子们留下了深刻的印象。下课了，孩子们都欢喜地跑来摸这头大象，一次又一次去实验称象的过程，孩子们在游戏中学到了知识。同时这节课在南岗区教学百花奖观摩课上也引起非常好的反响。受这节课的启发，到了四年级，我在讲《捞铁牛》一课时，脑海中又出现一个教学灵感，制作一个捞铁牛的教学画面：拿来一块木板，画上海浪和大船，再画两只大铁牛贴在河底，划开一个小口，系上绳子，从远处看去就真的像是在打捞铁牛。当讲解怀丙和尚用这种办法捞出沉在淤泥里的铁牛时，我也通过教具的演示用力划船拉铁牛，铁牛动了，同学们仿佛回到那个年代，身临其境地高喊："铁牛捞上来了！"教具带来的真实感又一次打动了孩子，这节课得到教研员的赞扬，并将制作教具的方法在区里进行推广。

在教学上，我认真钻研教材，精心备课（那时候都是手写教案，一学期的数学、语文教案要写出十二三本），课前积极动手做教具，改变传统的灌入式教学为启发式教学。在语文课上，我更加注重学生的读书和写作能力，经常安排学生读课外读物的时间，开展读书交流会，带领学生走出教室，去大自然感受生活，几年来对学生坚持不懈的培养和指导，我班学生在参加国家、省、市，区作文竞赛中获得一、二、三等奖，我也两次获得全国小学生作文竞赛育才奖。

三、锤炼品格

教师做学生锤炼品格的引路人，自己就要先锤炼自己的品格，要以身示范，因为身教重于言教。

作为一名共产党员，我一直严格要求自己。我是1999年入党，1995年结婚，1996年送走了我的第一届学生后，校长又马上交给我一个新的一年级，校长找我谈话，为了把一个新年级带起来，希望我再稍微晚一点儿要小孩。为了顾全大局，我1997年要的孩子，孩子刚满3个月就又回到班主任工作岗位上。当时因为孩子太小，又没有合适的人帮我带孩子，我向学校提出我的困难，想孩子再大一点儿再交班，但学校难处也很大，所以只能我个人克服困难继续做班主任工作。就这样，我由一名青年教师成长为一名中年骨干教师。同时，担任学年组长工作，我带领着学年同事一起工作、学习和生活。工作中我们互相学习，互相帮助，学年有什么活动，我们大家就一起想办法，一起上。给我留下最深印象的是我们学年一起搞教改科研"诵千古美文，做少年君子"这一学习古诗文活动，当时开展得有声有色。从诵读诗文、理解诗文、古诗配画到最后诗文创作，一步一步地实施，每个班级都是这样讲古诗，然后在学生理解诗文的基础上，再让学生通过自己的理解想象出诗文的画面，然后给古诗配画，发挥孩子们丰富的想象力和创造力。一张张古诗配画跃然纸上，我们就把孩子们的作品塑封成册，还有的粘贴在墙上，让学生们互相欣赏。在学年同事共同努力下，我们学年的工作一直走在学校班主任工作的前沿。

四、认真工作、尽职尽责

再来谈谈我现在作为学校的保健老师，担任着学校的卫生保健工作。保健工作事物繁杂，且事物俱细。面对全体学生，每天要从做好学校的晨检工作开始，对因病缺勤的学生做好追踪调查，发现一个班级内缺勤人数有"暴发"趋势时，及时查明原因，并及时报告给校领导，如确诊是传染病就立即向上级汇报，并及时消毒和隔离传染源。此外，每学期要按照上级要求和部署的内容，及时做好保健室31项档案工作。做好，传染病、常见病、食品安全等健康知识的宣传和预防工作。尽职尽责的把学校的卫生保健工作中的每一项工作做好，年年都努力争取在南岗区卫生保健工作考核中都取得优异的成绩，为和兴小学的德育工作增添光彩。

愿做红烛燃自身　甘为泥土育春花

王柏昕

王柏昕　中国党员，1995年参加工作，一级教师，哈尔滨市语文学科骨干教师，在讲台耕耘26载。曾获黑龙江省义务教育课程改革先进个人、哈尔滨市义务教育课程改革先进个人、哈尔滨市优秀教师及优秀班主任、市"四有"好教师。"严"和"爱"是我的教育风格，"让学生成长、成人、成才"是我的教育追求，用幽默的风格，把课堂还给学生，让学生成为课堂的主人。教育感悟：教学路漫漫，唯有爱相伴。

"红烛啊，流罢，你怎能不流呢？请将你的脂膏，不息地流向人间，培出慰藉的花儿，结成快乐的果子。"这是闻一多先生的《红烛》序中的诗句，我十分喜爱，因为它道出了红烛精神的精髓在于始终不渝地为他人的成长与快乐做奉献。

18岁那年，我怀着一腔热血走进了和兴小学，踏上了圣洁的教坛。三尺讲台，一根教鞭，一根粉笔，演绎着我多姿多彩的青春。在教育这片充满希望的沃土上，我尽情地播撒着爱的种子。在26年的教育生涯中有喜、有忧、有笑、有泪、有花、有果、有香、有色。透过孩子们那一张张天真可爱的笑脸，目睹老教师虽已两鬓斑白却仍旧身献教坛、豪情依旧时，我便立志做一支燃烧的红烛，照亮每一个孩子的心灵，做一方坚实肥沃的泥土，为祖国培育更多、更美的春花。

当学生小丽的母亲患肺癌住院时，家中冷冷清清，孩子无人照顾时，我把她接到家中同吃同住，悉心照料几个月；当她的母亲去世后，我又为她点燃了9岁的生日蜡烛，像妈妈一样关心爱护她，为她燃起生活的希望。

教师是梯子，挺直脊梁，给攀登者以上升之阶；教师是桥梁，连接河谷山脊，使学生走向成功的顶峰。教师用语言播种，用彩笔耕耘，用汗水浇灌，用心血滋润，这就是教师的崇高劳动。记得，我怀孕4个月时，妊娠反应非常强烈：吃不下东西，有时喝点水都呕吐不止，丈夫看在眼里，疼在心里，希望我能请假在家休息两天，公婆也劝我：

"孩子，要多为自己的身体着想啊。"可当我一走进教室，看到孩子们一双双渴求知识的眼睛，我心中的天平就立刻偏向了我的学生，咬紧牙关坚持工作。我在心里一遍遍地对腹中的宝宝说着："孩子，原谅妈妈吧，妈妈不能为了你一个而亏了学校里的几十个呀！"

学生是我生命和生活的一部分，是我喜怒哀乐的源泉。如果没有学校，没有课堂，没有学生，我什么也没有。为了帮助落后生赶上来，为了辅导参加竞赛的学生，我不知道牺牲了多少个节假日。由于工作性质的原因，我的爱人经常在外地工作，虽然在家庭中没有丈夫做坚强的后盾，但是他那种对待工作尽职尽责的精神时时感召着我要兢兢业业，甘于奉献。我不能像其他已婚女性那样过着伴随丈夫日出而作、日落而息的家庭生活。一年365天，有300天，我用柔弱的双肩挑着生活的重担、工作的重担。同时，这也磨炼了我坚强的意志。我把对丈夫的思念化作对工作的不懈追求，对学生的无限热爱。我先后有几十篇论文在全国、省、市、区获奖，并多次参加省市级公开课。也有人为我叹息：把那么多精力耗费在这些不懂事的娃娃身上，值吗？可当我的学生捧回一张张奖状、一本本荣誉证书时，我自豪地说："值！"与学生心与心的交融、爱与爱的碰撞，让我们走得更近，贴得更近。

一个人的生命是有限的，而教师的事业是常青的。作为一名青年教师，我是用生命在歌唱，用生命在实践。为了辉煌的社会主义教育事业，为了可爱的孩子们，我愿做红烛燃自身，甘为泥土育春花，把学生们培养成为诚实守信、忠心报国的栋梁之才！

校园中的那棵老榆树

王 霞

王霞 1999年7月进入和兴小学，区级语文骨干教师，市级优秀班主任，市级优秀职业道德先进个人，市级优秀教师，连续两次获得南岗区语文教师考试校内第一名。我的教育格言是：爱生如子，静待花开；学高为师，身正为范。

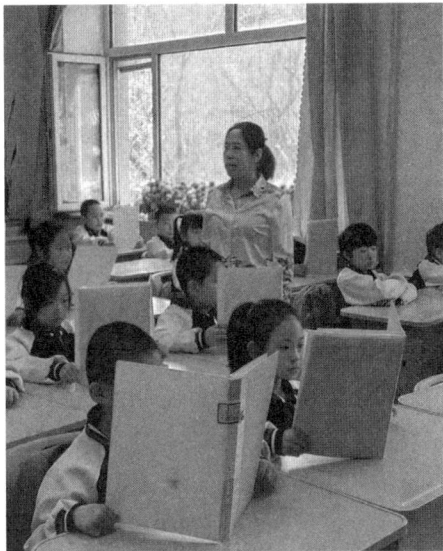

当我看到这个题目的时候，不由得想起诸葛亮的"臣本布衣，躬耕于南阳，苟全性命于乱世，不求闻达于诸侯……尔来二十有一年矣"。

说起我与和兴，到了今年也有二十多年的光景了。1999年7月的一天，从师专毕业的我，带着对美好生活的憧憬，来到了这里，转念之间二十年矣。这二十年来，和兴校见证了我的成长。我目睹了她日渐憔悴却又不甘于环境左右，拼命奋起的脊梁。

操场中间那棵大树，绿了又黄，黄了又绿，年复一年，不断地生长。我也由一个刚毕业的小丫头在风风雨雨，冷冷暖暖中走过而立之年，迈向不惑。和兴校见证了我所有的辛酸和温暖，所有的快乐和痛苦，也许这就是人生。

刚到和兴校，我是一名英语老师，带着孩子们在ABC中畅游。每年的圣诞节，我都会和同事们组织一次英语节，那时候的孩子现在已经成家立业，成绩斐然。现在的我，当班主任老师已经十几年了，我经历了人生最大的痛，也迎来了人生最大的成就，教出的孩子都已经上大学，成就不错。

纸短情长，书不尽我意，愿在我耄耋之年回到和兴，看到她依然兴旺、生机盎然。

多元平台促成长　校本课堂重传承

王燕娜

王燕娜　区级德育骨干教师，多篇论文教育教学成果获国家省市奖励。2012年来到和兴小学担任财务工作和校本课程的教学工作。教育格言：学习是进步的阶梯，踏着基石，攀着阶梯走向更好的自己。

　　作为一名从教近30年的教育工作者，和兴小学对我来说是第二个家。自从来到和兴小学，我一直担任学校的财务工作，这项工作细致烦琐需要付出很大精力。在坚持专业业务学习的同时，我对于自己一生钟爱的教育教学工作，丝毫没有松懈，担任了学校的校本课教学工作。所教学生也是从低年级到高年级各种类型的孩子，跟孩子们一起学习、成长、进步是我最大的收获和快乐，愿意在这里同大家一起分享。

　　我近20年都担任班主任工作，所以教育教学工作对我来说不算陌生，也可以说是得心应手，乐在其中地完成校本教学工作。和不同年龄、不同班级、不同类型的学生也发生过许多让人难忘的教育故事，给自己也积累了许多经验和教育感悟。我所教的课程是校本研发课程有些教学内容是需要教师自己根据实际情况去收集整理的，并和所在的教育团队创编研究开发的。记得我在教高年级校本读书课的时候，一些传统节日像清明节、端午节、中秋节、元宵节，都是我们很好的教育契机。我就经常会利用这些传统节日向学生介绍有益的书来丰富学生的阅读，激发学生对阅读的兴趣，并且更多地了解我国一些传统文化的相关知识。尤其是像学生比较感兴趣的端午节，既有书本的内容，又有各种各样的丰富多彩的活动。课前我会布置学生查找相关的内容、图片、视频，或者一些相关的好书，好的诗句。还可以回家跟家长交流，父母小时候是怎样过这些节日的，增加一些亲子互动。课堂上，当孩子们看到端午节赛龙舟的视频，包粽子的照片，一下来了兴趣，各个瞪着小眼睛。如果赶上哪个班级，我还会领孩子们一起扎五彩线，撞鸡蛋，背一背屈原的诗，让我们的读书课变得更加的丰富多彩，更受学生喜爱了。通过学习学生不仅了解了端午节的相关习俗，还让学生对传统节日产生了浓厚的兴趣。课后我还鼓励孩子们把自己在过节时身边发生的事拍下来或写下来，积累下来，有的孩子甚至把自己节日里，或出门旅游带回来的一些代表性信物拿到了课堂上，让学生们更直观地感受到了传统节日，就在我们身边，离我们很近，是我们每个人都应该继续发扬和光大的，每个人都有传承的责任。

　　教育无小事，处处是教育。我还会受身边的小事启发，产生一些小灵感、小创意，也有很好的效果。一次，学生去我办公室的时候，对我从柜子里拿出来的算盘产生了浓厚的兴趣，我想到了在过去的课程里，我们还有珠算课，现在的孩子对这一传统计数工具了解得可能少之又少，于是我给孩子们布置了收集关于算盘的历史和文化，还让学生想一想他们所了解到的我国古代还有哪些劳动人民在生活和实践中的一些创造和发明。通过查找资料，学生们了解到算盘亦称珠算，是中国人民创造的一种计算工具，素有"中国计算机"之称。算盘的出现，历史悠久，在汉末三国时代徐岳的《数术记遗》，南宋数学家杨辉的《乘除通变算宝》，明人吴敬《九章详注比类算法大全》中都有相关记载。明清时期，算盘的应用已很广泛。二次世界大战后美国也从日本引进了算盘，这一古老的计算方法为世界人民所了解。学生们都为我们祖先的智慧赞叹不已。于是我又让孩子们收集一些我国古代劳动人民通过自己的辛勤劳作，而发明创造出来的便于生产和生活的用具的相关的故事。任务布置下去之后，同学们都根据自己的喜好开始了广泛的收集，有了解医药历史的，有了解纺织历史的，有了解灌溉历史的，有了解造船历史的，还有了解枪械历史的等等，然后我会帮助孩子们归集整理做些筛选，总结出这些故事都是从哪些渠道了解到的，或者是通过哪些书本了解到的，尤其是有一些整理全面的百科全书或工具书，我会给大家推荐，让孩子们把书带来，他们之间互相交流。通过课上学习，孩子们知道了鲁班和锯、黄道婆和织布机的故事等等。

　　一堂小小的读书课，让我发现自己跟孩子们之间沟通的渠道有很多很多，他们身上也有值得我学习的地方，我也收获了很多课堂以外的知识。教学相长，每一次看到这个词我都有不一样的感悟，越来越体会到作为一名老师，真是应该不断地学习，不断地丰富自己，才能完成自己身上肩负着传承传统文化的神圣使命。新的学期我又开始担任了书法课教学。自己深深地知道，我还有许多要学习的地方。书法课的教材，我每次都要反复地读很多遍，对书法书上的一些不常见的字词，我都提前查好字典。每一节课对我来说都是一个新的起点，在这个起点上我重新审视自己，不光是把自己近20年的教育经验放在课堂上，更希望每节课都能用全新的教育理念、教育状态来面对我可爱的孩子们。学无止境、学海无涯，我愿意在学习中不断地成长，与我的孩子们一起探索，一起进步，为中国文化的传承尽一份力。

千教万教教人求真，千学万学学做真人

王 扬

王扬 1999年毕业于哈尔滨学院。现为和兴小学教师，市级优秀教师，区级骨干教师，学年组长。从教二十年，曾接任七个毕业班，桃李芬芳！教育感悟：用爱心感召情感，用智慧浇灌心灵，用知识打开科学门，是教师最快乐的工作！

走过岁月，穿越时空，往事生香笔下，相遇的美漩满笔触：自1999年至今，我与"和兴"为"伍"已有整整二十载！二十年的悠悠岁月，承载着"和兴"的变化，记录着我与"和兴"的故事。

刚步入和兴小学，就担任了一个四年级的班主任工作。这个"四年（6）"班，当时以更换了无数个班主任而闻名于校，管理难度可想而知。但也恰恰是这个四年（6）班，让我在"苦尽甘来"之后，明白了"教书育人"的真正含义。成功地带完了这个四年（6），我又连续带了六个毕业班，如今，正在欣喜地任教着第七个毕业班。

二十年来，我始终坚守在教育工作的"第一战线"上。我享受着教书育人的快乐，我无私地爱着每个孩子，我无微不至地关爱着每一个心灵的成长！孩子们的心灵是纯净的，无论过了多少年，都会传来他们对我的声声问候。是"和兴"成就了我教书育人的梦想，是"和兴"给予了我展示自我的舞台，更是"和兴"为我插上了理想的翅膀！我是"和兴"人，我骄傲！

我的良师益友

吴　颖

吴颖　哈尔滨工业大学电气工程系电器专业毕业，南岗区小学信息名师团队工作室核心成员，市信息骨干教师，国家级青少年软件编程指导教师，南岗区"四有"好老师。在学校普及图形化编程，指导学生在各级竞赛中取得佳绩。

　　踏上教育工作岗位已经整整二十六年了，在这二十六年的生活里，和我朝夕相处时间最长的就是我的同事，和同事之间的故事每天都在上演，没有惊天动地，有的只是丝丝温馨和感动。回忆起点点滴滴，仿佛阳光照在心头。

　　记得刚走进和兴小学这个大家庭时，一切都是那么新鲜，又是那么陌生。一张张陌生的面孔及接踵而来的工作任务，让我这个初出茅庐的小老师陷入极度的困惑和迷茫中。就在我感到孤独无助的时候，一双温暖的手伸向了我。她就是王福龄老师，不管是在工作上还是生活上都给了我极大的关心和帮助。

　　工作上，她是我的良师。由于刚参加工作，我对学校的各项活动要求、规章制度等都摸不着头脑，王老师总是耐心地指导我，及时地帮我分析和总结工作中存在的问题，同时肯定我的成绩，给我鼓励，增强我的信心，从教学设计到上课都非常认真、仔细地指导，我的内心充满了感激之情。那时我感觉她真的就像我的母亲，一位尽心尽责的好母亲！生活上，王老师对我也是倍加关心。我清晰地记得那年元宵节，王老师热心地邀请我去她家吃元宵，让我深深地感受到了亲人般的体贴和温暖。在我的职业生涯中，她就像一盏明灯，指引我前进的方向。

此时此刻，我想到了朱自清在《春》中写的一句话：风里带来些新翻的泥土的气息，混着青草味儿，还有各种花的香，都在微微润湿的空气里酝酿。酝酿着一杯情谊、欢乐和进取的美酒！

面对挫折的启示

夏　琳

夏琳　一级教师，区科研骨干。曾获得市优秀班主任区、校级优秀教师，多次参加百花奖获得一、二等奖，多篇论文获奖。

教育感言：玉壶存冰心，朱笔写师魂。

2014年9月6日，江西省接连发生两起学生自杀事件。当日上午，江西赣州八中高中一年级男生从西河大桥上跳下身亡；下午，奉新县华林中学14岁男生余某在家中上吊自杀。2005年4月30日，距离高考仅剩一个多月，北京延庆县一中高三学生郭某因怕被父亲责骂考不上大学，在学校扎死一名同学后自杀；6月13日，中考前一天，广州一中学初三女生，忽然觉得"活着没意思"，在家里喝下致命的药物；6月27日，合肥市一名高三女生因高考成绩不理想，哭泣着跳入汹涌的河流……我看着这一段段的文字，心如刀割。一个个花季般的年龄，就这样瞬间消失，是考学的压力还是社会的舆论造成的，或许是家庭的过高期盼……此时，看到我身边这些可爱而又稚气的小脸，我知道我该做些什么。

一、我们需要挫折教育

我把这些血淋淋的事实，毫无铺垫地讲给孩子听，班里的孩子唏嘘不止。小a说，这几位大哥哥就算考不上好的大学，也比上技校和没有学校的要好啊；小b说，他们的爸爸妈妈失去了自己的孩子该多伤心啊；小c站起来说，我们将来也会学习很苦、很累，我们都去死，那人类不完了……

听到孩子们的发言，他们不仅关心自己的学习，而且关心父母的感受，关心人类的进步，我知道好的教育契机来了。

首先我请孩子们明确什么是"挫折"。挫折，是指人们在有目的的活动中，遇到阻碍人们达成目的的障碍。心理学上指个体有目的的行为受到阻碍而产生的必然的情绪反应，会给人带来实质性伤害，表现为失望、痛苦、沮丧、不安等。挫折易使人消极妥协。作为小学生，班级里会有哪些挫折现象呢？

二、学习怎样面对挫折

1.全班总动员，分工合作

小组合作查找同学们有什么心事，会有什么心理障碍，汇报给小组长，小组长汇报给班长，结合搜集资料，先给挫折的表现做一下分类。具体表现为：

A.自卑感：觉得自己笨，抬不起头，学习上信心不足。

B.孤僻：沉默冷漠，抑郁寡合，不懂也不主动请教。

C.梦想：在想象中满足自我，因而在上课时时常发呆。

D.推诿：强调自身学习条件不好，或全怪老师教得不好，却不从主观上找原因。

E.逆反：极易和老师、同学产生对立情绪，拒绝劝导，你讲东他偏向西。

F.放弃：丧失学习信心，消沉，自暴自弃。

G.发泄：用大喊大叫、大玩大闹等方法来排遣郁闷，造成学习精力分散。

可爱的孩子们对照以上情况进行自我检查，发现自己多多少少也会有一些上面的现象。例如，有的孩子害怕考试达不到父母理想的成绩；有的孩子怕考到班级最后面而受到父母责打；还有的怕在老师、同学面前说错话；更有的孩子，怕不如哥哥做事谨小慎微。

2.利用相关挫折材料，进行自我教育

孩子们的忧虑引起大家的注意，所以孩子们纷纷发表意见，能不能开个班会来分析一下。我大为赞赏，并鼓励孩子们查找不同反面的资料，以免资料重复浪费时间。我初步定为以下几类：

一类是自然环境资源的挫折。我国有些地区属于高地震多发区，经常会有地震或是洪涝灾害。天灾不可怕，可怕的是人类自己被精神打垮。我教育孩子要勇敢地面对困难，人定胜天。

二类是社会环境的挫折。有的孩子说家里穷，没有学习资源，我们就找到贫困地区的孩子是怎样的学习的；

有的孩子说父母外出打工，没人辅导，我们就找出留守儿童照样上985大学的例子；还有的说家里房子太小，没有地方学习，我们就找出毛主席在城门口看书的例子。人是靠意志来战胜困难的。

三类是人类需要挫折。当自我的愿望没有达到时，就会产生挫折感。例如，班级中个别好学生，因为竞选没有成功，就自暴自弃。还有的同学因为考试失利就情绪低沉。孩子们认识到：人生会有千百次的失败，不是一帆风顺的，失败算不了什么，被失败打败才是更可怕的。

3.全班参与，向榜样学习

榜样的力量是无穷的，孩子们在学校无形中都会或多或少地进行有较量的成分。在榜样的感染下，激起孩子的内在因素，燃起他们的热情。搜集资料，介绍古今中外克服困难、具有百折不挠的意志力的名人。有身残志坚的张海迪；有7岁用稚嫩的双肩支撑残破家庭的边荣唐；有耳聋却创作出《命运交响曲》的贝多芬；有39岁患上小儿麻痹症的富兰克林·罗斯福；自强不息的盲聋女作家海伦·凯勒；因为身材矮小，手腿粗短而被拒之门外的邓亚萍，苦练球技成为世界冠军；6次非常近距离地和死神交手霍金等。这些鲜活的事例，同学们交流着，比起他们来讲自己遇到的真是微不足道的挫折，自己的心理承受能力太差了。

三、努力提高自身的抗挫折能力

我们同时请来了心理专家、老师为孩子们进行热情的指导。告诉孩子们要有阳光的心态、海纳百川的胸怀、不斤斤计较地算计、胜不骄败不馁，并且给孩子们总结了一些方法。

A.学会正确评价自己，骄不躁，败不馁。

B.学会大度豁达，保持心理平衡。

C.善于积极转移，变通进取。

D.挖掘内在潜力，积聚强大的心理代偿能力。

E.创设相宜情境，促进挫折转化。

四、启示

致同学——多一份友爱，多一份包容；

致老师——多一份亲切，多一份理解和信任；

致家长——多一份民主，多一份平等。

这次活动让同学和老师认识到，成绩不再是衡量一个人的标准。关心别人，注意自己对别人的影响，换位思考、尊重、信任、理解等词语已成为孩子们的"口头禅"。这是一次多么有意义的活动！

一言一行总关爱

谢利荣

谢利荣 毕业于师范大学英语教育专业，从教二十八年，自参加工作以来一直工作在教育教学的第一线。从事英语教学多年，也从事过班主任工作。在全国小学英语教师技能大赛中获奖，在南岗区英语教学百花奖中获奖，被评为南岗区最美班主任，记功两次，多篇论文分别在省、市、区中获奖。多个科研成果在省、市、区获奖。爱岗敬业、乐于奉献、以身作则、为人师表，是我一贯的工作作风。"用心教书，用爱育人"是我工作的座右铭。

泰戈尔在诗中写道："花的事业是甜蜜的，果的事业是珍贵的，让我干叶的事业吧，因为它总是谦逊地低垂着它的绿荫"。带着对"叶"的事业执着的追求和向往，二十八年前，我无怨无悔地选择了教师这一职业，在平凡的工作岗位上做着平凡的事情。我始终把"一切为了孩子，为了孩子一切，为了一切孩子"当作我从教的最高准则。

作为一名教师，最大的幸福莫过于看到每个孩子都能健康快乐地成长。在我的从教生涯中，做了二十多年的科任老师，就在"四张半"的时候，为了学校的需要，我成了学校年龄最大的班主任。这对于我来说是一个角色的巨大转变，亦是一个巨大的挑战。但我有信心，我能做好。我虚心地向资深的老师请教、学习，满怀信心地用我的爱心、耐心和责任心来开启我的班主任生涯。我每天都带着一颗"爱心"去工作，给予孩子们最大的宽容和理解。同时也一点一点地让他们养成良好的行为、举止和习惯，让学生觉得我是真心地关心他们，爱护他们。我用自己良好的师德修养、务实的工作态度、用我的耐心、细心和责任心让我教的每一个学生都能感受到师爱的温暖。不一样的学生不一样的爱。必须对学生一视同仁，公平公正，不能有偏见，即使是淘气、爱惹是生非、不听话的孩子也不例外。我们必须把师爱倾注在每个孩子的身上。记得那时刚接一年级，孩子年龄小，自理能力差，又刚从幼儿园过渡到小学，所以我时刻关注每一个孩子的状态。一天上午，我正在上课时，忽然闻到教室里有一股难闻的味道，这时候孩子们有人悄悄说"臭"，我马上停下来问谁肚子不舒服时，却没有人敢站起来。我循着味道走过去，原来是那个特别淘气、爱惹是生非的男生。他低着头，不敢看我，很胆怯的样子，我赶紧先安慰一下他。安排好学生之后，赶紧把他领到洗手间，正好有同事家孩子的裤子放在办公室里，先帮他用湿纸巾一点点地擦洗干净，再帮他换上干净的裤子，总算解了燃眉之急。当家长得知这件事之后千恩万谢，第二天又特意来到学校再一次地表示感谢。将心比心，虽然不是什么大事，但是家长却看在眼里，记在心上。我当时就是把他想象成自己的孩子，无论如何都要先帮孩子清洗干净，好让孩子能舒舒服服地上课。当我领着干净的他回到教室里，孩子们都说不臭了，有的悄悄问他穿的是谁的裤子。从那件事发生之后我觉得淘气的他一天天地在进步，不那么调皮捣蛋了，上课认真听讲了，懂事多了。我以自己的行动表明了自己对学生的爱，使他们受到感召。学生的眼睛是敏锐的，他们的心也是敏感的。我对他们的爱是真是假，行动是最好的体现。事无巨细的关心和爱护，缩短了师生之间的距离。师生关系也越来越融洽，孩子们会听讲、爱学习、听话、懂事、守规矩。短短的一个学期孩子们已经初步形成了良好的行为习惯和学习习惯。虽然我觉得很累，但我的付出得到了回报，倾听孩子们的花语，看到他们阳光快乐地学习和生活，我觉得自己是幸福的。

有人说："如果一个教师把热爱教育和热爱学生结合起来，他就是一个完美的教师。"由此看来，"德"是赋予人类灵魂的基石，道德的培养和提高，不管是对教师自身还是对学生都是尤为重要的。只有热爱学生，才能去关心他们的成长，才能去教书育人，才能尊重学生人格、引导学生成才。谁爱孩子，孩子就爱他，只有爱孩子的人，才能教育好孩子，教师应用自己博大的爱去温暖每一位学生。每一个孩子都是可爱的，虽然他们有的可能学习成绩差强人意，但他可能有许多其他的优点，谁能说他不是个好孩子呢？

"用心教书，用爱育人"已成为我的座右铭。我所热爱的教育事业，我心中的那份爱，不断激励我在人生的道路上砥砺前行，不忘初心。用热血和汗水去浇灌一茬茬幼苗、一簇簇花蕾，用爱心去托起明天的太阳。有爱才有理解，有爱才有和谐，有爱才有希望，让爱永驻心中！

用真情感动学生

徐 萍

徐萍 2004年参加工作，2015年8月进入和兴小学校，曾获市"四有"好老师，区级优秀职业道德先进个人，多次参加百花奖获二等奖，多篇科研论文分别获一等奖、二等奖，曾在教学刊物上发表省级论文。教育格言：教师是火种，点燃了学生心灵之火。教师是石级，承受着学生一步步踏实的向上攀登。

时间飞逝，我自从毕业后担任教师已经十好几年了。但是担任语文教师还真是头一次，经过一学期的摸索，在我不懈努力的付出下，班级的语文教学有了新变化，每位同学们也有了不同程度的成长和提高。

我们班有个比较淘气的男生名叫小语，平时都不怎么用心，下课又爱疯打，是个不折不扣的"淘气小子"，有的老师都拿他没有办法。但是我发现这个孩子其实特别聪明，而且他的朗读能力和书写能力都很不错。又一日的早读，我走进教室，发现很多同学在领读员的带领下正认真地读着古诗，可是他呢？到处走，到处看，不然就是坐在座位上玩折纸。当时，我看得眉头直皱，真是恨不得马上就走到他面前狠狠批评他一顿。但是回头一想，这孩子在家中只要一犯错误就经常被父母打骂，打骂过后也没看起到多大的效果，光靠我就有用吗？于是，我就装作没看见，在巡视的过程中，走到他的身边，轻轻摸着他的头说："小语呀，老师真想听你读古诗的声音，我相信你的声音一定比其他同学要响亮。"起初，他还显得有些难为情，但当他看到我的笑容后，就毫不犹豫地拿起古诗单开始读，那声音是多么清脆、悦耳。当我转了一圈，再回到他的面前时，他已经完全投入到学习中了，然后我说："如果从今天起你都能这样认真用心地去读书，那么你就能认识更多的生字，信不信？"他看着我微笑着点了点头。在之后的一段学习时间里，小语在班级里的变化越来越大了，尤其课堂中的他变化更大，不仅能积极思考问题，踊跃发言，还能够认真地倾听其他同学的发言。

小博是班级一个特殊的学生，课堂上总是溜号，有时候还随意离开座位走动。同事们都跟我说："教这一个孩子比教10个都难啊。"我只是笑一笑："都是我的孩子，难也得教啊！"平时，我经常帮小博整理书包，有时候还要帮他整理衣物，提裤子，此时的我不仅是一名教师，还像一位母亲。10月份的一天，小博在课间玩的时候不小心摔倒了，满脸都是泥，还擦破了皮出了点血。我听到这个消息，飞快地跑到现场，找校医进行紧急处理，向领导汇报后，立即给他家人打电话，让其带孩子去医院检查。在家长未到学校的这段时间，我一边安抚学生，一边与学生家长联系，以求得家长的理解。在我的努力下，学生家长到医院后一点怨言也没有，反倒一个劲地安慰起我来，可见平日里我对孩子的关爱已经得到家长的高度认可。

在班级教学和鼓励学生方面，我都付出了更多的精力和汗水。本学期，我为了给学生们增加学习巩固的机会，经常熬到半夜给学生出练习题，还自费买许多学习资料，有重难点的课程能够做到让他们随堂练，有问题当堂发现、当堂解决；更自费买来一大堆的学习用品来奖励学生，根据学生在课堂上的表现随时奖励，就是为了激励所有学生努力学习，不断进步。

像这样的教学故事，可能微不足道，但这些点滴回忆都让我感动，都在激励我继续努力，取得更大的成绩。

爱是阳光

岳东军

岳东军 和兴小学信息技术课教师，主要负责学校网络管理。把"潜心教书，静心育人"作为自己从教的根本。坚持不断学习信息技术相关的学科知识，查找学习了大量相关资料，提高自己的从教水平，认真参加国家、省、市、区、校及团队的各项活动。获得了优秀辅导教师的奖励。始终把对教学的思考、研究、实践放在最重要、最中心的位置。与自己的学科一同经历坚守的磨砺，一同经历成长的快乐！

教育格言：爱是阳光，能融化冰雪；爱是春雨，能滋润万物；爱是桥梁，能沟通师生的心灵。

来到和兴校20个年头，我一直热爱着教育事业，爱着我教过的学生。

我教过这样一个孩子，他很聪明，但是学习成绩不理想，更重要的是每次让他去完成一些事情他都会退缩，即便是老师鼓励他，他也会否定自己说"我不行"。后来在与他爸爸妈妈沟通后了解到孩子之所以会这样是由于幼儿园期间在舞台表演时，因忘记动作而被同学们嘲笑，从此以后孩子就对做任何事情都失去信心了。在了解了孩子做事胆怯退缩的原因后，我觉得这个孩子并不是真的不想去完成一些事情，也不是不渴望进步，只是那次事件让他不敢去挑战自己，他害怕失败，更害怕失败后他人异样的眼光。我想如果能够设置一些相对容易的项目，让孩子获得成功，品尝到成功后的喜悦，那么他也会慢慢地对做一些事情有了信心。所以我首先给他安排了一些小事并鼓励他慢慢去做，然后有一次学校表演的机会我让他领学生排练，最后在正式演出时，同学们都给他鼓励，给他加油。在大家的鼓励下，虽然有一些细微的不如意，但是整体效果非常好。从此以后，孩子变得不退缩了，对做一些事情也有了信心，成绩也在慢慢变好。

通过这件事，我感受到了一个老师的职责真的不仅仅是传授学生知识，老师的"教师观""学生观"对于孩子的影响也很大。对学生将心比心，学学生所学，想学生所想，感学生所感。没有爱，就没有真正的教育，教师只有热爱学生，才能使教育发挥最大限度的作用。如果我们的教育真的能够触碰到孩子的心灵，那么我们就是孩子们真正喜欢的老师了。

播下爱的种子　镌绣美丽花环

张　晶

张晶　一级教师，中共党员，市级骨干教师。曾被评为"市优秀班主任""市优秀中队辅导员""区四有"好老师。用爱温暖童心，引领孩子沐浴阳光，做学生真正的良师益友。教育格言：爱是打开学生心灵的钥匙，没有爱就没有教育。

　　学生在我的眼中就是一个个可爱的天使，而我始终如一地用我的爱心真诚地对待每一个孩子，用我教师的爱去温暖、滋润小天使们的心灵。我一直坚信"爱"是世界上最伟大的力量！

　　记得看过这样的一句话："教师的爱是滴滴甘露，即使枯萎的心灵也能苏醒；教师的爱是融融春风，即使冰冷的感情也会消融。"曾经教过这样一名学生，虽是父母离异，但在一年级的时候她的学习成绩一直很好，课堂上表现突出，积极发言思维敏捷。可是到了二年级不知道为什么，这个学生发生了翻天覆地的变化：上课不注意听讲，几乎每天都不完成作业，还常和同学打架等这一系列行为让我吃惊的。对此，我想一定是有原因的，不能盲目简单地批评他，一定要先了解他变化的原因。经过了解，原来和孩子一直生活在一起的爸爸由于意外去世了。爷爷奶奶年事已高，没有能力照顾孩子，妈妈长时间不和孩子生活在一起，感情淡漠，也不愿意带这个孩子，使孩子对生活、对亲人及周围的人都产生了逆反情绪，一度消沉。了解了这些情况后，我把孩子的妈妈找到学校进行了一次长谈，告诉她孩子的现状及家长这种不负责任的做法将会影响孩子一生的幸福,这些事情在孩子小小的心灵中将会留下多少的阴影啊!孩子妈妈似乎对自己的做法有些悔意,表示要对孩子负起责任。随后我又找孩子谈心,孩子的眼角挂着泪水,撇着小嘴说:"老师,我爸爸死了,我妈不要我了,是不是没人要我了。"这么小的孩子就要承受这么大的精神压力,看着孩子清瘦的小脸,我一把搂过孩子说:"孩子,你知道吗?老师和妈妈爱你,怎么会没人管你呢?妈妈这阶段工作忙,等忙完这一段就会接你回去的。"听了我的话孩子哇的一声大哭起来,应该是压抑已久的泪水。经过一番推心置腹的谈话,孩子也有很大的决心改掉自己的缺点,像从前一样好好学习。可是好景不长,没几天孩子的家人又不管他了,孩子的状态再度陷入消极,每天的午饭也没人给带了,给她妈妈打电话她妈妈总是答应的好。为了不让孩子再度受到伤害,我就给她带一份饭告诉她这是妈妈送来的,课间帮他擦擦脏兮兮的脸蛋,搂在怀里和他聊聊天。我坚信人都是善良的,尤其是孩子的心灵是最纯净的,渐渐地孩子的脸上又恢复了往日的笑容。一段时间下来,孩子的妈妈也许是被打动了,把孩子接到自己身边来照料孩子的生活,孩子的生活又恢复了以往的欢笑。

我认为在教育的阵地上我们会面对差别各异的学生,对他们的教育方法也要有所不同,就是我们常说的"因材施教"。但是无论采取什么样的教育方式,都要从"爱"出发,给孩子们幼小的心灵播撒下爱的种子,必将盛开出美丽的鲜花。我也将一如既往地用爱心的"针"、友情的"线",为孩子们镌绣着美丽的花环。

陪伴是最好的爱

赵 丹

赵丹 2000年毕业于哈尔滨师范大学，担任班主任19年。2008年在中华民族传统美德教育第十八次学术研讨会上，被评为"先进工作者"；2012年被评为区级"优秀班主任"、区级优秀教师3次；2016年所带班级被评为区级"先进班集体"；2016年获南岗区教育系统"做党和人民满意的好老师"主题教育实践活动"最美班主任"称号；2017 年获得哈尔滨市教育局"四有"好老师称号。几年来，所任教的班级成绩一直名列前茅，经辅导的学生习作纷纷获奖或发表。教学成绩卓越，曾获得"第八届全国小学语文说课大赛"一等奖，"全国小学语文微课大赛"二等奖；在市"烛光杯"区级数学选拔活动中《长方形和正方形面积的计算》课获得一等奖；《集合》一课获得第三十一届南岗区数学百花奖区级二等奖；《左手、右手》一课获第二十五届百花奖德育实践活动课二等奖。同时学术方面也有丰硕成果，论文荣获国家级二等奖两个、省级三等奖一个、市级一等奖一个、市级三等奖三个、省级征文指导奖两个。教育感悟：学会坚持，学会坚强，学会思考。

"虽无点石成金之术，却有琢泥成器之心"。怀着理想，我十九年如一日默默坚守三尺讲台，用无悔的青春和执着的爱，精心浇灌着每一棵稚嫩的小树苗。我坚信每一个孩子都是参天大树，在平凡的岗位上书写师者风范，在执着追求中闪耀师德光辉，终使桃李芬芳，硕果满园。

爱学生是教师的天职，没有爱就没有教育。我把爱镶在举手投足间，嵌在一颦一笑中，让学生时刻感受到信任与鼓舞。我总是把学生看成自己的孩子，不失时机地为难过的学生送一句安慰，为自卑的学生送一份自信，为偏激的学生送一份冷静，让学生时刻能感受到我的关怀。我认为自己是知识的引导者，是学生的朋友，更像慈爱的母亲一样去关心他们。记得他们刚入学的时候，有的学生还不适应，说哭鼻子就哭鼻子，我拉起他们的手安慰她；还有很多孩子午饭吃得很少，为了保证他们的身体健康，我每天中午检查他们的用餐情况，一人不漏，我带过的4个班，全都如此，几年的坚持，孩子们养成了一生的好习惯。

一分耕耘，一分收获。在教育这块沃土上，我付出了辛勤的汗水，收获的必将是累累硕果。

点亮星空的阳光

赵童彤

赵童彤 小学二级教师，区级科研骨干，多次在国家、省市区各级比赛中获奖。曾获市、区优秀班主任，"四有"好老师，"身边好老师"称号，区优秀教师，先进个人等。教育格言：用爱心、责任、担当、坚守铺就的教育之路一定是幸福的！

都说患自闭症的孩子是"星星的孩子"，他们活在属于自己的世界里，老师却能如一缕阳光点亮一个自闭症孩子的星空，让这个孩子及他的家庭都可以在阳光下绽开笑颜。这就是我带的第二个班中的徐海森的一个故事。

2009年，我刚刚送走了一届毕业生，忐忑地接过一个重任——新一年的班中要接纳一名患有自闭症的孩子。以前只是在电视中了解到一些有关自闭症孩子的情况，却从没有真正接触过这样的患儿。一见到这个孩子，我就发现了孩子的不同：不听从指令，不会控制情绪，对老师更是视若无睹。开学的第一个星期里，除了要规范班级内所有孩子的行为习惯，还要时刻关注着这个孩子的一举一动。同学有意见，家长有反应，连科任老师都有些受不了了。面对这么多的压力，我想起校长在布置任务的时候说过，如果这名孩子实在不能适应普通小学的学习，可以建议家长把孩子转到特殊学校去。可是，看到家长殷切期盼的眼神，我还是选择了坚持。这一坚持就是五年，这个孩子发生了天翻地覆的变化：原来一点交流都没有的他可以主动向老师寻求帮助、提出简单的要求；原来不会听课的他可以学会一些新的知识了，特别是美术课，他不仅知道当堂课所讲的内容，还会很认真地制作属于自己的小作品，画一幅展现自己内心的画……我欣喜地发现他原来封闭的世界里照进了一缕阳光，也重新点亮了这个家庭的希望。

我则变成了一个时时处处领着孩子上课的老师。开学之初，他对我的要求不理不睬，随便离开座位，大声喧哗，拿同学的食物，最让人头疼的是他到哪儿都跟着我，连上厕所都要等在外面，大家都说我多了一条"小胖尾巴"。怎样才可以让他听懂我的指令？我一面查阅训练自闭症儿童的书，一面积极想办法。看到他对食物那么感兴趣，我决定用食物当作奖励来试一下。膨化食品不能买,怕对身体不好；糖不能买，怕对牙齿不好；果冻不能买，怕孩子卡到；带壳坚果不能买，怕去壳困难……千挑万选我选择了果丹皮，可巧这还真是他最爱吃的。从发现我手里有果丹皮开始，他对我的指令一下子变得敏感了，只要我提出要求，他就可以马上完成。虽然我必须及时给他果丹皮当奖励，否则他就会大发脾气，但是我还是为找到了和他沟通的桥梁而高兴。我开始体会到爱的教育的幸福。

这孩子根本坐不住，上课时我就领着他的手，彻底成了带着"小尾巴"上课的老师，直到孩子基本适应学校生活才让他自己坐到座位上。课上我要一边上课，一边用一双眼睛随时观察每一个学生，为了防止这个特殊的学生再乱走乱动，我就把他放在了第一排。上课时我总会习惯地触摸孩子的头，时间长了，孩子对我产生了信赖与依恋，常常上课要牵着我的手，下课要坐在我旁边。就这样走到哪儿就把孩子带到哪儿，孩子对我的依赖越来越深，也越来越听老师的指令。我相信这是爱心与耐心换来的奇迹。

刚毕业的时候我也喜欢时尚的衣服、漂亮的高跟鞋，可是这几年里我却很少在学校穿过高跟鞋——因为班级中那个特殊的孩子随时会跑会跳，我要做好随时追出去的准备。同事们也真诚地赞美：不穿高跟鞋是最美的，因为爱有高度，这是任何高跟鞋也达不到的高度。

教师是这世上最平凡而又最伟大的职业，教师是这世上最疲惫而又最幸福的人。我无怨无悔，愿意成为教师中那个更疲惫、更伟大、更幸福的人，把自己的满腔热情都投入到了爱的教育中。我始终坚信没有差生，只有暂时落后的孩子；没有不可救药的学生，只是没找到适合的教育方法不能放弃，只有坚持——坚持做一个爱每一个孩子的教师，坚持做充满爱、付出爱、让爱开遍校园的园丁。我愿成为最亮的灯、成为一缕阳光，不仅点亮自闭症孩子的希望，也照亮每一个孩子的心。

特别的爱给特别的他

赵　霞

赵霞　中共党员高级教师，市级语文骨干教师。曾获市、区优秀教师，优秀班主任，师德先进个人等光荣称号。自师范毕业以来，一直在班主任岗位上，默默奉献。教育感言："捧着一颗心来，不带半根草去。"

特别的他——"星星的孩子"

五年前，我刚送走一批毕业生，又迎来了新同学。在这群活泼可爱的孩子中间，有一个长着漂亮大眼睛的男孩引起了我的注意。

他总是独自玩耍，有时自言自语，一根羽毛能让他玩好半天，任凭同学怎么叫他，他都不理睬，一直沉浸在自己的世界里。上课的时候，他用手不住地拍打桌子，嘴里还不停地念叨着一些什么。和他谈话，本应充满天真好奇的小脸蛋只剩下冷冷的寒气，他不愿说话。

"这个孩子怎么了？"我有些奇怪。新生入学第三天，我突然的家访，令男孩儿的母亲很紧张。她有些发抖的手不安地搂着孩子，反复提示、督促男孩问好，可男孩儿似乎就像没听到，小脸蛋依旧是冷冷的寒气。

"小鹏，问——好——呀——"孩子的母亲狠命地推了孩子一把，他再也抑制不住心中的悲愤与无奈，心酸的泪如雨点不断打落在男孩面无表情的脸颊上。我的心被狠狠地撞击了一下，身为母亲的我，似乎一下明白了眼前的一切。一个多小时，在这位母亲的泪水讲述中，我知道了原来男孩儿有自闭倾向，他就是人们所说的"星星的孩子"。

男孩儿尽管具有正常的智商，但是存在自我封闭，不会与人交流，有严重的心理障碍。医生建议最好的方法就是让孩子融入同龄人中间，过正常孩子的生活，将来才可能融入社会。为孩子的病，父母花费了无数的金钱与精力。为孩子能过正常生活，入学时，父母对学校隐瞒了孩子的病情，只是说孩子胆小。

"老师，求求你，别跟校长说，别不要他。明天，明天，我不上班了，天天去学校看着他……""别这样，我要他！"在妈妈的泪水中，我读懂了一个母亲想拥有一个正常孩子的愿望。

特别的爱——"你是我的瞳仁"

"我也是一位母亲，面对着这样的孩子，这样的妈妈，怎么办？"我在回家的路上一直问着自己。我的眼前不断浮现着这个"星星的孩子"，冷冷的面庞，纯真的眼睛，"无视"的目光……我没有答案。

从此每天教学楼、操场上，学生、老师都能看到一对师生牵手而行的身影，那就是我和那个男孩。

男孩儿漠视一切，连自己的生活他也"无视"：他无视眼前的饭菜，一天不吃饭；他会无视自己的衣物，丢弃不管；他甚至会无视自己的身体……

我承担起照顾男孩儿生活的责任。教室里热了，就帮男孩儿脱去外衣；渴了，就给男孩儿杯子里，看着他喝；午饭，我总是和男孩儿坐在一起……

新入学的那个冬天，男孩儿经常不穿外衣就跑出去了，我拿着羽绒服追到操场，帮他穿上，并拉上拉链，这才放心。有一天下午，男孩儿玩得"忘我了"，自娱自乐地堆雪、看雪堆，怎么也不肯进教室。我陪着男孩在雪地里一起堆雪，不时地帮着男孩儿暖暖冻红的双手，领着他跑跑冻麻的双脚，搓搓他的双颊……在这冰天雪地的操场上，我陪着玩了三个多小时，直到男孩心满意足地走进教室。

"他是不是赵老师的孩子、亲戚呀？"时间一久，我对男孩的特别关注惹来了一些同学、家长的猜测，甚至出现了流言——"受贿了"。我没有做任何解释，我不想让别人知道男孩是"星星的孩子"，我不想让男孩儿受伤，每天依旧特别爱着那个男孩儿。

在我的学习笔记上写着这样一段话：

> 有人说自闭儿是"星星的孩子"，每个星儿生活在自己的世界里，孤独地在天上闪着冰冷的光芒。孩子，你是我眼中的瞳仁！我要用慈绳爱索牵引你早日走出自闭的世界！

为了让男孩儿能投入到课堂的学习中，我把他的座位安排在自己的身边，这样就能时刻关注着他，对他及时地给予帮助；为了帮男孩走出自缚的蚕茧，走进多彩的世界。

我在他的身边安排比较懂事、能和男孩儿友好相处的孩子，创造爱的海洋，慢慢地一起帮男孩儿寻找被他冷漠的世界、友情、亲情。

有一次，我被学校安排到上海学习，男孩儿的母亲在电话中喜忧参半地告诉我："男孩儿因为见不到我，大病了一场，哭着说要找赵老师。"撂下电话，我的心里多了一丝喜悦——"男孩儿知道爱我了"。

在日记中，我是这样描述当时的心情的：

> 今天，我收到了特别的爱，这爱来自"星星的孩子"，他有着天真的面庞，纯真的眼睛。他能面对世界、面对我说"想我了"，我觉得我是世界上最幸福、最幸运的人……

匆匆结束学习，我刚一回到了牵挂的班级，男孩立刻扑上前去，紧紧地抱住我说："赵老师，你上哪儿去了，我好想你啊！下回你带着我。"擦拭着孩子满脸的泪水，我被那颗童稚无邪的心感动着，更深深地感到了作为一名教育工作者那份重重的责任与自豪。从那以后的一段时间，男孩每天都要跑到我的办公室，看看我在不在，怕我再一次出外学习离开他。

五年间，我对男孩儿的关心和爱护也教育和影响了班级中其他的同学，他们也被感染着，纷纷伸出热情的手帮助着男孩儿，让他充分地感受到了集体的温暖，走出了自己那片孤独的天地，他改变了自闭的性格，开心和喜悦常伴随着他，我经常能听到男孩儿和同学们那愉悦的笑声……

这笑声激励着我，鼓舞着我。

特别的爱，依旧牵挂着特别的他

毕业了，五年来这特别的爱唤醒着特别的他。毕业了，我最放不下的还是那个男孩儿……

希望周围的人们多些理解，多些耐心，多些宽容，继续帮着男孩儿慢慢找回多彩的生活，虽然这路依旧很长……

希望男孩儿慢慢走进新的校园生活，走进同学的生活，走进爱的世界中，不再是天空中遥远孤寂的星星……

我的教育故事

郑晶莹

郑晶莹 一级教师、中共党员，从教三十年以来，不忘初心，努力为孩子们系好人生第一粒纽扣而尽心竭力。荣获哈尔滨市师德先进个人、南岗区优秀班主任、南岗区优秀中队辅导员等称号，撰写的多篇论文和教案分别获得省市区教育教学科研奖。教育感悟：润物无声，静待花开。

由于我搬了家距离学校太远，而每天披星戴月地上下班太辛苦，于是从道外调到了南岗。南岗区的教育一直是全省乃至全国的先进，说实话，能在南岗的学校做老师，内心是自豪且惶恐的……其原因是担心自己的能力配不上南岗教育的盛名。

在新的学校里，校长看了我试讲的数学、语文两节课后，让我担任新一年的班主任，如此信任于我，我必须全力以赴。所以每天忙碌于上课、备课、批改、学习之中而不知疲倦，班里七十多个孩子也没辜负我的付出，学习纪律各方面都不错，经常能看到以严厉著称的老校长脸上的一丝微笑，这就是对我的莫大鼓励，工作起来更来劲儿了。

班里有个女孩儿叫珊珊，单纯可爱，因为年龄小玩心重，经常丢三落四的，这不，又一次忘了写作业，放学后我把她留下请到了办公室里。我开口才批评了几句，她一边承认错误，解释昨天贪玩忘了作业的事儿，一边哭了起来。我也是因为学校要查作业心急，看到她哭了也没心软，这时珊珊边哭边说："老师，我能喝口水吗？"我生气地说："不行，昨天玩的时候怎么想不到今天会挨批评？不能喝水！"说到这里，旁边一位老教师走过来，看了这一幕，脸上表情有点复杂，但我决心把她这忘写作业的毛病彻底改过来，也没有顾及这位老同事的表情，继续发威……直到珊珊的妈妈进了办公室，跟我一起批评孩子，并决心帮孩子一起改掉缺点，我才松口气，觉得这件事到此才达到了目的。后来珊珊果然不再忘记写作业了。

过了两年我也有了自己的孩子，身为人母的我，每天在工作和孩子之间纠结着，尤其孩子生病的时候，能让发烧的孩子多喝一口水、多吃一口饭而费尽心思。这时我也忽然明白了，每次严厉批评学生的各种错误的时候，约来的家长如果没跟我一样严厉训孩子，就会觉得家长不负责任，不配合老师，真是挺可笑的。家长希望孩子好好学习，但更希望孩子身体健康，在学习和健康同时需要抉择的时候，肯定选择健康第一。由于有了做母亲的经历，对待孩子们真的就宽容了许多，内心也柔软了许多。而这件事我也时常想起，内心愧疚。

前不久，晚饭过后下楼遛弯，听到旁边有人叫我"老师"，转过头看去，一个似曾相识的大女孩笑盈盈地走过来问我："老师，您认不认识我了？"她一笑，我才反应过来，这就是我批评她还不让她喝水的那个小丫头，原来珊珊从沈阳音乐学院毕业后，去德国继续深造，现在是放了暑假回家。我俩一边走一边说起往事，我问她记不记得我批评她的事，她说不记得了，我说："我一直记得，直到有自己的孩子之后，才意识到当时做得挺不近人情，怎么也得让你喝了水之后再接受批评。"这孩子笑着说："老师也不怪你，当时咱们班七十个孩子，你也太累了，没有一天按时下班的。"听了珊珊温柔的话，我心里宽慰了许多，也真的很感动。

教师这个职业被很多人称颂赞誉，其实除了工作中备课、上课、批改的辛苦，这个可以承受。我觉得最难的是与孩子们心灵上的沟通。如果认为自己是老师，比孩子们年长，比孩子们懂得多，总是居高临下地去批评、去说教，孩子们当时会畏惧于老师的威严，能约束一时，甚至有时会伤到孩子们的心，缺少平等地与孩子交心，倾听孩子们的心里话，对孩子来讲是不公平的，也有急功近利之嫌。忘记了自己曾经也是孩子，也会犯错，可能刚犯错就已经后悔了。有时候说不如不说，多说不如少说，能够换位思考是解决很多问题的良方，与家长换位，与学生换位，站在不同的角度看问题，往往会有事半功倍的效果。铭记于永正老师的无痕教育对待学生：应该用欣赏的眼观看不足，用治病救人的心态培育残枝，用一把钥匙开一把锁的方法静候花开！

爱心相伴　茁壮成长

周　力

周力　市优秀教师，市优秀班主任，市师德先进个人，南岗区教育系统优秀共产党员。多次在省、市、区做公开课，被评为国家级数学竞赛优秀辅导员。多篇论文获国家、省、市级优秀科研成果奖。

当一名教师一直是我儿时的梦想，如今我已是一位有三十年教龄的老教师了，所教学生有上千人。这中间有苦有乐，有酸有甜，有喜有忧，有失更有得。但我始终记得：我是一名小学教师，我要在教师这个平凡的岗位上辛勤耕耘，不懈追求，用汗水和心血浇灌祖国的花朵。三十年的教育工作塑造着我的生命，"爱"充满着我的生命。

三十年的教师生涯不知不觉一晃而过，回顾与学生之间的故事，仿佛一幕幕电影镜头浮现在眼前。记得自己刚参加工作时，担任四年级的班主任，虽然是老师，但我更像是学生们的大姐姐。站在讲台上，望着座位上五六十双求知的眼神，当时我就暗下决心：要教好自己的学生，关心、爱护自己的学生，成为有幸福感、成就感的教师，我是这样想的，也是这样做的。每天除了科任课的时间都能在教室看到我的身影，时刻跟学生们在一起，及时处理班级发生的事情。有一天的科任课刚下课，我立刻回到教室，当时正值夏季，虽说开着窗户，但还是能闻到满屋臭味。同学们都议论纷纷，有的同学说："小珊拉裤子了。"我闻声向小珊望去，只有那个叫小珊的女孩儿满脸通红不说话。我马上明白了，孩子们说的事是真的。正好下一节课是体育课，我就让全班同学都出去，找了个借口，只留下了那个小女孩。我问明了情况，原来小珊今天肚子不太好，上课时想上厕所，还没来得及跟老师说呢，就拉裤子了。我马上想联系孩子的家长，结果孩子的妈妈去姥姥家了。在那个年代，电话还没有普及，所以联系不上。这可怎么办呢？不能让孩子脏兮兮地待着，那样孩子该多难受呀。我没有任何嫌弃，连忙帮小女孩脱下内裤及连衣裙，又打来热水给她洗净身体，并找来干净的衣物为她穿上，脏衣服也洗干净，椅子也收拾干净，还提出为她保密。做好这一切，一节课的时间已悄悄过去，小珊的脸上终于露出了笑容，孩子们回到教室里安静地上课，谁都没有再提起这件事。事后小珊的家长十分感激地说："我们的孩子真有福，遇上你这样的好老师。"我笑着说："碰上这样的事儿，学校每位老师都会这样做的。"

面对形形色色的学生，尤其是特殊的学生，我都把他们当作自己的孩子：爱护着，教育着，让他们在爱心中茁壮成长。我曾经教过一个叫明明的学生，刚入学时，我就发现了他的与众不同。他在课上从不发言，时而不停地做小动作，时而不停地写东西，每天都陶醉在自己的世界里，满眼惶恐的样子。本来应该充满阳光的年龄，怎么会这样？通过和他的家长交流，我了解到他有自闭症的倾向。这是一个多么可怜的孩子！我要给他更多的爱。我经常与他谈话，了解他的内心世界，做他忠实的朋友。并让其他同学带着他一起玩，使他尽量融入集体生活中。他的字写得很好，我就大力表扬他，使他树立了自信心。如今，他已经成为一名高中的学生了，每逢收到他发来的感恩短信，我的心里都是美滋滋的，明明，老师期待你带来更多的惊喜！

每个学生都是那么可爱，都是那么与众不同。每节课我都大踏步地走进教室，用爱的眼神关注他们，用爱的语言鼓励他们，用爱的行为影响他们，即使是"带刺的玫瑰"我也要用百倍的耐心、无私的爱心去浇灌、呵护他们。我尊重每一个学生，用自己的人格魅力去感染学生。孩子们也和我格外亲，他们课下总是簇拥在我身边，寻找机会和我闲话家常，望着他们渴望关爱的眼神，抚摸着他们稚嫩的笑脸，一种幸福感油然而生！还有什么比看着孩子们的成长更快乐的事儿了！

每天与孩子们在一起，我都感觉到自己是幸福的、快乐的。我爱我的学生，你们每个人都是一本精彩的书，是一朵需要耐心浇灌的花，是一支需要点燃的火把。我要做你们忠实的读者，百读不厌；做你们喜爱的园丁，精修细剪；做点燃火把的火种，照亮你们前进的道路！

播撒种子　静待花开

李洁然

李洁然　1987年师范学校毕业来到和兴小学工作至今，市优秀教师，市数学学科骨干，曾在省现场会上作示范课，市区教学活动担任指导教师。负责的两项国家级和省级科研课题通过验收，有十多篇论文在国家、省级评选中获奖，并有八篇文章入书。

学生是民族的希望，是祖国的未来。学生的心田就像一片肥沃的土壤，从小在他们心田播下爱国主义的种子，必将结出报效祖国的硕果。只有打牢爱国主义的根基，才能使他们这代人将来不管遇到何种情况，都不会对祖国产生情感移位，愿意为祖国奉献一切，可见爱国主义教育的意义重大，不容忽视。那么如何采取一种科学的爱祖国的教育方式，使它既贯穿于学校日常教育教学之中，又融汇于学生日常生活的各个方面，且目标精当、易于操作、收效显著，是小学德育工作亟待解决的重要课题。十几年的班主任工作经验，收到了良好的教育效果。下面就是我初浅的做法。

一、爱你的父母

爱父母是爱祖国教育的最佳情感切入点，是爱祖国情感信念的奠基石。我曾见过这样的一则报道日本青少年研究所分别对日本、美国和中国大陆的一千余名学生进行问卷调查，在回答："你最尊敬的人物是谁"时，日本和美国学生答案的前三位中都有自己的父母，唯独中国学生的答案中不见其父母，这其中原因是复杂的，现在的独生子女，由于环境的影响，只知道父母是给吃给喝给玩具的人，根本就不懂其伟大和艰辛。因此我首先引导启发学生尊重父母,听父母的话,记住父母的生日;其次是指导学生掌握简单的日常生活自理常识(如吃饭穿衣等),使其"自己能干的事情自己干";然后是爱父母的实际行动,就是指导学生干力所能及的家务活,为父母减轻负担。

在爱父母教育取得了较稳固的教育效果、学生形成良好的日常行为习惯后,还要循序渐进地进行爱爸爸、爷爷奶奶、外婆外公的教育,使学生最终树立起尊重长辈的道德信念。

二、爱你的家乡

爱家乡教育的手段和途径多种多样,其中思想灌输是一个不可或缺的重要手段,但重视实践行动更是重要的教育原则。因此,要组织学生到家乡著名的景点去领略家乡别具一格的风光,到改革开放成就卓然的著名企业参观考察,去实际领略改革开放给家乡带来的巨大变化……使学生在活动中情不自禁地建立起故乡现在可爱,随着改革开放的深入,将来一定会更可爱的信念。每次实践活动结束后,教师要结合教学,开展实践作文活动。通过动脑动手动口,使学生爱家乡的情感在学生头脑中强化,最终变为自觉的道德行为。

教师还要抓住一切教育契机对学生进行教育。如我们家乡哈尔滨1998年遭受了特大洪涝灾害,这时候,灾重情更浓。同学们纷纷捐款、捐物,奉献自己的爱心,这些实际行动正是爱家乡的具体体现。

三、爱祖国教育

这是终极目标。《小学德育纲要》对爱祖国的内容要求、实施途径及教育原则均作了明确规定,故不再展开赘述。

爱国主义作为一种高层次的社会感情,它不可能自发形成,为了让爱国主义的种子在学生心里生根我们教育工作者只有多播种,勤浇灌,才能将今日的幼苗培养成祖国明天的栋梁。

课虽尽而意无穷

——语文课结尾艺术的探索

李 丽

李丽 毕业于哈尔滨师范大学，从事教育事业33年，曾担任过班主任、科任、图书管理员，先后获得区级优秀班主任，职业道德先进个人，骨干教师光荣称号。百花奖获一等奖，多篇论文获省、市、区级一、二等奖，第九届全国万校小学生作文竞赛中荣获指导教师二等奖，全国第二届小学自然智力竞赛中荣获优秀指导教师二等奖。现任科学教师，秉承着"以哲理启迪人生，用智慧思考未来"的理念，用心去教育，在平凡的岗位上书写不平凡的教育人生。

　　一堂成功的语文课，不仅要开始引人入胜，中间环环相扣，而且课的结尾也要精心设计，做到课虽尽而意无穷。在全面推进素质教育的今天，如何让学生在语文学习中，获得正确的观点，形成高尚的品格，健康的审美观念，并在语文基础知识和能力方面得到发展，养成良好的学习习惯，完成《大纲》提出的语文教学的任务，就要在课堂教学中下功夫。课堂教学的成功是提高语文教学质量的关键。长期以来，人们对于一堂课的开头艺术研究甚多，而对于课堂教学的结尾艺术则涉及较少。下面，我就语文课结尾艺术的探索谈谈自己的体会。

一、结尾发散式——激思

　　语文课如果以"填鸭"的方式进行，"灌"完为止，学生只是被动地接受知识，局限在狭小的圈子里不能发散，灵活运用的能力也就相应地降低了。因此，我们在教学中，让学生掌握课文思想内容和语言形式的基础上，结尾的时候围绕一个中心，启发学生积极思考，帮助他们打开思路，对于提高学生的能力，发展学生的智力是大有益处的。例如，我教何其芳的《一夜的工作》时，则采用了其方法。《一夜的工作》通过描述周总理劳苦的工作和简朴的生活，满怀深情地赞颂了他的优秀品质和崇高精神。周总理日理万机、夜以继日工作，该有多少事可以大写特写啊！然而，作者只截取了一个片断，以小喻多，我们由此可以推想出周总理的为人了。学生学了这篇课文，应该从文中的一些重点词句，体会到周总理工作劳苦，生活简朴。我提示学生回忆五年级学过的一篇课文《十里长街送总理》。我说："同学们应该还记得课文描写的动人场面吧！为什么总理得到那么多人的爱戴呢？同学们联想一下《一夜的工作》中的总理，就可以找到答案。我们能不能根据课文内容自己所了解到的情况，用美好的语言来赞扬敬爱的周总理呢？"这一启发，使得同学们思路大开，纷纷要求发言——有的说：周总理生活简朴，严于律己，只求贡献不求享受，的确是我们的好总理；也有的说：周总理平易近人，热爱人民，有一次……

二、回味式——激情

一堂课的起始和高潮，往往需要教师以其丰富的感情积累和知识底蕴纵情渲染，从而为课堂创设一种富有感染力的情境，为学生理解课文内容筑路架桥。结尾时教师能把握好时机，用发自内心的情感，围绕课文的内容创设情境，就能激发学生情感，感到课虽尽而意无穷的效果。

例如，我教《我的战友邱少云》一文时，在结尾部分我作了如下处理，我问："课文最后一句：我忘不了那一天。指哪一天？我永远忘不了什么？"学生回答。此时，我出示了邱少云的大幅挂图，用苍松翠柏衬托着墓碑文。一边播放着英雄曲的激昂调子，一边用铿锵有力的声音说："同学们，在'391'高地夺下不久，朝鲜人民在那里竖起了邱少云同志永垂不朽的石碑！

这样的结局，设计了音响、图片，化静为动，挖掘内涵，符合"儿童用声音、色彩、形象来思维"的心理特点，不仅教给了学生知识，发展了能力，还给学生以灵魂的洗涤，让学生感到回味无穷。也就是说，讲读一篇课文，不光要有"凤头"似的入手点，"猪肚"似的着力点，还要有"豹尾"似的结局点。

三、延伸式——激趣

语文教材内容广泛，有文学、历史、地理、科学等，几乎涉及古今中外各个领域。如果我们就文教文，不作任何延伸，势必局限在十分狭小的天地里，学生所知甚少，不能引发他们的兴趣。如果我们注意因文制宜，适当沟通学生的生活积累和阅读所及，扩充领域，开阔视野，就可以有效地提高学生的学习积极性，激发学生浓厚的学习兴趣。这种延伸可以结合讲解进行，也可以在课终进行。

例如，学习《少年闰土》一文，它是根据鲁迅的小说《故乡》节选出来的，课文描写了一个健壮朴实、聪明能干、知识丰富的农村少年的形象。结束教学时，我把学生引导到课外阅读领域，指导他们去找《故乡》阅读，了解全貌。又如学习了《卖火柴的小女孩》后，指导学生写读后感，使同学们加深对社会主义祖国的热爱。再如《金色的鱼钩》一文，课后我布置同学们以6—8人小组排演课文剧，在班上表演，并选出优秀的一队，老师再作辅导，无论从道具到音响，舞台设计等都作精心的编排，让他们为全校师生作汇报表演，此举轰动了全校。同学们通过朗诵表演，使老班长舍己为人的光辉形象永远活在人们的心中。

总之，课终安排没有固定不变的格式，教学艺术的探索是永无止境的，无非是因文而异罢了。在语文课堂教学中，一节课的结尾搭桥铺路做得好，处理灵活，课内外联系紧密，就能使语文教学低耗高效。

先处理心情再处理事情

徐 瑞

徐瑞 南岗区英语学科区级骨干教师，和兴小学英语组教研组长。擅长简笔画教学，口语纯正，教学风格活泼幽默，深受学生喜爱。曾获全国小学英语课堂教学优秀课展评指导奖、全国小学英语教师教学技能大赛一等奖、黑龙江省第二届小学英语教师教学技能展评口语技能二等奖、哈尔滨市小学英语学科第二届教师技能展评板书板画一等奖，历任2001、2005、2006、2008届区级百花奖评委工作，2020年区级百花奖英语学科一等奖。教育格言：做最棒的自己，做学生最难忘的老师，做孩子最好的妈妈。

　　记得以前读过一篇短文，叫《烦恼树》，故事说的是一个年轻的爸爸，收入不高还刚有了宝宝，可是每天不管他遇到了什么让他火大、烦心的事，他都会在进家门之前对着门前一棵大树倾诉一下。然后，便会笑脸相迎地走进家门，给妻子一个大大的拥抱，给孩子一个吻。当时觉得这个爸爸真了不起，能这么好的控制自己的情绪，一下让我想到了我和学生之间发生的一个小故事。

　　人到中年，上有老下有小。老的病，小的备战中考。偶尔难免把焦躁的情绪带到工作中。一天午休刚趴在办公桌上想小睡一下，老妈来电说一个人在家忽觉心脏不适，放下电话一路飞奔到老妈家，边走边打电话联系班主任老师串课。好在老妈这次犯病不严重，陪伴观察了一阵看老妈已无大碍，亲属也赶来支援，老妈便催我回校上课。又是一路小跑赶在上课前回到学校，进了教室，还没喘息上5分钟，就来了一个小插曲。本来安静的课堂因为一只落在窗帘上的瓢虫被打乱了。先是一个男生喊了一声——看，瓢虫，接着一群学生跟着起哄。有跑到附近看的；有回头张望的；只有少数孩子看到老师没说话在静静地坐着。看到一群看不出眼色的熊孩子，我的火气瞬间爆发，揪起为首的孩子大声质问他："你没见过瓢虫啊？"他居然回答我："见过28星，没见过7星的。"我说："你数了？ 你能看见他身上有几个星啊！"情绪激动嗓门难免就高，孩子吓得没再说话，其他孩子也在窃窃私语："英语老师生气了！"平复了下心情我觉得自己有些失态，让自己冷静了一下后跟孩子说："你自己想想你刚才哪里做的不对。"第二天上课男孩儿再见我眼神里明显多了惧怕，我课后找他聊了聊。我说你知道老师为什么生气吗？老师生气的不是因为你看瓢虫，你自己看也就看了，还大声说出来让大家一起看。好奇心可以有，但要分时间和场合，你说完这句话想过后果吗？他认识到了自己的错误跟我道了歉。我也跟他道了歉。我说老师昨天心情不好说话声音大了，咱们以后共同进步。孩子如释重负地走了。

今天再回头来看这件事我觉得有一句话特别好："作为老师你要先处理心情再处理事情。"你的小情绪会是孩子的全世界，你若安好他们便是晴天，不管什么时候时刻牢记你是老师。

心灵之交

李 珊

李珊 2005年到和兴小学参加工作至今，区骨干教师，多次参加南岗区百花奖的评选，并获得一等奖。有多项科研成果，国家级、省级、市级论文都获得一等奖、二等奖。教学理念：爱是教学成功的基础，创新是教育的希望。

教师的爱心是成功的原动力，教师的爱心能使学生更健康的成长，能使有缺陷和有特殊困难的学生信心倍增，能使犯了错误的学生重新振作起来。叶谰教授曾讲过："在当代如果你的教育不能震撼学生的心灵，那么你就已经没有资格走上讲台！"那么我们用什么才能震撼学生的心灵？那就是我们的爱心！在对学生漫长的教育过程中，我们要学会用我们的爱心去寻找每一个契机创设情境让学生去体验、去感悟、去理解，理解老师、理解家长、理解学校、理解社会！

我班的某同学动不动就爱发脾气。只要稍有不顺心的事，他就很难控制自己的情绪，总要拿某个人或某件东西来出气。上课受批评，跟老师怄气，不承认自己的错误。在学校同学们有不小心碰到他的时候也发脾气；总而言之，就是喜欢发脾气。而且，他发脾气时还有个特点，那就是怪别人不好，因而总要骂人、摔东西，把他们当成"出气筒"。比如，上课玩东西被没收了，跟老师发脾气大喊大叫影响他人。同学扫地时，扫把不小心碰到了他的脚，就骂同学，别人反抗就动手，人人都把他当成我们班的不定时"炸弹"，谁惹他谁遭殃。愤怒是个人的欲求和意图遭到妨碍时产生的一种消极情绪体验。许多小学生，由于情绪的自我调控能力较差，冲动性较为明显，因此常常在不该发脾气的时候发脾气，因为一点儿小事就会相互打起来，因为父母的某些做法不够合理而冲父母大喊大叫……

面对他的问题，我尝试过许多方法，比如：找家长沟通，让他在家里学会一些处理事情的方式方法。结果和家长几次沟通无效。和所有同学沟通，尽量忍让他，结果他更变本加厉。用了几种方法结果都让我头疼……我发现让他尽快地回到同学中来是不可能的事情，于是我静下心来，用长时间的情感疗法，来和他进行交流。我在他每一次发脾气后都和他进行一次推心置腹的谈话，来缓解他的急躁与不安，而话题却不围绕他的错误，而是每一次都和他讨论一种班级的情况，或者班级中的事情，共同探讨如何能让他关注的事情变得更好，让他提出方案来让班级更融洽。随后再回到他的问题上，让他自己意识到自己的问题，为自己提出要求改善自我。虽然这样的方式需要很多时间和耐心，但是我却发现通过几次这样的谈话，与他进行平等的交流，他易怒的情绪逐渐减少了，谈话的次数也从两天一次，变成了每周一次。他也逐步认识到自己的问题，自己提出想改变的想法，我会给他提一些建议，在他不安时听他倾诉，在烦躁时及时指导，尽量不在班级同学面前发脾气，帮助他在班级中受同学欢迎。经过一个学期的交流、交心，他真的有了很大的转变，不仅开始勇于面对自己的错误，而且还很有礼貌。所有科任老师都说他的变化很大，同学也开始和他做朋友，而他也越来越快乐。看到他的变化，我心里非常高兴。其实每个学生都有他善良可爱的一面，就看教师如何去发现可爱和善良，从而去引导他、指导他、帮助他。

在我们的教育工作中，常常会犯这样的错误，一旦学生违反了纪律，老师立即给予批评，讲很多道理，学生很反感只是在敷衍了事，表面服从内心抗拒。我认为教育学生要有亲和感人的形象，要有心平气和的态度，要用亲切感人的语言和点滴的实际行动，将自己对学生的关爱传达给学生。人都是感性的动物，尤其是孩子，在他们纯真善良的心灵中，都有自己的一杆秤，老师对自己是否关心，是否负责任他们都知道。所以我们教师应当做到，尽量站在学生的角度看待问题，把学生当成朋友（即使他的年龄很小）孩子在得到尊重和平等对待的时候，会发挥出无限的潜在能量。在处理问题时，要巧妙地将事情演变为学生自我教育的过程，要紧紧抓住这个过程对其进行及时地教育，拓展教育价值，让学生在老师关爱、平等、健康的学习生活中成长。

班主任，这是一项需要有高超艺术魅力的工作，成功的班主任每天都会收获比别人更多的生命感动，使自己的生命变得更加丰富。对人生的执着追求和对教育纯粹的热爱，使我铸就着自己诗意的人生。

随风潜入夜　润物细无声

许欣然

许欣然　中共党员、高级教师、曾经担任学年组长、数学名师工作室负责人。被评为省级优秀教师，市级优秀教师，市级数学骨干教师，教学曾获得省级优质课一等奖，多次参加区级赛课取得优异成绩，在学校多次做研讨课和引领课，多篇论文获得不同级别的奖项。所教学生在各类比赛中均取得好成绩，多次获得优秀指导教师称号。教育格言：把机会让给学生，把精彩留给学生，把掌声送给学生，把期望带给学生。

　　新一轮基础教育改革明确指出：新课程需要新的教育评价，其根本目的是促进学生的发展；学生评价是课程实施的重要组成部分，它是当前新课程改革的一个关键环节。

　　不久前，"多元智能理论"的创始人、美国哈佛大学教育研究所发展心理学教授霍华德·加德纳向上海的专家学者和学生作了题为"以多元智能观看教育"的讲座，他认为，我们应该用新的价值标准来衡量和教育以后的学生。

　　以往简单粗暴的行为和刻薄的批评能改变一名学生吗？见到学生我们多是绷着脸，真的能达到教育的效果吗？常言道"浇花要浇根，育人要育心"此话不错，浇花只有滋润花根，才能枝繁花茂；育人只有拨动心弦，才能发出美妙的乐音。

　　有一次班级里已经开始上课了。一位学生满头大汗、急匆匆地跑了进来急忙地解释来晚的原因。我没有急躁，对他说："怎么了？气喘吁吁，满头大汗的，发生了什么事？"他急忙说："汽车半路坏了，我是跑来的。"我又幽默地说："为了学习，为了班级的荣誉，你能急忙跑来上课，这很好！为了防止意外，以后要早点出门。"他不好意思地点点头。从那以后，他再没迟到过。

这种评价方式远比大声训斥、当面指责高明得多。这种"润物细无声"的教育，其结果是刻骨铭心的。

教育无痕，润物无声。作为老师，应该懂得如何抓住有效时机，及时地加以引导进行评价，与学生进行心灵的沟通，让孩子们的心弦发出美妙的乐音。

英语课上，不遵守课堂纪律，被老师批评，不但不承认错误还和老师顶嘴；数学课上，不注意听讲搞小动作，还和旁边的同学说话，不在乎老师的提醒；科任课上不听讲只顾自己玩，还随意地发出声音来打断老师的讲课。

面对学生的种种表现我不知所措了，我思索着……如果在这个仅有的童年里从来没体会到依靠自己努力获得成功的感受的话，他的童年就是苍白的、他的未来将是暗淡的，因为他的自信心已经没有了。教育应是每一个人的教育，不应放弃任何一个学生，一个都不能少。

怎么和他们进行交流呢？我决定开始和孩子们进行心灵的沟通。在作业本上，写上教师寄语。过了一阵，我却意外地看到了回话。

"老师，你的话让我感到了你对我的信任，我会努力改正的。"旁边画了一个笑脸。孩子是多么的可爱，他们的心灵深处是善良的。

"老师，从你的话中我知道了自己的优点，我有信心了，我要改正缺点，认真写字。"孩子是说话算数的，他的字果真有了很大的进步。

"我打扰同学们上课是不对的，我不仅自己没学到知识还影响了别人，我是不对的。"我告诉他说："没关系能认识到错误现在还不晚，及时改正，就是好孩子。"

……

我们的距离也一下子拉近了，他们建立了自信，有了明显的改变，课堂上安静了，课堂气氛活跃了。

这件事对我的触动很大，要想使一个学生有所提高，老师一定要从各个方面去关心他们，耐心地教育他们，从不同的方面去发现它们的优点，给它们多元的评价，使他们感受到老师给予他们的温暖，给予他们的信心！

爱是永恒

张 丽

张丽 从教20年，一直担任班主任工作，多次被评为区优秀班主任，区"四有"好老师，所带班级曾荣获哈尔滨市先进班集体称号。尊重每一个学生，关爱每一个学生，深受学校和家长的好评。

在我近20年的班主任生涯中，最让我难忘的是我刚参加工作不久时，和一个名叫王某某的同学发生的事儿。记得刚接班时，同学年的老师就用略带同情的语气对我说："张老师，知道吗，你们班有个学生全校出名，美术老师画生肖，问他们都属什么，他高高地举起手说自己属大鹅。平时调皮捣蛋就算了，连作业也不交……"开学一周了，他真的一次作业都没有交，后来我要求同学们每天都要写日记，并每人奖励一朵小红花。起初他还是继续不交作业，可是看着红花评比台中别人的红花越来越多，而他一朵还没有时，他也有点着急了。终于开学半个月以后，他第一次交上了日记本，可是打开一看我却哭笑不得，因为上面一个字都有，只有王某某三个大字。这可怎么办才好？我又不能批评他，怕打消他学习的积极性。于是放学前，我表扬他说："王某某积极要求进步，已经知道要及时交作业本了，所以这次张老师破例奖给他一朵小红花，下不为例。"他高兴地跳了起来，欢呼着："太好了，太好了，我也有小红花了！"从这以后他天天交给我一本空白日记本。大约又过了有半个月，我们月底总评时，他看到别的小朋友用小红花和我兑换奖状，兑换奖品时，他羡慕极了。于是新一周的周一，我收到了这样一本日记本，上面写着："今天无是可写"。六个明晃晃的大字中居然一个标点符号都没有，还有一个错别字，我帮他改正过来。到了放学前，我又表扬他："王某某今天作业进步最大，已经能写日记了，虽然字数不多，但是也算日记，奖励一朵小红花。"他听了这话，不好意思地低下了头。于是这一周他的日记本上基本都是这六个字，到了周五，事情又有了转折，他今天的日记是这样写的："今天无事可写，完了。"我马上表扬他说："今天你进步最大，多写了2个字，还加了一个标点，多奖励你一朵小红花。"说完，我看到了他眼里的泪花。从这以后，他的日记不再千篇一律，也偶尔写写天气，比如"今天天气很好，老师领我们跳大绳了。"又或者"今天下雨了，我讨厌下雨。"有时写写吃到的美食"今天妈妈给我做了红烧肉，我吃得饱饱的，红烧肉可真好吃啊！"每每这时，我都加倍地鼓励他，真棒，加油，并把他写得不错的地方读给同学听，他的脸红红的，小眼睛亮亮的，小身板坐得直直的……再后来他也能像别人一样，按时交作业，并能写出大段大段的日记来。尤其是毕业时，他写给我的一封信——"张老师，虽然您只教了我两年，但我会永远记住您，感谢您对我的培养，没有放弃我，让我也成了一名优秀的少先队员，老师我爱您，因为您像妈妈。"望着上面质朴的语言和略显稚嫩的字迹，我的心久久不能平静。此刻，我深深地意识到了作为一名人民教师，身上的责任与重担，我庆幸自己没有放弃他，虽然他可能考不上好的大学，但是他有一段幸福的小学时光，我没有因为偏见而毁掉一个孩子的人生；这不禁让我想到我的恩师对我的谆谆教诲，眼中有爱，言中有爱，严中有爱的好老师——李老师。那时候，我胆子小，性格内向，老师总找我谈心聊天，经常鼓励我，知道我物理不好，放学还把我带到她的办公室单独补课。后来我成了一名小学老师，因为我想像李老师一样，做一名可以改变学生一生的好老师。

记得朱永新在《享受教育》中说过，有一种态度叫享受，有一种感觉叫幸福，学会面带微笑才能享受生活，懂得播种快乐才能收获幸福……多美的语言，多美的职业啊。是啊，亲爱的老师们，我们每个人都渴望被别人认可，被人赞赏；那我们就带着善于发现的眼睛去赞赏每一个孩子，让我们读懂每一个孩子的脸庞，走进每一个孩子的心灵，你会发现，爱是永恒……

浅谈学生体育意识的培养

赵 军

赵军 高级教师。和兴小学资深体育教师。获得过省级优秀教练员、市优秀教师、市优秀体育教师等光荣称号。

当今，我国虽为体育大国，在很多体育竞技项目上称霸世界，但在普及全民体育教育过程中，尤其是小学体育教育中，却存在着诸多的问题：教育理念停滞落后，没有更好的挖掘体育运动的真正意义及趣味性，却过分强调运动项目技术技能的教学，没有努力探索教与学的契合点，多数学生因此无法掌握老师所教授的体育技能要点，逐渐失去了对体育课的兴趣，产生了虽然喜欢体育运动，却不喜欢学校的体育课程的尴尬局面。更无从谈起让学生认识体育运动的真正意义，树立终身体育意识。本文结合小学体育教学中所发现的一些问题，进行了研究并提出了一些针对性的解决方法。

一、提升小学生终身体育意识的意义

少年儿童从幼儿园进入小学无论是身体还是意识形态都处于一个极速发展变化的过程中，在小学期间，学生不仅要学习大量的科学文化知识，还要努力培养终身体育意识，树立正确的观念，积极参加体育技能项目的锻炼。同时学校要担负起教书育人的重任。无论未来他们在哪里，从事何种工作，终身体育意识会深深地铭刻在学生们的脑海里。

1.为了培养学生终身体育意识，应采取灵活多样的方法，例如，以竞赛活动、合作学习方法、游戏教学法等形式调动学生的积极性和兴趣，使他们能够融入学习活动中，促进体育教学的顺利进行。

2.让学生身心都得到锻炼

为增强学生的学习兴趣和热情，提升学生的教学参与度，就要不断优化课堂教学模式，创新课堂教学的方式方法，让学生循序渐进地领会贯通体育项目和运动技能，从而全面保证学生的身心健康，促进学生全方位发展。

二、如何让学生养成对体育锻炼油然而生的兴趣

要让学生养成油然而生的对体育锻炼的终身的兴趣，首要任务就是激发出学生的天生的对游戏类体育项目的兴趣。然而现在大部分的任课教师，不太重视对小学生的天生体育兴趣的培养，教学方式陈旧落后，授课教材选材不当，缺少有效的体育竞赛活动。要知道培养学生的兴趣是让学生能够长久专注一项任务的基础，学生对体育产生兴趣，才能在体育课中以及在其他课余时间进行体育锻炼。小学生正值身体发育关键时期，对新生事物领悟快，对一般的体育技能上手快，尤其是对有兴趣的体育项目产生极大的关注度和参与度。作为教师应该充分抓住这一阶段学生的特点，通过有效手段去深入了解学生。例如，对于同一体育项目感兴趣的学生，将其集中到一起，定期或不定期地进行集体性的锻炼活动。也可沟通不同班级的教师，开展班级之间的体育比赛和技能竞赛，激发出学生的竞争意识，从而提升学生自然而然的参加体育锻炼的动力。

1.选择符合学生身心特点的教材

体育教师要根据本校的实际情况结合小学生自身的性格特点，选择适合的教材。小学生的好奇心强、乐于模仿，在培养学生的终身体育锻炼意识过程中，要注重学生的性格特点。首先，要充分了解小学生的生理和心理特点，选择适合他们的教材来指导体育课堂活动。体育教师要充分认识到体育教材在体育教学过程中的重要性，精心安排教学内容，因材施教。在宣传过程中，提高学生对体育课程的认识，加强体育训练，强身健体的同时丰富学生的课堂生活。根据男孩和女孩的不同特点，让学生积极参加体育活动。选择有趣的教学内容，让学生全身心投入到体育活动中，丰富体育知识，掌握体育技能，逐步养成良好的体育习惯。

2.构建民主和谐的课堂教学氛围

根据学生自身的基本情况，结合体育课程的教学内容和教学目标，以培养学生终身体育意识为目标，尊重学生的个性，营造和谐美好的课堂氛围，消除学生心理压力，让学生愉快地参与体育锻炼活动。任课体育教师要充分分析学生性格特征、兴趣爱好等的特点，结合体育赛事、体育比赛等活动，让学生充分参与到其中，加强团队合作，构建

和谐的教学氛围。学校要通过体育课，加大终身体育意识的宣传，营造积极向上的校园学习氛围。培养学生终身体育意识，还应为他们营造积极的体育课堂氛围。良好的课堂氛围可以促进学生学习能力的提高，也能加强学生的体育锻炼，强身健体。学校可以组织与体育相关的活动，如运动会，宣传效果好，鼓励学生积极参与运动；开展丰富多彩的课外体育活动，激发学生对体育的兴趣。

3.不拘一格的开放式教学

为了培养学生终身体育意识，应从理念上彻底解放，开拓思路，鼓励教师大胆创新，尝试新的开放的教育模式。在科学合理安排教学课程的基础上，放手大胆的实践，同时发挥学生的主观能动性，尊重每个学生的差异，在教学中调动他们的积极性，有针对性地制订科学的教学计划，寓教于乐。

4.合理安排教学活动

以团队之间竞赛的方式开展体育运动项目，如跳绳、排球、羽毛球采用竞赛活动吸引学生的关注与参与，将班级的所有学生分成几个小队，共同参与竞技活动，既培养了学生们的团队意识，又增强了学生们终身体育意识，大大改善了体育教学效果。

5.加强在体育教学中对学生的综合评价

根据每个学生的身体条件的及个人学习技能的差异，应对每个学生因材施教，挖掘每个学生的特质，不能简单的用一个标准衡量所有的学生。为提高教学质量，教师有义务潜心研究每一个学生的基础特点，在注重最终教学成果是否达标的同时更应注重在教学过程中学生的点滴进步和努力，用鼓励换取学生的自信心，让学生在体育教学中感受到培养体育意识的重要意义。

三、结语

培养学生的终身体育意识，绝非一朝一夕就能解决的事情，需要教师特别是小学体育教师具有足够的耐心和超前教学理念。既要完成所要教授的全部体育教学内容，让学生掌握充分的体育技能，又能让学生感到生动活泼，产生强烈的参与欲望，提高教学效率和质量。在此基础上，逐渐培养学生养成自觉主动参与体育教学活动的习惯，提高学习效率，最终实现建立学生的终身体育意识。这一最终目标，是要求教与学在教学过程中不断磨合、不断改进才能实现的。

综上所述，对每一个学生而言，从小培养终身体育意识对其未来人生发展极其重要，因此小学体育教育必须针对学生的差异性合理安排课程，科学评价教学成果，在保证学生身心健康的基础上，全面实现人才的培养目标。

导语：

"和美"中谈"智教"

优质的课堂是一种师生和谐统一
互相成长的过程，是一种对生命的尊重
整节课中蕴含着爱，蕴含着责任
更蕴含着教育者无私奉献的耕耘精神
课堂教学既是一门科学又是一门艺术
教师教学不仅要追求如何让教学的科学更艺术
更要不懈地探索如何让课堂教学的艺术更科学

新课程改革的核心在课堂教学，新一轮教育改革的空间也在课堂教学。随着新课程改革的不断深入，对教师的课堂教学也提出了更高层次的要求。根据新课程方案和各学科课程标准，和兴小学各学科教师在课程实施层面，在课堂教学关键环节进行深入探索与改革，注重课程倡导新教学理念的"必备知识"、"关键能力"与"学科价值"的生成过程，在课堂上对学生学科核心素养的培育落到实处，更加符合新时代育人方式的成长要求。

"和智"篇中，和兴小学教师的"自主课堂"教学设计，以任务驱动课堂活动，充分激发学生的学习兴趣和创造能力；教师围绕教学主题，挖掘相关教育素材，用一个个教学活动调动学生多种感官、引发学生思考，不断地把课堂教学和学生的学习活动推向深入，使学生的思维加以拓展、延伸，对问题有了更深入的理解。课堂教学是师生双边参与的动态变化过程，学生是生动的独立的主体，在课堂上他们主动求知，主动探索;教师是这一动态过程的设计者、组织者、引导者、合作者。教师备课过程中，深入钻研教材，根据不同学生特点，设计有效的教学目标、教学内容、教学起点、教学方法和教学媒体选用及教学评价，让课堂教学结构更加符合儿童的认知过程。创造性地设计教学实施方案、有效的教学思路，为成功教学绘制蓝图的过程，不仅是提高教学效率的关键，更是教师不断充实自己、成就自己，发挥创造才能的过程，让每位教师都能逐渐成长为一个有思想和行动的教育者，用个人的教育智慧去启迪每一名学生，是我们永远前行的动力！

创新思维培养　共育智慧人才
——创新思维课《我也能发现新大陆》

韩吉青

一、教学背景分析

1.对课标的理解和把握

小学心理教育是根据中小学生生理、心理发展特点，运用有关心理的教育方法和手段，培养学生良好的心理素质，促进学生身心全面和谐发展和素质全面提高的教育活动，是素质教育的重要组成部分。思想引领前进，思维决定发展，通过各种思维训练，培养学生乐于思考的习惯，通过折纸撕纸活动，了解有意思维、逆向思维、发散思维、创新思维，有利于解决问题。

2.教学内容分析

本课是我校知识与应用校本课程第6课《我也能发现新大陆》的教学内容。本课教学特点是以有目的、有计划、操作性强的活动为主，给予学生充分的参与机会，使学生在活动过程中产生深刻的体验，培养学生的实践能力和创新意识。从心理教学角度，通过思维训练游戏，多维度动手实践，让学生思维碰撞，产生智慧火花。通过本课的学习，学生在思维方面会得到一定的提升。因此本课有着无可取代的重要位置。

3.学生情况分析

五年级的学生正处于学习能力、认知逐步发展的时期，求知的欲望和能力、好奇心都有所增强，对新鲜事物开始思考、追求、探索，学习的兴趣更为广泛。

二、教学设计

教学目标

提升学生六大核心素养的实践创新能力，培养学生解决问题能力的多元思维。

教学重点

训练学生的创新思维能力。

教学难点

逆向思维就，训练的体验。

教学资源

记忆卡片、A4 纸若干张、线绳、玩偶、魔方、九连环、汉诺塔、数独学具。

教学手段

以感知为基础，超越感知，培养学生求异思维解决实际问题。

教学方法

本课中我主要采取的教学方法有游戏法和小组讨论法。启发式的教学，学生积极主动的思考，以达到传授知识、思想教育和培养能力的教学目的。

教学过程

在这节课的教学过程中，我注重突出重点和难点，注重师生之间的互动、交流，最大限度地调动学生参与课堂的积极性和主动性。

环节一：热身活动——开动脑筋

课堂开始前我会给同学们出几道脑筋急转弯题，引导学生开动脑筋发散思维，思考脑筋急转弯的答案是什么。今天，先跟同学们出一个谜语：巧克力和牛肉打架，巧克力赢了，打一食品（巧克力棒）；巧克力棒和牛肉打架，巧克力棒赢了，再打一食品（巧克力棒棒）；巧克力棒棒和牛肉打架，巧克力棒棒赢了，还打一食品（牛肉面）。

学生经过思考得出这两个问题的答案，紧接着我会请没有猜出答案的学生来分享听到答案的感受，学生会觉得恍然大悟，得出需要从不同的角度去思考才能够快速得出的答案。其实生活中这样打破传统方式的思维就是一种创新思维。人们往往在思考问题时会以习惯性的、固定性的或者模式性的方式思考问题，这就是思维定式。思维定式有时是有益的，有时会阻碍我们创新思维的形成。这堂课我们就共同探讨如何培养创新思维，打破不利思维定式。（板书：培养创新思维，打破思维定式）。

【设计意图】

设置脑筋急转弯题目，不仅能激发学生的好奇心，还能够很快地让学生开动脑筋进行思考，明确本课的重点所在；根据学生的回答，教师进行小结，并导入主题，让学生更加明确本课的内容。

环节二：主题活动

主题活动一：有意思维

下面请同学们看一组图片，请记住图片的内容和对应的文字，找一找这些图片和文字的共同特点是什么？卖火柴的小女孩、春季风筝节、白雪公主和七个小矮人、横看成岭侧成峰，远近高低各不同。（学生根据自己的所见 进行回答）

我们再仔细读一读，看看你刚才的判断，对吗？

（学生通过再一次观察发现了和第一次看到的不同景象）

教师总结，为什么会出现这种情况？对了，之前的知识经验影响了你对后面事物的分析和判断，在我们的学习中有没有这样的情况出现？是的，在学习中读题、审题就容易受思维定式的影响，怎样打破这种思维定式呢？第二次再看词的时候因为看得更加仔细，我们进行了有意注意，这就是打破思维定式的第一种方法（板书：有意注意）

【设计意图】

两次观察比较分析，会使学生在知识的获得上突破难点，更会使学生在知识的形成上形成共鸣，高潮迭起，延展知识体系的构建。

主题活动二：逆向思维

折绳游戏。同学们拿着绳子的两端，不能把手捆上，手不能离开绳子，在这种情况下，把绳子打个结。

学生动手实践会发现，借助同伴的协助，也可以先把手打个结，再拿起绳子。

教师总结这是一种逆向思维。这也是打破思维定式的一种方法。从结果出发，向前面的问题层层拨开，也是思维的一种好方法。（板书：逆向思维）

【设计意图】

通过本环节的设计，培养学生开动脑筋，敢于说出自己的见解和猜想，团结合作、讨论交流、达成共识、领悟开窍、再加上教师的及时鼓励，激励信心，从而使学生学习兴趣更浓。

主题活动三：发散思维

传文具。

活动要求：同学们传文具，每个人都摸到文具，看哪组传得最快。

同学想到了一人拿文具，其他人摸，有的同学想到了所有同学围在一起，共同摸文具，速度最快。

教师总结：方法不止一种，这些方法打破了传统传物品的方式，这就是发散思维。（板书：发散思维）

【设计意图】

使学生形成对预想做出证实的意识，鼓励学生自行设计方案，体现了思维创新的开放性，培养了学生良好的思维习惯，加强了团队合作意识。

环节三：总结升华

通过课堂脑筋急转弯学生感受到思维带来的乐趣，通过实践性学习体验，使学生了解有意思维、逆向思维、发散思维、创新思维的魅力。解决实际问题，光靠认真是不够的，思维决定解决问题的方式和效果。

【设计意图】

透过简单的折纸游戏能看出思维方式的变化，更能从学生力求出新的意识中，欣喜地感受到求变的萌芽开启。

【效果预设】

通过趣味热身活动——脑筋急转弯导课。教学过程的主体活动是三个思维训练实验活动，师生共同进入体验场，感受创新思维的魅力。每一种思维方法的呈现，都是在老师带领下与学生共同做游戏中感悟出来的，侧重学生的动手实验过程。折纸活动是思维训练的成果体现，也给了学生提供了感受思维碰撞的最佳空间。

经历知识过程　积累活动经验

——三年级上数学《数字编码》教学实录

张　琦

在"经历知识形成过程 积累数学活动经验"这一主题的引领下，对《数字编码》这一内容进行了研究和实践。

一、指导思想

《课标》中指出："数学教学内容不仅包括数学的结果，也包括数学结果的形成过程和蕴涵的数学思想方法"，课程内容的组织"要重视过程，处理好过程与结果的关系"。

史宁中教授提出这样的观点——小学生知道两件事情是重要的：第一，制定标准；第二，按照标准做事。中国培养的人，缺乏制定标准的经验，我希望未来的学生开始会制定标准。

无论是课标还是史校长的观点，都重视学生对数学的理解，让学生能用自己的语言、生活经验、图表或操作等方式解释数学概念、法则、规律等，能呈现知识的来龙去脉，重新建构其意义，从而把新的学习内容正确地纳入已有的认知结构，能在新情境下运用所学知识、思想方法解决现实中的问题，透过现象看本质。

二、教学背景

《数字编码》这一内容，教材遵循了先解读后编写的编排方式，分两部分呈现。第一部分，以身份证号码、邮政编码为主要研究素材，重在解读编码，体会数字蕴含、传递信息的作用。第二部分：安排了编写学号的活动，重在选择信息，尝试编码。

三、学情分析

为了掌握学生在学习《数字编码》这一内容之前的学习程度，课前，通过访谈和问卷调查两种方式对学生进行了前测。

在访谈中我们发现，三年级的学生对数字已经比较熟悉了，知道数在不同的情境中表示不同的含义，但不知道数字还可以表示编码。通过《数字编码》这一课的学习，要

让学生了解数字蕴含、传递信息的作用，帮助学生完成对数的几个作用的认识，形成对整数认识的知识体系。

学生在这份问卷调查中，写出了很多生活中常用的数字编码，具体来看，有的学生知道自己的身份证号码是什么，并发现身份证号码由18位数字组成；还有的学生从运动员编号中只读出5号运动员这个信息。综合分析调查结果发现，学生知道生活中会用到数字编码，但不能正确理解编码传递的信息，不知道编码的规则和方法。

四、教学思考

第一次教学《数字编码》这节课时，基本是依照教材的内容和要求，先解读后编写。首先让学生汇报自己在课前调查中找到的数字编码，然后对比研究身份证号码，解读身份证号码的含义；接着安排编写学号的活动，最后进行感悟提升。其教学的重点是解构编码和实际应用。课后进行反思，学生通过这样的学习，对知识的掌握，大多处于记忆的层面，缺少对数学知识本质的理解。

其实数字编码就是利用一些汉字、字母或数字按照一定的规则去记录一些事情。在前测中了解到学生不知道数字编码的规则是什么。

根据学生的学习需求，依据理论指导，确定本节的教学重心是：制定规则。让学生在制定编码规则中，经历知识形成的过程；增强发现、提出问题的能力；自主构建知识体系。有了这样的思考，调整教学设计，再次进行教学实践。

首先，让学生提出问题，梳理学生提出的问题，并提炼出核心问题，因问而学。接着，让学生在信息采集、信息筛选、信息转换、信息添加、尝试编码等活动中，经历制定身份证号码编写规则的过程，建构身份证号码，这也就对接了史校长说的第一件事：制定标准；然后解构编码，出示生活中常见的数字编码，学生依据数字编码的编写规则，解读编码，也就是第二件事，按照标准做事。最后进行感悟提升。

调整之后的教学设计，重点是制定标准、建构编码。

将前后两次教学设计进行对比，现在的教学设计更能对接学生原有生活经验，促进数学理解。

五、教学设计

其教学目标拟定为以下三点：其中，让学生经历收集信息、根据规则筛选信息、编写、交流、反思的过程，是本节课的教学重点。体会数字蕴含的丰富信息，是本节课的教学难点。具体教学过程分为以下四个环节：

（一）提出问题，引发思考

关于身份证号码想研究什么？学生提出自己感兴趣的问题，把学生提出的问题进行梳理后发现：学生提出问题的背后都是想知道制定身份证号码的规则是什么。提炼出核心问题进行研究。

通过这样的过程，可以发展学生从数学的角度发现和提出问题的能力，把学生提出的问题作为教学目标，促使学生带着求知欲去解决问题，引领学生思维走向深入。

（二）制定标准，自主建构

在这一环节中，学生经历了制定标准的过程，完成了三次建构。通过自主探究，标准的选择由感性发展到理性。

先来看第一次建构的过程。

学生围绕身份证号码中可能包含哪些个人信息这个问题进行信息采集。

先以小组为单位，把猜想到的身份证号码中可能包含的个人信息写在纸卡上。这时学生进行信息采集的标准是：自己熟悉的、认为重要的。学生的信息采集看似天马行空，却几乎还原了人们对于身份确认的最原始的认知。

面对这么多信息，学生产生了要选择信息、制定标准的需求。紧接着围绕：你认为应该选择什么样的信息来编写身份证号码这个问题进行第二次建构。在教学实施过程中，学生分三个层次对信息进行筛选，第一次筛选以是否固定不变为标准，第二次的筛选以是否重要为标准，第三次的筛选以是直接信息还是间接信息为标准。

课堂交流中，学生首先想到年龄这个信息是会变的，而每个人的身份证号码是固定不变的，所以年龄这条信息不应该在身份证号码中体现出来，在这一想法的启发下，又筛除了……这些信息，就这样，以是否固定不变这个标准完成了第一次信息筛选。

接着，有同学想到根据一个人的身份证号码就能找到这个人，那身份证号码中包含的个人信息应该是比较重要的，而血型、民族……这些信息对于锁定一个人来讲没有那么重要，所以第二次的筛选以是否重要这个标准进行。

还有的同学想到像生肖、星座……这样的信息可以通过出生日期进行推算，可以算是间接信息，又进行了第三层的筛选。

在信息筛选的过程中，学生依据身份证号码的特点建立标准，对猜想到的信息进行多层次的筛选，确定出身份证号码中包含户口所在地、出生日期、性别这三条重要的、固定不变的个人信息。

（三）尝试编码，根据理解制定标准，三次建构

接下来，围绕如何编写身份证号码这个问题进行第三次建构。

创设为笑笑同学编写身份证号码的情境。学生尝试对出生日期这条信息进行转换，在交流的过程中，感悟到信息用几位数字码表示，要根据需要合理选择，体会到数字编码规范、简洁的特点。

借助省级行政区地图向学生介绍，要用六位地址码来表示户口所在地这条信息。

根据六位地址码就能知道一个人所在的省、市、区（县），在这样的学习过程中，地域分类非常明显，分类的思想很好地得以渗透。

学生知道了出生日期码、地址码，创设双胞胎的情境，引发学生的认知冲突，催生必须要进行信息添加的发展性思考，至于添加的顺序码和校验码，学生无法根据已有经验找出答案，则以材料呈现的方式让学生进行阅读理解。在这一过程中，学生体会到数字编码唯一性的特点，同时一一对应的数学思想得以渗透。

通过信息转换、信息添加这两个活动，学生很好地了解了编码各自所反映的信息，在此基础上，学生尝试制定身份证号码的编写规则，在交流对话的过程中，体会到把地址码放在最前面，范围一下就缩小了，然后是出生日期码、顺序码、校验码。身份证号码的编写是有统一的标准和要求的，但这个标准不是直接告知学生，也不是像原来那样，学生在解读身份证号码的过程中，通过对比分析出来的。而是学生在明确了编码所反映信息的基础上，根据理解自己制定出来的。在这一活动中，学生积累了制定标准的经验，同时，有序的数学思想得以渗透。

最后给学生一个创造编码的机会，学生尝试把自己认为重要的信息加进身份证号码中，通过学生的作品可以看出，学生已经初步掌握了编码的方法。在创造编码的过程中，再次体会建构数字编码时应遵循的原则，体会数字蕴含、传递信息的作用。同时感悟到加进信息之后的身份证号码仍然是唯一的，但是不够简洁。这是让学生从被动走向主动，从一味接纳走向学会创造的过程。

在这一环节中，学生经历了制定规则，建构编码的过程，随着学习的深入，"唯一、规范、简洁、有序"等核心词逐一浮出水面，系统而有步骤地渗透了一一对应、分类、有序等数学思想方法。在问题的引领下，完成了史校长提到的第一件事：制定标准

接下来，我们来做第二件事：按照标准做事。

出示门牌号，运动员编号等生活中常见的数字编码，学生能够根据编码的规则解构编码，理解其蕴含、传递的信息。再次感悟数字编码的编写规则、体会数字编码的应用价值。

（四）回顾反思、感悟提升

在这一环节，让学生回顾学习的过程，谈自己的感悟。有的同学从数学知识的角度谈到：通过今天这节课的学习，了解到数字还可以传递信息。有的同学从制定标准的角度谈道：要根据不同的情境、不同的目的，选择合适的信息去制定标准。还有的同学从情感态度的角度出发谈道：了解编码的规则，让我们做事情有规则，不盲目。

从学生的表达中感受到，学生正在用数学的眼光观察现实世界，用数学的思维思考现实世界，用数学的语言表达现实世界。

回顾本节课的教学，从三个方面概括本节课的教学特色：

做数学。经历制定身份证号码编写规则的过程，在综合解决问题的过程中，理解制定规则的重要性。

学数学。围绕核心活动，学生主动探索，自主建构，形成对整数认识的知识体系。

理解数学。学生围绕自己提出的问题自主思考，积累面对一个问题如何抓住本质内容思考的经验。

一双会观察的眼睛
——教堂实录《让双眼闪亮起来》

韩文德

设计理念

引导学生认识观察的重要性。观察力是指大脑对事物的观察能力，如通过观察发现新奇的事物等，在观察过程对声音、气味、温度等有一个新的认识。小学时期正值学生认知世界、发现世界的重要时期，但是在教学的过程中我们也发现，很多学生粗心大意，不注意观察，在做作业的时候或者写生字的时候写错，有时候多一画有时候少一画，这些都是不注意观察的结果。所以作为教师我们应该培养学生的观察能力，而首先就需要引导学生认识到观察的重要性。"处处留心皆学问，人情练达即文章"。从观察教学入手，让学生在学习的同时，不断地学会观察，学会发现，学会表达，并引导他们养成良好的观察、记录习惯。

教学内容

德育实践课

教学目标

1.指导学生提高观察力的方法。

2.增强学生观察的兴趣，培养观察力。

3.使学生能够在平时的学习和生活中不断地提高观察力。

教学重点

启发学生通过活动找到观察事物的方法。

教学难点

使学生通过活动体验观察的乐趣，增强观察的兴趣。

教学流程

一、导入

课件出示魔术《魔幻世界》，引出课题。

【设计意图】导入激发学生的学习兴趣。

二、播放动画片《猫和老鼠》

问题：1.你在动画片中都观察到了什么？

2.请问冰箱旁边的桌子上有几个盆？

出示观察方法一：观察要有明确的目的。

三、大家来"找茬"

活动要求：

1.请找出图片中的不同之处。

2.每组图片有九处不同。

3.比一比谁找到的最多。

【设计意图】

动画片、大家来"找茬"、双关图、趣味题这四个活动主要使学生了解观察的方法。

出示观察方法二：观察要注意细节。

四、出示"双关图"

请问你在图中看到什么？

出示观察方法三：观察要从不同角度进行。

五、趣味题

图中有辆公共汽车（车身前后是一样的），有A和B两个汽车站。问：公共汽车现在是要驶往A车站，还是驶往B车站？

出示观察方法四：观察要探寻事物的本质。

【设计意图】

四色球、找找"我"活动强化观察方法的应用，引导学生正确选择观察方法。

六、总结四个观察方法，加深印象

【设计意图】

活动六巩固学生记忆。

七、四色球：图中空白圆圈该是什么颜色？

八、找找"我"

1.请找出图中所有的"我"字。

2.请大家独立完成任务。

3.大声地说出你的结果。

4.想一想你用了哪些观察方法?

根据观察内容选择适当的方法。

九、七嘴八舌大家谈

在平时的学习和生活中哪些活动可以锻炼观察力呢?

【设计意图】

"七嘴八舌大家谈"活动指导学生在平时如何锻炼观察力。

十、本课总结

教学反思

随着抽象思维的发展,小学高年级学生观察的深刻性有显著发展,表现为观察力中的分辨力、判断力和系统化能力有明显的提高。本课只是众多有关观察力的心理活动课之一。主要针对于小学高年级学生观察力的发展水平设计活动,使学生在活动中找到观察事物的方法,活动参与性和可操作性强,深受学生喜欢。要提高学生的观察能力并非一朝一夕就可以达到目的,还需要长期的训练和培养良好的学习、生活习惯。

寓教于"乐"

——小学音乐课堂随笔

贾同雯

贾同雯 女，优秀青年农工党党员，大学本科学历，1983年出生，教龄18年，和兴小学音乐教师，南岗区音乐骨干教师。曾多次获得：南岗区音乐教学百花奖一、二等奖，哈尔滨市艺术教育工作先进工作者，南岗区中小学生合唱、舞蹈比赛优秀指导教师奖，南岗区音乐教师基本功一等奖，南岗区中小学艺术教师特长技能比赛特等奖。多篇论文获国家、省、市级一、二等奖。

小学音乐是孩子们喜欢的学科，儿童歌曲优美的旋律，鲜明的节奏，最能表现他们欢乐的心情。因此在音乐教学中，我努力融音乐基本技能训练于唱、玩、敲、动之中，让学生在喜闻乐见的教学活动中情趣盎然地学习。这样，既提高学生的学习积极性，又提高了教学效果，下面谈谈我的教学体会。

一、学会听"音乐"

二年级小学生正处在形象思维为主的阶段，他们活泼好动，易于接受生动活泼，感染力强，富有情趣的事物。给学生多听的机会，听得多了，就自然会有一些音高的感觉，有了先入为主的音高再唱简谱，学生更容易掌握简谱的概念，并利用创编旋律来提高识谱能力。创造性能力培养应该贯穿于音乐学习的各个环节、整个过程之中。识谱教学中的各项内容和能力培养，都应该以即兴活动的形式为学生提供机会，创造性地探索节奏、音响、旋律等音乐基本要素的各种变化和重新组合。在即兴活动中培养学生的敏锐听觉的迅速反应、富有表现力的节奏感、对音乐结构和形式的感知、对音乐的形象和表现的理解、高度的集中注意和默契的相互配合。

二、表演激发学生的学习兴趣

小学生生性好动。利用他们这一特点，把表演融入教学，增加课堂情趣，无形中提高他们的音乐素质，达到育人的目的在音乐活动中，我把学生分成若干组，让他们自由设计活动内容。如《白雪公主的小马车》是一首深受小朋友喜欢的儿童歌曲，歌词内容贴近学生的生活，他们对童话故事天生就有一种特殊的情感。在教学中，有个小朋友说："老师我想把歌词内容改一改，因为快到圣诞节了，我想把白雪公主改成圣诞老人，行吗？我还能画给大家看呢。"听了孩子真诚而幼稚的话语，我欣喜地笑了："怎么不行，大家都可以画一画、改一改。"于是，课堂气氛活跃了，或三人一组，或五人一组，纷纷当起了小小音乐家，画的画、唱的唱、奏的奏、演的演，学生的情绪达到了极点。在教师的鼓励下，学生敢于对已有知识提出质疑和修改，从而引导学生创新思维的发展。

三、多媒体教学直观表达，引起学生兴趣

根据小学生好奇性强，对生动、形象的材料感受性强，在感知时无意注意占优势的心理特点，利用多媒体声、光、图、色俱佳的优点教学，有时可取得意料之外的效果。例如《我是草原小牧民》一课的教学，学生听了两遍录音范唱便会了，但绝大多数是面无表情地唱。我便运用多媒体启发他们："你们去过大草原吗？你们骑过马吗？谁说说骑马时的心情是怎样的？"小朋友一下子来劲了，骑过马的同学纷纷举手回答，我又说："老师今天带大家去大草原旅行！"于是我扮导游，小朋友扮游客、当小骑兵，在教室里扬起马鞭骑着"大马"，边玩边唱刚学过的歌曲，同学们个个情绪饱满，兴奋异常。歌声中充满了情感，洋溢着美的色彩。

四、打击乐器进课堂

我感觉使用打击乐器很简单，其实对于孩子们来说要想运用的自如并不是很简单的事，要有计划、有步骤地进行训练，使学生一步步的提高。

每种打击乐器，它都能唱出自己的歌，都有着自己动听的音色。在教学的过程中教师应和学生一起分析音乐的形象，通过音乐的形象来引导学生选择恰当的打击乐器，为自己演唱的或欣赏的歌曲伴奏。我们课堂上最常见的打击乐器，如：碰铃、三角铁、响板、双响筒等。怎样让他们把这些课堂中常用的打击乐器也当成自己心爱的"玩具"并有效的利用起来呢？我认为：应该抓住小学生爱玩的特点，让他们通过探究这些"玩具"的节奏变化，尝试着创造音乐。不能让学生死练，死记节奏，而是要通过游戏或舞蹈的方法让学生在探索中发现节奏型。以《铃儿响叮当》为例，当学生熟悉音乐后，我安排了一个师生共同进行雪橇行进的音响模拟的小游戏：选几名学生上台随着我的琴声用打击乐串铃、碰铃、双响筒进行即兴演奏，模拟马儿奔跑、铃儿叮当的音乐形象。学生自然地就知道该用什么乐器演奏，以及节奏型是什么。

兴趣是求知的内在动力。激发起学生的兴趣，学习就会积极主动，学得轻松而有成效。但是学习兴趣不是天生的，主要在于教师如何引导学生，充分调动学生对学习的积极性和主动性，进而能创造性地学，最终达到音乐课上寓教于乐的目的。

尊重——激活学生的思维

——识字课上偶发事件的反思

王柏昕

案例背景

记得《语文课程标准》中指出："学生是语文学习的主体，教师是学习活动的组织者和引导者。语文教学应在师生平等对话的过程中进行。"既然教师是学生学习的组织者、促进者、指导者，就要让学生自主地、积极地参与到学习活动中来，充分发挥学生在课堂上的主体作用，调动学生的积极性。尊重学生的主体地位，首先是信任、理解学生，创造宽松、和谐的教学氛围。同时，教师应设法建立一种互相尊重、平等合作的师生关系。再者，采用多种教学方法激发学生的兴趣，激发学生对知识的渴望和学习的积极性，给学生一个思考、交流的机会，鼓励学生充分发表自己的见解，从不同的角度去总结、分析不完善的地方，启发学生敢于发表自己独特的感受。本学期我校利用每周二下午的时间开展了"2366"的活动，其中由老师担任主讲人，讲述名人传记，教育家的教育情怀，有一次学习叶圣陶老先生的故事，叶老曾说："教师要真诚地认识到自己是为学生服务的"，既然教师是为学生服务的，那就必须把学生当作学习的主人、课堂的主人，从心里尊重学生，激活学生们的思维，为高效课堂助力。这使我想起了发生在识字课上一个小案例。

案例描述

我在教学语文一年级下册《啄木鸟》一课时，请学生给生字"虫"字扩词，学生们说出了许多词：小虫、飞虫、虫子、益虫、害虫……有的学生还能根据自己的生活经验、知识积累举例说出哪些虫子是益虫，哪些是害虫。当一个孩子说："蚊子是害虫，我们要消灭它"时，我微笑地点头并夸奖了他。"我喜欢蚊子，蚊子不是害虫"，从教室的后面传来一个稚嫩的声音，我和其他学生都非常吃惊，问其原因，"因为早上我还没起床的时候，蚊子就在我头上飞来飞去，嗡嗡嗡地叫着，好像在催促我早早起床，让我早早上学，所以我喜欢蚊子，它不是害虫！"听了他的话，我顿时领悟了，原来他喜欢蚊子的原因是把蚊子当成小闹钟了。

案例反思

这是一节识字课上的一个小小案例，虽说小而常见，但却引起了我的思考，在反思中我感悟到：教师要关注学生的全面发展，关注学生发展中的需求，还要关注学生发展中的富有个性的学习和发展中的个人尊严（保护学生思维的权利）。

在我们平时的教学中，经常会遇到这样的情况：当教师提出一个开放性问题时，学生们常常会有五花八门的答案，答案中有正确的，有非正确的，甚至有些出人意料的"出格"的答案。对于学生"蚊子不是害虫"的答案，用知识标准来衡量是错误的、不科学的；而我要纠正的是学生错误的答案，要保护学生正确的思维，所以我是这样处理的："虽然你把蚊子当成小闹钟，但是蚊子在叮咬人时会传播各种疾病，它是害虫，所以夏日里小朋友们要预防蚊虫的叮咬。"只见他点点头，甜甜地笑了，我觉得我做对了。我也趁热打铁追问："怎样才能消灭蚊子呢？"学生七嘴八舌地说："清理小区内的垃圾，不随地乱扔杂物，不乱倒脏水……使蚊子没有生存在环境，这样蚊子就少了。"这样做不仅尊重了学生思维的权利又让学生明确了蚊子是害虫，知道了鉴定害虫的标准，又巧妙地使学生逐步养成实事求是、崇尚真知的科学态度，初步掌握科学的思想方法。

过去，一些教师比较关注学生智力的高低，往往是按照一种智力类型去要求一群不同智力类型的学生，用一把尺子去"量"所有的学生，现在国家基础教育新课程吸收了多元智力理论，构建了多元的课程智力结构和多元的课程评价体系，教师在评价学生时，"多一把尺子"，就多一些关注，就会多出一批好学生。因此，我在课堂上没有对学生的答案"我喜欢蚊子，蚊子不是害虫"马上做出评判，而是让学生说明理由，给学生充分参与课堂活动的权利。虽说答案是错误的，但是教师巧妙地"缓一缓，等一等"的评价，保护了学生思维的积极性，尊重了学生的人格，真可以说是"一举多得"。所以在课堂上教师给予学生的评价不再是"对"与"错"这样简单，在落实新课标的实施过程中，我校要求教师做到"三尊重"，尊重学生的个性差异，尊重孩子们的精神世界，想象的世界、尊重学生的人格。因此在课堂上，允许学生有出错权、参与权、质疑权，老师不能以成人化的标准答案，代替学生们那些看似幼稚的答案，更不能包办答案。限制他们的创新思维，所以教师的评价绝不是单一的，而是激励性、纠错性和导向性兼而有之的综合性评价。

现在的教学面对的是一个个富有个性，具有独特精神生活方式和经验的学生，教学要促进学生发展，就不能无视这个存在。正因为学生是"作为一种活生生的力量，带着自己的知识、经验、思考、灵感、兴致参与课堂活动，并成为课堂教学不可分割的一部分，从而使课堂教学呈现出丰富性、多变性和复杂性"，当学生打开思维积极参与课堂活动时，大胆发言时必然会出现一些独特的思维，此时就需要充分发挥教师自己的智慧，把学生置于教学的出发点和核心地位，应学生而动，应情境而变，课堂才能焕发勃勃生机，课堂上才能显现真正的活动，这个小案例中我对学生的引导性语言，既保护了学生的思维，激活了学生思维的氛围，想象的空间，又张扬了学生思维的个性，让学生在宽松愉悦的氛围中快乐的学习。

　　教师在课堂中是引导者，参与者，平等中的首席，教师要转变高高在上的指挥者角色，放下架子，尊重学生的思维的权利，时刻以孩子的角度出发，正确运用专业的思维、专业的教育理论与方法走进学生，走进新课改，在友好的氛围中共同学习，共同成长，真正做到既是学习的引导者，又是学生思维主动的保护者。所以我们不要拘泥常规，要让我们的学生在良好的师生关系下，在愉快的氛围中，带着"？"走进课堂，再带着"？"走出课堂，让师生携手走向课改成功之路。

实验教材在体育课堂教学中的运用
——科学实验在体育教材"持轻物投远"中的运用

王　涛

王涛　和兴小学体育组组长。国家校园足球骨干教师、黑龙江省体育先进工作者、黑龙江省田径优秀教练员、哈尔滨市优秀足球教练员、哈尔滨市足球协会会员、哈尔滨市田径协会会员、哈尔滨市游泳协会会员。

教育格言：拉着孩子们的小手，跟他们一起"天天向上"是我的荣幸。

体育课是一门理论联系实践的注重实际操作的学科。众所周知，奥运会是一个国家综合实力的体现，当然也包括科技实力。体育是一个博大精深的学科，它来源于生活，又通过不断地实践和改进融入生活之中。体育与健康是任何社会都脱离不了的实用性学科之一。

所以我们在教学过程中更应该把科学与实验融入课堂教学中，从而让学生了解体育动作的本质，发现体育的秘密，把核心素养落到实处。它是让孩子们大胆地理论联系实际，并在不断的探索、发现、改进后再投入到实践中去的一个良性过程。

例如：在体育教学"持轻物投远"的课堂教学中，投掷角度、蹬地转体、快速挥臂过肩、加速出手等，一系列抽象难懂的动作要求学生流畅、快速完成，而且由于一些动作细节又会使投掷效果大相径庭。那么我们怎么让学生更加直观深刻理解技术动作呢？我偶然听到的一堂科学实验课给了我很大的灵感。我们可以把科学实验根据不同学段学生的认知能力融入课堂教学中。

一、低学段学生利用投掷纸飞机让学生了解投掷的角度

投掷角度：理论来说最佳投掷角度是45度，但通过实践33度是投掷的最佳角度。学生保持33度投掷的时候，纸飞机投掷得最远。

二、中学段学生可以从体育生理学角度进行学习和体验

胸和肘对准什么方向，向什么方向用力会更充分、更顺畅，是人体力学最佳的投掷方式。

三、高学段学生可以利用把格尺掰弯弹纸团会弹得更远的实验

用力顺序：应该是蹬地转体快速挥臂过肩，是一个从下向上逐渐加速的过程。蹬地转体形成背弓，是最有利于人体发力的一个形状。

通过游戏实验让学生了解了投掷的科学道理，在学生不断的探索与发现的过程中了解体育动作的原理，拓展了学生对科学技术的了解与爱好。初步使学生形成学习体育动作的科学模式。为学生奠定了良好的学习过程和探索意识。让教学的内涵更加丰富，并引导学生正确地掌握运动技术，理论联系实际。比正常在体育课中通过观察模仿教授一个动作更有意义，而且能使动作在孩子们的运用过程中不断地提升改进，大幅度提升体育核心素养。对提升孩子们的创新意识的形成意义重大。

小学足球项目中踩球技术的练习与应用
——小学三年级小足球踩球

王 涛

教学内容

1.小足球：踩球。

2.踩球接力。

教学目标

1.通过学习和练习了解和掌握踩球在足球运动中的应用。

2.发展学生的力量性身体素质，提高学生身体的协调性和灵活性。

3. 培养学生乐观开朗的心态和团结互助的意志。

4. 核心素养落实点：善于交往合作，能够积极进取。

教学重点

落地脚踩实，踩球脚是虚的。

教学难点

两脚虚实变化。

教学流程

一、准备部分

1.集合整队、问好

2.检查人数及服装

3.宣布本课内容和要求

4.安排见习生，询问学生身体状况

准备活动

1.单列围成圆跑

【设计意图】

（1）让身体做好上体育课的准备。（2）注意力进入课堂和老师融合。

2.游戏：喊数抱团

二、基本部分

首先跟学生讲解踩球在比赛中传球和过人具有隐蔽性和欺骗性。比如：做出踢球动作，当脚接触球的瞬间踩住球，会引起对方队员的误判，随即，踩球队员可以把球转向任何方向运球或传球等多种选择。一边讲解一边让学生来抢球展示给学生，勾起学生想学会的欲望。最后给学生展示经典过人动作"踩单车"并讲解这个动作在足球比赛中的丰功伟绩，学生学习兴趣"爆表"开始进入学习与练习阶段。

各种形式的踩球练习

1.原地踩球（体会踩球脚虚落地脚实）

2.移动踩球（让学生体会移动中的虚实转换）

3.向前踩球

4.向后踩球

5.运球踩球

6.踩球传球

7.一踩一传

8.两人配合练习（"多人多球踩传练习"让孩子们了解足球不是一个人的项目，只有多人多球练习集体配合才能事半功倍。）

在移动踩球的练习中我融入了游戏"红灯绿灯小白灯"的游戏环节

1.在进入枯燥练习阶段，通过游戏再次调动学习兴趣提高学生学习兴趣。

2.在游戏中让学生体会移动和静止交替变化的足球节奏。

3.养成在做足球动作时抬头观察和动脑思考的好习惯。

游戏：小足球

1.踩球接力

2.踩球传球接力

3.踩球转身接力

（展学环节：在游戏中鼓励学生大胆尝试与其他已掌握的动作结合运用；在游戏的交流竞争的过程中鼓励学生积极参与，有效沟通，教会学生丢了球或小组比赛失败后要以怎样的心态去面对。让学生真正从心理上成长起来。）

结束部分：分组教学比赛和多人多球踩传配合展示（通过不同手段给学生展示学习成果的机会，并以鼓励为主要手段的评价，引导孩子们，课下积极练习，加速技巧向技能的过程。）

和孩子一起成长

—— 一次特殊事件的启示

王 霞

　　从1999年上班至今已经21个年头，在工作上，我严格要求自己，对待每一份工作都认真负责，领导安排的每一份工作都会尽我所能地把它完成好。上课时，我认真钻研教材，认真揣摩每一个学生，每一班学生的特点，做到因材施教。我把每一个学生当作我自己的孩子，教给他们书本上的知识，更教给他们做人的道理。我把每一课知识都充分地挖掘出来，重难点突出，教学方法齐全，教学准备充分。我让每一个学生都感觉到学习的兴趣，让每一个学生都感觉上课自己不是鸭子，而是一只只小蜜蜂，正在努力地汲取甜蜜的果浆。我尽量不缺少一堂课，我觉得既然我干这个职业就要有自己的原则。我努力把每一堂课上成趣味性、知识性融为一体的学生喜欢的学习过程。既然教学生学习，我就要使自己有不止一桶水的能量。我课下认真学习先进教育理论和专业知识。把它整理成册，作为上课时相关的辅助工具，然后让它在我的课堂中充分闪耀它的光彩。在这段经历中，我跟大家分享一个小案例，我觉得它似乎能给我们一些启示：有一天我正在上课，我要求同学们组成小组进行操练，然后表演。每一个小组是一开始就安排好的。我们一直进行得很顺利。可是突然有同学跟我说，×××哭了，这让我感到很吃惊，因为他们一组从来都是最好的一组，没有发生过什么事件。怎么了呢？我走过去，更让我惊讶的事情是，一个从来都对老师尊敬、听话的组长竟然说我从来没有关注过她的感受，没有考虑到她作为组长有多少事情做起来有多么艰难，这一次就是因为安排角色的事情，小组内的同学发生了矛盾。其实每一次她都能很好地解决，可是这一次她不知道为什么就觉得自己特别委屈，总觉得自己做了那么多，怎么还有同学不肯听从她的安排。而且作为老师的我也从来只看到最后的结果，不考虑中间她所付出的努力。

就这样一件小事，后来我很圆满地给他们解决了。可是这却让我想到了很多很多，作为一名老师，不是说仅仅有成绩跟着就可以万事大吉了，因为现在的孩子思想很复杂，接触的也相对来说要更多一些，心灵却很脆弱，当让他们面对一些自己所不能解决或者说不能正确看待的事情时，他们就会面临很多的压力，所以我们要时刻关注他们的心理状态，时刻让他们感受到被重视，被关心。我们作为班主任老师，尤其要注意观察现象，然后引导孩子从正确的方向看待自己所出现的错误，进而找到正确的方式方法改正自己的错误。学会区分观察和评论对于我们来说很重要。我们的目的是要学会自我观察，要让自己重视客观事实，而不是被自己的想法和评论左右。区分好自己的评论和观察之后，可以帮助我们区分哪些是我们基于事实本身而产生的想法，哪些是我们固有的认识和评价。尤其对于一个成长中的孩子来说，一定要用动态的观察来看待他们的成长。而不是根据自己的观察结果来判定孩子的想法。这样才利于孩子们的健康成长。

阅读中感悟，领悟中提升
——《为中华之崛起而读书》

王 霞

设计理念

《语文课程标准》指出，阅读教学的重点是培养学生具有感受，理解，欣赏和评价的能力。应让学生在主动，积极的思维和情感活动中加深理解和体验，有所感悟和思考，受到情感熏陶，获得思想启迪，享受审美乐趣。因此，在本课设计中我力求突出让学生进行自主性地阅读训练，重点引导学生积极主动地抓住重点词句，通过揣摩这些词句，体会课文所要表达的思想感情，从而深入体会周恩来立下这个远大志向的原因，以此思考自己的读书志向。

教学内容

《为中华之崛起而读书》第一课时。

教学目标

1.认识8个生字，正确读写"帝国主义、伯父、模范、风和日丽、灯红酒绿、热闹非凡、耀武扬威、巡警、吵嚷、得意扬扬、惩处、抱负、胸怀、喝彩、振兴中华"等词语。

2.多种形式朗读课文。

3.整体感知课文内容，分段。

教学重点

正确、流利地读课文。

教学难点

整体感知课文内容。

教学流程

一、导入

师：同学们，老师知道四年四班同学学过很多古诗，今天老师给大家背一首。

师：大家知道这首诗的作者是谁吗？

生：周恩来。

师：你对周恩来了解多少呢？

生：介绍收集的资料。

【设计意图】

了解周恩来的生平事迹，深入体会少年周恩来励志的结果，体会人物的思想感情。感受少年周恩来的博大胸怀和远大志向。

师：我们就一起来看一看发生在周总理小时候励志读书时的故事 。（板书课题，齐读）

师：大家看一下课题中有没有你不理解的词语？

生：崛起。

师：请你拿出词典查找一下，它有几个意思？

生：三种。兴起，高起，突起

师：哪种意思更适合本课课题？

生：兴起。

师：那本课的课题是什么意思？

生：为了中华的兴起而读书 。

师：请你带着对课题的理解再读一遍 。

二、新授

师：请同学们通读课文，要求读准字音，把文章读通顺 。

生：自由读课文 。

师：大家看老师这里有四个词语，你有没有需要提醒大家注意的地方？

吵嚷，惩处，模范，一通（正音，处理多音字）

师：这篇课文四字词语比较多，请你把他们找出来，画一画，读一读 。（通过段落处理四字词语 ）

【设计意图】

引导学生抓住重点词句，为理解课文内容，理解少年周恩来立下远大志向的原因，激发学生的爱国情感做准备。

师：通过刚才的学习，相信大家已经能够非常熟练地阅读本篇课文，下面请大家默读课文，看看文章写了哪几件事？都是什么事？

生：三件事 。

师：那就根据你们所说的三件事，试试看把文章分成三段。

生：1—6段是第一大段

7—8段是第二大段

9—16段是第三大段

师：那文章的主要内容是 ……把每一件事串联在一起就是文章的主要内容，这是总结文章大意的好方法，希望大家学会使用。

师：那是什么事？使周恩来立下了这么伟大的志向呢？

生：是中华不振

师：那文章出现几次中华不振？（生快速浏览课文）

生：两次。

师：哪两次？

生：一次是从伯父那里听说的（板书）一次是亲眼看见的（板书）

师:好，那请大家看周恩来与伯父的这段对话，你从哪些关键词语中体会到中华不振的？

生：从外国租界地和没地方说理去。

师：那为什么在中国的土地上会有租借地？在中国的土地上连个说理的地方都找不到，这与当时的中国状况息息相关。（师配乐介绍图片中中国当时被帝国主义侵略的状态。）

【设计意图】

资料图片的展示，让学生对中国的那段屈辱史有了一个初步的了解，这样会使学生更好地理解了周恩来为什么要立下这样的志向？从而激发学生的爱国热情，同时引发了学生对文本的深入探究，丰富了学生的情感体验，激发了爱国热情。

师：为什么在中国的土地上，中国人不可以去，而外国人却可以住在那里，有没有这样的道理，你想不想问一问？

生：想!

师：周恩来就想问一问。（多种形式练读对话）

师：听了伯父的话，周恩来想了些什么，请大家读一下第六自然段，想想他还会想些什么？

生：……

师：周恩来听了伯父关于中华不振的话，又亲自去租界地感受到了中华不振的事实，于是他立下了为中华之崛起而读书的读书目标，这个目标是……

能不能用清晰而有力的声音告诉我？

能不能再用铿锵有力的声音再说一遍？

【设计意图】

用有气势的朗读，能够调动学生的情绪，让学生在充沛的感情环境中理解文章所要表达的思想感情。

师：那周恩来在租界地里到底看到了什么，是什么样的景象和场面，使他真正体会到了中华不振的事实，下堂课我们继续学习。

板书设计

为中华之崛起而读书

中华不振

伯父那听到的

亲眼看到的

教学反思

新课标指出，课堂教学应该让学生在读中有所感悟。在读中培养语感，在读中受到情感的熏陶。在课堂教学中，教师应该提供机会，让学生充分去感知，学习语言艺术的魅力，促进内化，增强语感。同时还要给学生的心灵一个自由的空间，让他们的思维随着文章的情感自由驰骋。并且鼓励学生善于用自己的语言把自己在学习中学到的知识，感受到的情感创造性地表达出来，凸显语文阅读表达能力的外化。而我在设计本堂课的时候，没有将学生在课文中所感悟到的落实到孩子们的小练笔中，没有创造性的设计这样一个锻炼孩子写作能力的环节。同时学生对当时中国的社会状况和周恩来的生平了解比较少，那么势必对这篇课文的理解相对来说就不够深刻。所以在以后的语文学习中，可以适当地渗透历史等教学内容或者多推荐学生去阅读一些历史类的书籍，从而让学生在读书学习中获得自己的感悟，在阅读中帮助学生理解课文的主要内容。

注：南岗区第二十四届教学"百花奖"语文学科赛课一等奖。

生态体验教育叙事
—— 一次特殊事件的启示

赵 丹

案例背景

2003年，由于学校的工作安排我从一名英语教师走上了班主任的工作岗位。同一所学校、同一间教室，变成了班主任的我却茫然不知所措。放下了英语课本，却对母语陌生起来了，怎样教英语我已经驾轻就熟了，我曾获2020年英语教学百花奖一等奖第一名。做过多节省、市、区公开课、示范课。可是，数学语文该怎么教呢？一个班级该怎么管理呢？孩子与学生家长们该怎么相处对呢？……太多问题了。

我坚信一点"勤能补拙"。暑假我背起了大大的书包出入市图书馆，早出晚归，风雨无阻。书包里装满了一年级的数学、语文教科书、参考书、测试卷。一个假期我把我本学期预计到的要用到的教案、课件都准备妥当。开学以后的时间用来处理未预计到的事情。愿望是美好的，但是期望总是与现实有所差距的。开学第一天，家长就对我有所挑剔，觉得我年龄小、经验少，怕我管理不好班级。开学的前两个月，我的压力，学校的压力一直很大，领导也给我分担了不少麻烦。可是，两个月过后家长的问题就渐渐少了，我的努力是有目共睹的，孩子们的进步也是一日千里的，我的工作也渐渐得到了家长的支持了。

案例描述

这期间，一直有一个孩子和他的家长的问题困扰着我。这个孩子叫张兆奇。他的爸爸、妈妈写得一手漂亮的字，可是这个孩子的字真是让人分不出个数来。而且这个孩子极其内向，不敢举手，不敢说话，甚至背课文你都听不见他的声音。考试的成绩就更不用说了，几次月考之后我真是有些急了。找了一次家长之后他的作业忽然有了惊人的变化，干净了，工整了……但是，怎么看怎么都不是张兆奇自己的字，却像是家长模仿孩子的字迹在写作业，偶尔还有拼音出现在其中混淆视听。（当时真是非常生气！这算什

么啊？替孩子写作业，能替他考试吗？能替他面对今后的生活吗？应付我这个作业有什么用？就是为了完成任务吗？）我觉得有必要再找一次家长听听他们对替孩子写作业这件事的解释。

星期五的下午，学校上半天课，我提前就打好招呼邀请张兆奇的爸爸、妈妈到学校来。那天下午天气格外的晴朗，空荡荡的教室就剩下我和他们一家三口，说话都觉得有回声。他的爸爸、妈妈和我相对而坐，他妈妈的腋下夹着他儿子的大脑袋，一个黑黑的、大大的脑袋，时而冲着我傻笑一下，时而又用手抠抠鼻子。（哎呀，真是的！要是我家孩子，我跟老师说话，怎么也不能让孩子保持这样一个状态啊！）这个姿势一直保持到他们离开这间屋子。我跟他的爸爸、妈妈说："孩子的成绩不好，每一科的成绩比班级的平均成绩少二三十分，要督促孩子多看书，认真完成作业。作业更得让他自己去完成！"这个时候他的妈妈说："老师，你别看字是我们写的，都是他想出来我们写的，他在家就这样，总是耍熊！"（这时张兆奇又咬着手指头"莞尔"一笑。我真不知道该说些什么了。）我又跟他妈妈说："孩子都这么大了，有些事情必须是他该自己去做的，考试你也不能跟着他，要是再这样下去的话，拖班级的后腿不说，孩子的将来就被耽误了。"他爸爸、妈妈连连答应，但是心里肯定没有听进去。我接着说："那就这样以后张兆奇再耍熊不写作业，非得要爸爸、妈妈来写，我发现了就让他在学校重写，行吗？""那敢情好！""好，就这么说定了！"没过两天他的作业又出现了枪手，当天我就把他留下了，他的家长没想到我真的说到做到，焦急地在门口转来转去。张兆奇刚开始就是不写，一个劲儿地掉眼泪。我告诉他，我不想留下他，而是需要他把没写完的，作业补上就可以让他回家了，他看躲是躲不掉的了，只好拿起笔写起作业来。终于，写完了才被允许回家。从这以后，好长时间都没有人替他写作业。一两个月以后，老毛病又犯了，我就又把他留了下来，这次，写完不是目的，还得写好，他知道留下来就必须写完才能走，他就没有了之前掉眼泪的"节目"，不一会儿就写完了，拿来给我的时候却被我要求重写。这个时候他哭了，委屈得鼻涕一把泪一把的！我没理他继续我的事情，他哭了一会儿看也没有什么结果就只得拿起笔来重新写起作业来了。这个毛病一直到他小学毕业都很少犯了，每每有忘了的时候我都会用同一种方法来对待他，而且每次都比前一次时间还晚，对作业的要求更高。对付他们的招数不用太多管用就行。他的爸爸、妈妈还是会惯着孩子。只是不敢再在学习上让孩子耍熊了。

案例反思

从对张兆奇的教育过程中，我深刻地认识到，对学生的教育要有的放矢、灵活操控。本人借用医学中的"望、闻、问、切"来总结。所谓"望"就是观察。细心的观察有助于了解学生的长处和短处，这样，可利用其"闪光点"帮助其树立信心。"闻"就是听。这里不但要听科任老师的评价，也要听学生之间的看法，更要听学生本人的诉说。这样才能了解他们心灵深处的东西。"问"，既要问老师，又要问学生；既要问过去，又要问现在；既要问学习，也要问生活，等等。"切"就是根据学生的不同情况，把他们在学习、生活上的不同表现，认真做好分类记录，并建立学困生档案，对症下药。接下来，依据不同学生的特点，不同的"病因"采取多种形式，寻找适当时机给予教育。给他们一个平等、温暖、改过的机会。总之，学困生思想教育工作是一项复杂的工作，具有长期性、复杂性、多面性和统一性等特点。但是我们不能怕学生犯错误，怕的应该是我们不能正确引导学生改正错误。

在做中学，体味数学魅力
——《长方形和正方形面积的计算》教学实录

赵　丹

设计理念

"长方形和正方形的面积计算"是三年级下册中的学习内容，小学生从学习长度到学习面积，是空间认识发展上的一次飞跃，是在学生知道了面积的含义，初步认识面积单位和学会用面积单位直接度量面积的基础上进行教学的。这部分内容主要是引导学生探索长方形和正方形的面积计算公式，并初步练习运用公式进行面积计算。首先预测学生根据已有的学习和生活经验会有不同的计量方法。在这堂课中主要通过学生的动手操作解决"为什么长乘宽就是长方形的面积"的问题，让学生理解长方形面积的计算方法，并通过实验验证、举例说明其正确性和运用价值，最后引导学生归纳、总结长方形面积，并通过长方形面积计算方法迁移得到正方形面积的计算方法，为以后学习其他平面图形的面积计算奠定良好的基础。

教学内容

人教版三年级下册第66—67页第五单元"长方形、正方形面积的计算"

教学目标

1.引导学生自主探究发现长方形、正方形面积的计算方法，经历面积计算方法的探究过程，能正确计算长方形、正方形的面积。

2.渗透"猜想—实验—发现—验证"的学习方法，以及相关事物之间都是有内在联系的辩证唯物主义思想，培养学生的自主学习能力、合作意识和科学探究精神。

3.学生通过对数学内在规律的探索，感受数学的魅力，体验成功探究的乐趣。

教学重点

引导学生通过操作实践、观察比较，探究得出长方形、正方形的面积公式。

教学难点

理解长方形、正方形的面积公式的推导过程。

教学准备

1平方厘米的正方形、尺子、课件等

教学流程

一、导入新课

师：老师走进学校大门，就被咱们学校新铺设的运动场地吸引了，尤其是那个大大的足球场。同学们，你们在上面踢过足球吗？

生：踢过。

师：那你们喜欢这个足球场吗？

生：喜欢。

师：那你们知道这个足球场的面积是多少吗？

生：不知道。

师：那好，现在想求出这个足球场的面积，你知道用什么方法吗？怎么来求？

生：长×宽

师：长×宽，你是怎么知道的？

师：长×宽，这个方法对不对？

生：对。

师：为什么要用长×宽，是我们这节课要学习的内容。那么，我们以前学习过的内容有没有方法能求出它的面积呢？

生：可以把这个足球场地分成很多个小正方形。

师：每个小正方形多大？

生：每个小正方形的面积是1平方分米，先数第一行，我举例，比如第一行有14个，有10排，14×10=140（平方分米）答：足球场的面积是140平方分米。

师：140？

生：平方分米。

师：那么大的足球场，我们用平方分米来做单位，你们觉得怎么样？

生：不合适。

师：应该用什么呢？

生：平方米。

师：平方米对吗？我们可以选择边长是1米的正方形来把这个足球场怎么办？

生：铺满。

师：铺满，这个词用得真好。铺满之后，一共用了多少个小正方形，它的面积就是多少平方米。看看这种方法，是不是数起来太麻烦了？你们有没有其他的方法呢？

生：我先数数足球场的长一共有多少个正方形，这就等于我一排摆了多少个小正方形，然后再数一竖列，一竖列有多少列就是我一共摆了多少横排，然后我再用横排的和数列的，把它们两个的数量相乘，相乘起来就等于一共有多少平方米。

师：等于多少个小正方形，那么也就是多少？

生：平方米。

师：他这个方法好不好？

生：好。

师：好在哪儿？

生：像那么多小正方形数起来麻烦，这个用"长×宽"就知道一共有多少个小正方形了。

师：一行有多少个小正方形再乘以它的列数，就知道有多少个小正方形了，那么我们没有把它铺满也能知道用多少个小正方形能把它铺满，这个方法真不错。这就是我们今天要研究的长方形面积的计算。那么我们今天来共同研究研究，有没有更简单的方法来解决这个问题呢？

（板书课题）

【设计意图】

数学来源于生活，有趣的生活情境，激发学生的好奇心和强烈的求知欲，让学生在生动具体的情境中学习数学，从而使教材与学生之间建立相互包容、相互激发的关系。让学生既认识了自身，又顺利实现了新知识的导入。

二、自主探究

师：在数学的学习当中我们一般用比较小的数据来进行研究和规律的寻找，老师给同学们准备了小足球场的模型，又根据它的大小准备了相匹配的面积单位，它是边长为1厘米的小正方形，你知道它的面积是多少吗？

生：1平方厘米。

师：这个点子图，每一个小格也是边长为1厘米的正方形。请你借助以上的这些工具来研究，怎么能测量出足球场的面积，好吗？

生：好。

师：开始吧！

师：有些同学已经摆完了，谁愿意来说说你是怎样摆的？

生：我是一个一个摆的，一共摆了24个小正方形，所以这个操场的面积是24平方厘米。

师：我们用的小模型，它是，边长为1厘米的正方形，所以我们可以说它的面积是24

平方厘米。通过她的回答我知道了，她对前面的知识掌握得非常好，动脑筋思考了。谁跟她的方法不太一样呢？

生：我们用的是，这个模型，因为它一个格是1平方厘米，我把足球场的模型和它重合，然后我们就数有24个这样的小正方形，然后说明足球场有24平方厘米。

师：老师想问问，你这24个是怎么数的？

生：一个一个数的。

师：谁跟他数的方法不太一样呢？

生：我用长×宽。

师：长×宽？能把你的算式说给我听听吗？

生：8×3，一行8个，一行6个，4×6=24。

师：6是什么意思？

生：一行有6个小正方形。

师：4呢？

生：4是有4排。6×4=24，单位名称是平方厘米。

师：老师有个问题，6是一行有6个小正方形，4是一共有4行，它得24的单位名称为什么是平方厘米呢？

生：因为测量的时候是以小正方形为标准的，一个小正方形的边长是1厘米，所以要以平方厘米为单位。

师：一行有6个小正方形，一共有4行，那么24的单位名称应该是24什么呢？24个小正方形。那么24个小正方形也就是……

生：24平方厘米。

师：6是一行有6个小正方形，除了这个6在这个长方形中有没有它自己的含义呢？

生：是这个长方形的长。4是长方形的宽。

师：你是怎么想的？

生：我知道长的边是长，短的边是宽。

师：在长方形当中，我们认为较长的边是长，较短的边是宽。说得真明白，那么为什么一行摆6个小正方形就是它的长呢？

生：因为刚才摆的一个小正方形的边长是1厘米，摆了6个小正方形就有6个1厘米，也就是6厘米。

师：他说得真明白，你听懂了吗？

生：听懂了。

师：能摆6个小正方形，也就是说它有6条小正方形的边长，它的长就是6厘米。那么，你能通过这个算式大胆地猜测一下，长方形的面积公式是什么吗？

生：我觉得应该是"长×宽"是它的面积。

师：长方形的面积=……

生：长×宽。

师：刚才我们通过测量这个小长方形的面积，推断出了"长方形的面积=长×宽。"可是，数学是一门严谨的学科，我们仅仅通过这一个图形推断出来的公式是不是正确呢？现在，请同学们利用手中的这个小正方形的学具，以小组合作的形式来多多地拼摆长方形，来验证一下长方形的面积是不是等于长×宽？请一个同学来读一下小组合作要求。

生：读小组合作要求。

师：小组合作的要求你们明确了吗？

生：明确了。

师：现在请用最短的时间多摆长方形，并且记录下相关数据。开始！

（学生小组合作。）

师：哪个组愿意来汇报一下你们组验证的结果？

生：图一的长是3厘米，宽是2厘米，正方形个数是6个，面积是6平方厘米。图二长是4厘米，宽是1厘米，正方形的个数是4个，面积是4平方厘米。图三长是5厘米，宽是1厘米，正方形的个数是5个，面积是5平方厘米。图四长是3厘米，宽是1厘米，正方形的个数是3个，面积是3平方厘米。

师：你们小组最后证明了？

生：最后证明了长方形面积计算公式是正确的。

师：等于什么？

生：长方形的面积=长×宽

师：你们小组合作得又快又好，摆出了这么多不同的长方形。哪个小组还愿意再来汇报一下？

师：我想改一下汇报的形式，这次请汇报的同学说出长方形的长和宽，你们一起来回答用了多少个正方形以及它的面积，行不行？

生：行。

师：那这次你要认真听了。

生（1）：图一长是3厘米，宽是2厘米。

生（2）：用了6个正方形，面积是6平方厘米。

生（1）：图二长是2厘米，宽是1厘米。

生（3）：正方形的个数是2，面积是2平方厘米。

生（1）：图三长是4厘米，宽是2厘米。

生（4）：正方形的个数是8个，面积是8平方厘米。

生（1）：图四长是5厘米，宽是1厘米。

生（5）：正方形的个数是5个，面积是5平方厘米。

生（1）：图五长是6厘米，宽是1厘米。

生（6）：正方形的个数是6个，面积是6平方厘米。

生（1）：最后一个长是7厘米，宽是1厘米。

师：我们一起说吧！

生（集体）：用了7个正方形，面积是7平方厘米。

师：通过这一组的验证，你们得到了什么结论呢？一起说。

生：长方形的面积=长×宽

师：我们刚才通过测量这个足球场模型的面积，推导出了长方形的面积公式：长×宽，又通过这么多长方形的拼摆，确定了长方形的面积就等于：长×宽。那么也就是说，我们要求一个长方形的面积，只要知道长和宽就可以了，对吗？

生：对。

师：现在来看你的习题卡，习题卡的第一道题，老师已经把咱们足球场的长和宽都标注上了，那么你能算出我们足球场的面积是多少吗？

师：谁来说一说你的答案？

生：我列的算式是38×20=760米，答：足球场的面积是760。

师：打断一下，760？

生：平方米。

师：一定注意，我们要求的是面积，所以它的单位名称要是平方米。继续！

生：答：足球场的面积是760平方米。

师：我们这堂课知道了，足球场的长和宽就能求出它的面积。老师想请同学们快速地回答以下几个图形的面积。

师：你知道这个长方形的面积是多少吗？

生：我用18×2=36平方厘米。答：这个长方形的面积是36平方厘米。

师：只需要列式计算就可以，不用答。你通过长和宽求出了它的面积，那老师知道了，你对公式特别熟悉。这个图形的面积你知道吗？

生：这个图形的面积是12×3=36平方厘米。

师：真棒。这个图形的面积呢？

生：这个图形的面积是4×9=36平方厘米。

师：你们的计算速度可真快，那么现在请同学们看一看，通过这张幻灯片，你发现什么了？

生：我发现每个列式的结果都是一样的，都是36。

师：你真是一个善于发现的孩子，还有什么发现吗？

生：我发现3个图形的长和宽是不一样的，然后它们算出来的结果是一样的。

师：你的回答真完整，你是一个善于发现问题的孩子。通过这一组图形我们发现面积相等的情况下，长方形的形状可能不一样。那么老师想问问，同样等于36平方厘米的图形，有没有其他摆法？

生：有。

【设计意图】

《数学课程标准》指出："学生是数学学习的主人，教师是数学学习的组织者、引导者和合作者。"根据这一教学理念，在本环节中，我前后组织学生进行了几次自主探究活动，让学生在保持高度学习热情和探究欲望的活动过程中，始终以愉悦的心情亲身经历和体验知识的形成过程。培养学生的探究能力、分析思维能力，激发他们的创新意识、参与意识，让学生在体验成功的同时也掌握和体会数学的学习方法。让学生在探究活动中，实现自主体验，获得自主发展。数学是现实的。培养学生主动学习的愿望，让学生体会到身边有数学，感受数学与生活的密切联系，通过发现生活中的数学问题，借助生活经验，学会探索解决数学问题。

三、拓展

师：你想到什么摆法了？你能把它的长和宽告诉我吗？

生：长是6厘米，宽也是6厘米。

师：是这样吗？那你发现它的长和宽……

生：一样长，相同……

师：它就是一个什么图形？

生：正方形。

师：那我们还能叫它是长和宽吗？

生：不能。

师：我们应该叫它……

生：边长。

师：那你能通过长方形的面积公式推导出正方形的面积公式吗？

生：正方形的面积公式=边长×边长。

师：你是怎么想的？

生：长方形是特殊的正方形。

师：正方形是特殊的长方形。

生：我把正方形的第一个边长变成长。

师：长方形的长。

生：然后把正方形的第二个边长，变成长方形的宽。就等于正方形的面积公式，是边长×边长。

师：你像个小老师一样说得真明白，我要给你一个大大的赞。正方形的面积公式，你记住了吗？谁来说一说？

生：正方形的面积公式是边长×边长。

师：谁再说一遍？一起说一遍。我们要想求正方形的面积，只需要知道什么？

生：边长。

师：你能快速地算一算这个图形的面积是多少吗？

生：49平方分米。

师：能把你的算式说给大家听听吗？

生：$7 \times 7 = 49$平方分米。

师：下面一个图形，它的面积是多少呢？

生：$5 \times 5 = 25$米，平方米。答：它的面积是25平方米。

师：说明你们对公式记得非常熟练。今天我们学习了长方形和正方形面积的计算方法，我们通过猜测，验证推导出长方形的面积公式是：长×宽。又通过知识之间的迁移推导出正方形的面积是：边长×边长。孩子们你们学会了吗？老师出一道题考考你。请你算算我家电视屏幕的面积是多少？

【设计意图】

以生活中的实例为主，让学生体验到数学知识来源于生活，生活中处处有数学。

四、巩固应用

生：老师家电视屏幕的面积是：$8 \times 5 = 40$平方分米。

师：这个福字的面积又是多少呢？

生：这个福字的面积是$3 \times 3 = 9$平方分米。

师：同学们对这堂课所学的公式掌握得非常熟练。那么现在请你动笔写一写这道题的面积又是多少。由于时间的关系，你们知道做这道题的关键是什么吗？

生：做这道题的关键是要统一单位。

师：怎么办呢？

生：我以它的宽为标准，宽是3分米，单位的标准就是分米，它的长是1米，一米=10分米，所以我把1米转化成10分米，再用$10 \times 3 = 30$分米。

师：30……

生：平方分米。

师：说得真好，你真是一个小老师，老师希望同学们都能以你为榜样来学习。

【设计意图】

本环节为了帮助学生及时巩固所学的新知识，我将设计以下有针对性、层次分明的练习题组（基本题、变式题、拓展题、开放题）。让学生在解决这些问题的过程中，进一步理解、巩固新知，训练思维的灵活性、敏捷性、创造性，使学生的创新精神和实践能力得到进一步提高。以生活中的实例为主，让学生体验到数学知识来源于生活，生活中处处有数学。通过各种形式的练习，进一步提高学生的学习兴趣，使学生的认知结构更加完善。同时强化本课的教学重点，突破教学难点。练习中我采用开放评价，不仅有教师对学生的评价，还放手让学生互评，引起共鸣与争论。

五、课堂小结

师：我们这堂课还有一道题没有做完，稍微有点儿难度，希望课后你能跟同学们一起来研究讨论它的答案好吗？我们这堂课就上到这里，下课。

【设计意图】

让学生自己说说本节课的收获，既是对本节课所学知识的回顾与整理，又可以培养学生的概括表达和自我评价的能力。

随堂检测（或练习题卡）

作业布置：继续思考练习题卡的最后一题，以表格的形式来统计答案，看看有没有什么新发现。

板书设计

长方形、正方形面积的计算

长方形的面积=长 × 宽

正方形的面积=边长 × 边长

【设计意图】

科学的板书设计往往对学生全面理解学习内容、提高学习效率，起到事半功倍的效果。这是我对这节课的板书设计。这样的板书设计既条理清楚、简单明了、一目了然，同时又突出了本课的教学重点，对学生的学习起到帮助作用。

教学反思

本节课的教学，不仅要让学生知道计算公式，会用面积公式进行计算，更重要的是要引导学生经历探究长方形与正方形面积公式的过程，会通过实践操作、讨论、交流等活动，自己探究发现长方形面积的计算方法，并能感悟到"长 × 宽"的算理，从而促进学生对数学的理解。本节课设计了两次不同目的的操作体验，力求通过让学生"做"数学，逐步达成让学生既知道长方形、正方形的面积公式，又要在大脑中建立起为什么长方形、正方形的面积公式是"长 × 宽"和"边长 × 边长"的表象，较好地获得对计算方法的理解，并为估测方法的形成奠定了基础。

1.让学生体验知识的"再创造"过程。

本节课，通过探究发现"长方形、正方形的面积公式"，学生经历了"测量面积，产生猜想—举例验证，归纳方法—推广应用"的科学研究过程。即先让学生测量卡片的面积，逐步产生、形成猜想，然后引导学生用几个长方形再试一试去验证，特别是每一组有一个同学是自己画一个长方形，这样大大丰富了例证，逐步归纳出了公式；最后在推广到身边长方形面积的测量。这样，从学生已有的生活经验出发，让学生亲身经历将实际问题抽象成数学模型并进行解说与应用的过程，促进了学生对数学的理解。

2. "导"中带估，以"估"带练，培养学生的空间观念和几何直觉。

本节课在引导学生探索研究长方形、正方形面积计算方法的同时，注意结合学生熟悉的物体引导学生尝试对长方形和正方形面积的估测，"导"中带估，以"估"带练，在练习中体会估算的方法，进而培养学生的空间观念和几何直观。具体说，在探究面积公式前的"卡片"面积的估算、面积计算公式得出后的数学书的封面、铅笔盒表面等面积的估测与估测时的讨论，以及课后延伸的游戏"谁的眼力好"等，试图通过这些数学学习活动，提高学生估测面积的意识，并在估测的过程中初步体验估测的方法和策略。

"玩"音乐"艺"成长

——《劳动最光荣》教学实录

贲飞鸿

设计理念

一年级的学生，不具备较强的音乐理解能力和音乐的倾听习惯。但是本学段的学生，活泼好动，喜欢表现自己，对音乐充满了探索与好奇。因此在课堂上多设计一些学生感兴趣的音乐活动。结合多媒体教学进行：听、唱、奏、动等"玩"音乐的方法，培养学生正确感知音乐节奏与情感，促进学生音乐技能的发展。

教学目标

1.情感态度与价值观

（1）通过情境导入，感受劳动的欢快情绪与音乐所描绘的动物形象，感知主题——"劳动最光荣"。

（2）通过听唱歌曲，感受动物们劳动时候的喜悦，激励学生做一个爱劳动的好孩子，培养学生团结协作的品德。

2.过程与方法

运用听赏、模唱、创编、对比，表演等方法进行歌曲学习，从而培养学生学习音乐的好习惯。

3.知识与技能

（1）能用充满活泼欢快的情感，自然轻松的声音跟唱歌曲。

（2）能随着音乐即兴表演、发现劳动的节奏，并结合歌曲准确表现。

教学重点

能用活泼自然的声音跟唱歌曲，感受到音乐情绪，并准确表达音乐描绘的人物形象，教育学生养成爱劳动的好习惯。

教学难点

创编节奏为歌曲伴奏，运用不同音乐形式体验劳动时快乐与收获。

教学内容

欣赏《劳动最光荣》

教学过程

一、组织教学

二、聆听《劳动最光荣》

1.情境导入《劳动最光荣》（播放：多媒体课件）

2.师：听！它们唱着动听的歌声来了？它们是谁？在做什么？（生：小蜜蜂，采花蜜。小喜鹊，造新房……）

【设计意图】

我声情并茂地结合PPT表演歌曲，激发学生聆听的欲望，感受音乐的情绪，引入主题"劳动最光荣"。

三、复听歌曲（播放：多媒体课件）

师：你喜欢谁？为什么？（生：喜欢大公鸡，起得早。喜欢小喜鹊，爱劳动，造新房……）

师：让我们一起加入，这盛大的森林劳动节吧！（生：一起律动表现劳动的音乐形象。）

【设计意图】

体验劳动的乐趣，描绘小动物们的音乐形象，树立"爱劳动"情感态度。

四、主题聆听（播放：多媒体课件）

师：音乐中表达劳动能够创造什么呢？（生：劳动能创造幸福生活。）

师：小动物们在劳动中收获了什么？（生：小动物们在劳动中收获了快乐与幸福。）

【设计意图】

模仿劳动的动作与声音，发现不同的劳动节奏与声音的长短。

五、劳动中的节奏

1.模仿劳动的动作与声音（感知即兴模仿）

2.发现劳动节奏（找到音乐节奏）

3.对比劳动节奏（发现不同音乐节奏）

4.表现劳动的音乐节奏

【设计意图】

把劳动的节奏融入歌曲中。促进学生对节奏的深入掌握，丰富歌曲的知识与内容。

六、结合劳动节奏表演歌曲

1.创编表演（采用：自主创编表演形式）

2.合作表演（师生合作、生生合作）

3.创编打击乐伴奏（学生小组合学习，用碰钟与响板为歌曲伴奏。）

4.分组展示：演唱组、器乐组、舞蹈组……

5.全体汇报展示

6.课堂小结（音乐拓展，渗透思想品德教育。）

【设计意图】

促进，培养学生发现问题和解决问题的能力，强化歌曲的旋律与节奏熟练。

板书设计

1.听一听

2.找一找

3.奏一奏

4.演一演

5.评一评

教学反思

本节课以"劳动"为主线，把聆听、模仿、演奏、创编的教学形式贯穿整个教学中。采用多种形式，发展学生感知美与创造美的能力。培养学生倾听音乐的好习惯和热爱劳动的好品德。不足：在学生演唱歌曲时，有个别学生情绪与声音不到位，没有及时指导。

注：此课获中国科学学会教育信息全国说课大赛特等奖。

"玩"中学的乐趣
——《可能性》教学实录

冯哲宇

冯哲宇 二级教师。2005年毕业后进入和兴小学，一直担任班主任工作至今，所带班级，班风正，学风浓，成绩优秀。曾获区级"记功"、"记大功"多次，获奖教育叙事及论文多篇。教育感言：用心付出，用爱浇灌，做最合格的教师，培养最优秀的花朵。

设计理念

运用数据分析来体会随机性，让学生学会用数据描述事件发生的概率。主要培养学生的随机思维，学会用概率的眼光去观察世界。通过观察、操作、解决问题等活动，认识数学与生活的密切联系。

教学内容

人教版小学数学教材五年级上册第四单元《可能性》例1。

教学目标

1.在观察、猜测、试验与交流的活动过程中，学会判断哪些事件的发生是确定的，哪些事件的发生是不确定的，能用"一定、不可能、可能"等词语描述，并能简单地说明理由。

2.体验事件发生的确定性和不确定性，能有条理地阐述自己的观点，提升数据分析与逻辑推理能力。

3.在游戏中激发学习兴趣，在活动中获得情感体验，培养小组合作及团结协作能力，运用所学的知识解释和解决生活中简单问题的实践能力。

教学重点

通过游戏活动让学生充分体验随机事件发生的确定性和不确定性。

教学难点

1.培养初步的判断、推理能力，能判断事物发生的可能性，能用"一定、不可能、可能"等词语描述，并能简单的说明理由。

2.在游戏中，观察、猜测和交流，经历知识的形成过程。

教学过程

一、设疑激趣，导入新课

1.让学生猜一猜老师的口袋里有什么？

学生发言：球、糖果、奖品……

2.肯定学生猜得都有可能，生活中有许多不确定的事情，出示课题。

【设计意图】

设计"猜一猜"的游戏情景，让学生初步体验事情发生的确定性和不确定性，感受可能性与生活的联系，也有利于激发学生的学习兴趣。

二、自主探究，学习新知

1. 揭晓口袋里的答案——乒乓球（出示学生熟悉的黄色、白色乒乓球和神秘的红色乒乓球）。

2.创设情境，出示3个装球的口袋（1号口袋2白4黄，2号口袋3红3白，3号口袋6红）

（1）如果让你选择一个口袋摸出红球，你会选择哪一个？为什么？

学生发言：3号口袋，因为里面全是红球，一定能摸出红球。（板书：一定）

（2）为什么不选1号？

学生发言：里面没有红球，不可能摸出红球。（板书：不可能）

（3）2号也没有人选，是不是也不可能摸出红球？（引起学生质疑）

学生发言：学生各种猜测，为后续验证做准备。

3.摸球游戏，验证2号口袋是否能摸出红球。

（1）学生读摸球游戏规则，以6人为一小组，进行摸球游戏。

（2）小组汇报摸球结果。（4组）

（3）学生观察，每次摸到的一定是红球吗？（不一定）

所以我们说，2号口袋里是可能摸到红球的。（板书：可能）

【设计意图】

学生初步感知可能性的出现，为后续红球出现的不确定性做铺垫。

4.学生体验红球出现的不确定性。

（1）在摸球的过程中第几次会摸到红球呢？（一起数）

学生发言：红球的出现没有规律可循。

（2）我们发现摸出红球是不确定的，继续摸第7次，可能会摸出白球，也能摸出红球。

5.小结：生活中出现的这种随机现象或不确定现象，就是我们说的"可能"。

【设计意图】

本环节旨在通过观察与思考，让学生亲历猜想、实践、验证、交流，丰富学生对确定事件和不确定事件的体验。

6.创设情境，出示两个不一样的口袋。

（1）（2红2黄2白）猜测：还有可能摸到红球吗？（小组汇报、验证）

生尝试小结：袋子里的球颜色变多了，只要有红色，还是可能摸到红球。

（2）（5白1红）猜测：还有可能摸到红球吗？（小组汇报、验证）

生尝试小结：白球多红球少时，只要有红色，还是可能摸到红球。

（3）出示课件3个口袋（10个白球1个红球，100个白球1个红球，1000个白球1个红球）

①像这样的情况还有可能摸到红球吗？

学生发言：可能。（看视频，验证）

②1个红球都没有了，还有可能摸到红球吗？

学生发言：不可能。

现在袋子里什么情况？

学生发言：不可能摸到红球

一定摸到的是白球。

7.总结：介绍游戏经验，怎样能摸到红球？（袋子里有红球）

【设计意图】

"可能性"对于五年级的学生来说并不是完全空白的，学生在生活和学习中已经具有一些简单随机现象的知识基础和生活经验，让学生在猜测中感受，在游戏活动中明晰，以形成对"可能性"的初步认识，同时也有效地激发了学生的学习欲望，吸引学生参与到数学的学习中来。

三、巩固拓展，升华新知

1.放球游戏。（小组合作，清空袋子，按游戏要求往袋子里放球。）

（1）按要求完成：

①一定摸到的是绿球。（汇报、判断）

总结：怎样放球一定摸到的是绿球？

②不可能摸到的是绿球。（汇报、判断）

总结：怎样放球不可能摸到的是绿球？

③可能摸到的是绿球。（汇报、判断）

总结：怎样放球可能摸到的是绿球？

（2）同桌交流，3个游戏中你是怎样放球的？（汇报）

（3）小组合作练习，向老师这样提要求，球的颜色任选，继续玩放球游戏。（汇报，检验）

（4）小结。

【设计意图】

学生用"一定""可能""不可能"来判断事物发生的结果，自主解决问题，丰富了学生对可能性的认识和体验，在这个环节中，结合数学核心素养，鼓励学生大胆质疑，围绕问题展开激烈的讨论，必要时对学生感觉有困难的地方进行提示与指导，培养学生的数据分析能力和逻辑推理能力。

2.猜球游戏。

出示3个口袋（1号口袋3红2黄1白，2号口袋3红3黄，3号口袋3红3绿）

老师随机抽选一个口袋，让学生猜一猜、摸一摸，看一看，判断老师选的几号口袋，并会用今天学过的知识来描述口袋里的情况。

【设计意图】

在有趣的猜球活动中培养学生灵活运用所学知识的能力，解决实际问题，勇于探究，乐学善思，进一步提升学生对确定性和不确定性的描述能力。

四、生活中的可能性

学生举例说说生活中的可能性。

【设计意图】

这里让学生叙述现实世界的自然现象、社会现象和生活实例，目的是丰富学生对确定事件和不确定事件的认识，感受数学与生活的紧密联系。有意识地寻找一些带有感情色彩的事件让学生判断，使学生认识到客观事件发生的确定性和不确定性与个人愿望无关。

五、总结收获，畅谈感受

通过一张照片，教师用"一定""可能""不可能"说一段话作为本课的结束语。

板书设计

可能性

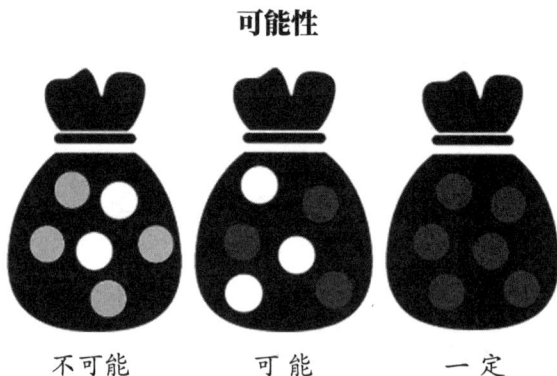

不可能　　　　可　能　　　　一　定

教学反思

"可能性"是人教版小学数学五年级上册中出现的新内容，属于"概率"知识范畴，由于这方面知识比较抽象，小学生很不容易理解，所以将原有三年级上册的内容安排至五年级上册，使学生对"可能性"的认识和理解逐渐从定向向定量过渡。因此，我在教学本节课时，主要是以直观教学为主，创造性地使用教材资源，教材中使用"联欢会上抽签表演节目"的场景，使我觉得与学生目前的生活还有两个月的时间差，所以改用以"球"的游戏贯穿始终。合理运用教学方法，充分发挥多媒体辅助教学的优势，营造生动活泼的学习氛围，使学生始终充满信心，充满激情地学习数学。

教学中，我为学生创设独立思考、自我体验、自我探索、合作交流的学习情境，使得教学过程始终轻松、愉快。在本节课的教学过程当中，我觉得主要在以下几方面取得了非常好的效果：

一、让学生在活动中体验数学

我创设了各种各样的教学活动，学生在这一系列的数学活动中，逐步丰富起对不确定及确定现象的体验。这样，整个教学过程就成为"猜测—游戏—体验—推想—验证"的活动过程，使学生在活动中亲历数学，体验数学。

二、解决问题，从游戏入手

解决问题时从学生感兴趣的游戏入手。兴趣是学生获取知识的动力，设计教学环节时，采用多种形式，用贴近学生生活的问题，激发学生的学习兴趣，让学生亲自动手实践，尽可能多地调动学生参与到课堂中来。

在反思中，我觉得本堂课在以下几个方面还有些许遗憾。

三、关注课堂中的闪光点

在本节课中，教学过程比较顺利，但缺少"亮点"。

1.在学校试讲时，"摸球游戏"环节真的出现了"全白"现象，学生首先质疑我的口袋是不是有问题，当打开口袋后验证球没有问题后，继续摸球，直至出现红球，才解决问题。

2. "找规律"环节，学生在汇报红球后，发现某一组中出现规律，如第1、3、5是红球，我适时引导学生"一组现象是不能说明它是有规律的，必须要重复出现多次"。如出现某一列都是红球，要告诉学生"实属巧合"，再验证一组，不一定是红球。

我相信，有"亮点"的课堂才是真正的课堂，才会使学生记忆犹新。

四、等待的艺术：给学生更多的游戏活动时间，让学生亲自经历数学建模的过程，注重学生的感受

在以后的教学中，我们应该让学生加强对数学本质的理解，让学生亲自经历数学建模的过程。当然建模的过程会遇到各种各样的困难，在遇到困难的时候，停下脚步，多给学生一些时间，今天的课堂时间有限，可以让学生在课下好好地再"玩一玩"这样的游戏，从而再次让学生清晰又深刻地体验到"一定""不可能"和"可能"这三个词语的含义，在游戏中把问题不断地进行验证、深刻的剖析，直至推出结论。学习指导不是一日之功，需要教师对学生进行系统的、有计划的训练与引导。

非遗小课堂　技艺巧探究

——《小偶人动起来》课堂实录

高　莹

设计理念

本节课活动内容密切联系学生的生活实际。选取了学生最熟悉的偶人作为探究对象，活动内容贴近学生的生活，充分体现学生在自己生活世界中的探究和体验。操作性的活动方式体现实践性。学生通过参与、主动探究、亲身体验、操作性学习丰富了自身的知识，在课堂中学生可以通过讨论、操作、实验、分析的过程，主动探究寻求解决问题的方案，有助于培养其善于发现、善于思索、勇于探索、勇于尝试的精神。激发学生继承并弘扬民族传统文化、热爱民间艺术的情感。整节课的设计体现学生在活动中亲历与实践，在实践中不断探究和发现，让学生在活动体验中学会反思。学生不断探索和学习适应现代课堂教学要求的教学方法和手段，提高课堂效率，实践操作将是提升学生自身能力最快捷有效的方式。

教学内容

小偶人动起来

教学目标

1.掌握制作提线偶人的基本方法，通过探究体验，激发学生的求知欲望，感受提线偶人的形式美感。

2.通过实验、合作、展示等活动，探究制作提线偶人的方法。

3.通过学生大胆尝试技术实践，增强学生继承并弘扬民族传统文化、热爱民间艺术的情感。

活动重难点

1.探究提线木偶的连接、定位方法。提线木偶制作时的偶人定位，要确定于操纵杆的前后端，操作起来会更稳定，操纵杆到木偶人脚面距离要等长，这样操纵木偶才会更灵活。

2.在探究制作提线木偶的基本方法过程中，感受探究带来的乐趣以及提线木偶的形式美感。

教学过程

环节一：创设情境，激情导入，生成主题

师：今天老师带来一段精彩的影片片段，我们一起去欣赏一下吧！（出示课件，放短片《音乐之声》）

师：你在影片中发现了什么？有什么感受？

生1：看见了小木偶，它们在跳舞。

生2：影片中大家用操纵杆和线来操作提线木偶。

师总结：你们观察可真细致，小木偶真可爱，是一条条细线赋予了他们新的生命，你们刚才看到的是提线木偶，它源于我国古代民间，让我们一起去了解一下吧！

环节二：你知道吗？

出示微课：简要介绍提线木偶的来源。

提线木偶是传统木偶戏的一种，它历史悠久，源远流长。根植于历史文化名城泉州的提线木偶戏古称"悬丝傀儡"，又名"丝戏"，民间俗称"嘉礼"，乃流行于闽南语系地区的古老珍稀戏种，数百年形成了一套稳定而完整的演出规制和700余出传统剧目。泉州提线木偶形象结构完整，制作精美，一般都系有16条以上，甚至多达30余条纤细悬丝，线条繁多，操弄复杂，表演时，艺人用线牵引木偶来表演动作，与我国多数传统木偶戏相比，技巧表演难度最高。这充分体现了我国劳动人民的智慧！

【设计意图】

利用信息技术手段创设情境，通过观看影片吸引学生的学习兴趣，提线木偶介绍的融入，既丰富学生的知识，了解中国的传统文化，继承并弘扬民族传统文化，也培养学生热爱民间艺术的情感。这样的设计体现了综合实践活动生成性和自主性，激发了学生探究提线木偶的欲望。

环节三：实践操作，探究规律。

活动一　偶人定位

1.师：我们对提线木偶有了初步的了解，就像片中介绍的，提线木偶体现了我国古代劳动他人民的智慧，我们要把它传承下去。今天我们就一起动手让小偶人动起来好吗？（板书出示课题：小偶人动起来）

师：请同学们开动脑筋想一想，让小偶人动起来需要准备哪些材料呢？

生：操纵杆、小偶人、提线。

2.师：老师真的是有备而来，这些物品我已经全部为大家准备好了，大家打开袋子

看一看吧。（操纵杆、小偶人、提线）

师：请大家大胆猜想一下，怎样才能让小偶人动起来呢？

生1：可以为小偶人先安装上线，然后再来回拉动。

生2：可以用筷子来代替操纵杆，带动提线让小偶人动起来。

师：其实让小偶人动起来并不像想象的那么简单，小偶人也像人一样，在迈开第一步时，首先要站得稳才行，这样你才能更好地操纵它，那怎么样才能让它站稳呢？

生：可以先把小偶人固定在操纵杆上。

【设计意图】

问题的提出立足于学生的认知水平和学习需要，培养学生的合作意识和团队精神，注意培养学生的社会责任心和使命感。

师：同学们的想法真好，要想让小偶人站稳，首先要先把偶人定位在操纵杆上，这样我们才能灵活地操控它，希望大家开动脑筋去努力探索，想一想小偶人怎样固定在操纵杆上更稳定（教师讲解探究要点）如何定位。每组同学可以分成两种情况进行探究，得出结论。出示记录单（学生实验操作，填写记录单）。

探究记录单

探究活动一 偶人定位	线在操纵杆位置	中心定位	情况	稳　定	探究结果
				不稳定	
			是否合适	是	选择：（在你选择的结果后面打"√"）
				否	
		前后定位	情况	稳　定	中心定位（　　）
				不稳定	
			是否合适	是	前后定位（　　）
				否	

3.小组汇报，汇报哪种定位方法最适合（板书：偶人定位：前后定位）。

生1：我们发现中心定位不稳定，小偶人会摇晃，站不稳。

生2：我们发现前后定位很稳定，小偶人可以站起来。

4.教师与一名同学合作完成偶人定位（示范）。

5.学生完善自己的偶人定位点。

【设计意图】

引导学生通过自主探究实践，增强探究和创新意识，学习科学研究的方法，发展综合运用知识的能力。

活动二：赋予生命的小偶人

1.师：我们手中的小偶人已经定位，在同学们的操控下已经能够站起来了，但是我们发现它们的腿是软软的，我们必须让它们的腿变得灵活才行。

2.探究偶人提线长短的确定：教师指导学生分组探究讨论提线长短，选出最佳方案，请小组讨论认真填写探究记录单，得出结论，进行小组汇报。

探究活动二 提线长短	操纵杆到木偶人脚面距离	长	操作情况是否灵活	是	探究结果 选择：（在你选择的结果后面打 "√"） 长（ ） 短（ ） 等长（ ）
				否	
		短	操作情况是否灵活	是	
				否	
		等长	操作情况是否灵活	是	
				否	

生1：我们发现提线过长，小偶人动起来不灵活。

生2：我们发现提线短，小偶人腿会上翘，不能运动，无法操作。

生3：我们发现提线等长便于操作，是最佳选择方案。

（板书：提线长短：等长）

3.学生根据最佳方案整理小偶人的提线。

【设计意图】

培养学生乐于探究、勤于动手和勇于实践的精神，注重学生在实践性学习活动过程中的感受和体验，使学生超越单一的接受学习，亲身经历实践过程，体验实践活动，实现学习方法的变革。

活动三：小偶人跳起来

师：现在同学们一起来让我们手中的小偶人动起来吧！

1.学生探究操纵偶人的方法：左右抬腿，下蹲、跳起等动作。

2.学生操作练习。

师：今天我把探究单里的小偶人请来了，你们看，它要和同学们制作的小偶人一起跳舞，同学们愿意吗？

生：愿意！

【设计意图】

学生们收获了制作提线偶人的乐趣，也尝到了提线木偶戏的民俗味道，收获了成功的喜悦。

活动四：总结升华

师：小偶人在大家的努力下腿部已经会动了，在以后的课程当中我们还要继续探究如何让手臂、头、眼睛、嘴巴也会动，相信在大家的共同努力下，也一定会成功的

【设计意图】

通过总结，激发学生对提线木偶多方面的兴趣，为以后探究更有趣的作品埋下伏笔。

活动板书

小偶人动起来

一、偶人定位：前后定位

二、提线长短：等长

活动反思

提线木偶是中国民间乡土艺术文化的瑰宝，具有强烈的民族风格和浓厚的生活气息。这节课重探究、重实践、重生成，通过玩一玩、想一想、做一做、演一演的过程，在探索发现中让学生感受到传统文化的魅力，传承与创新中华文化。下面就谈一谈上过这节课后，我的所感所思。

一、探究发现贯穿课程

（一）激趣导入 热爱偶人

新课伊始，我以《音乐之声》的片段导入，学生专注地观看，眼神里流露的是惊喜！是新奇！我趁热打铁，赶快把提线木偶的来源介绍给学生，进一步激发他们的创作兴趣和动力，调动起学生们的参与性，学生们兴奋地探究其中的奥秘。

（二）动手操作 探秘偶人

我为学生提供充分、适当的活动材料，组织学生活动。"观察思考""发现问题""尝试探究"各个活动由易到难，从这些有意义的活动中学生悟出制作提线木偶的基本方法。最后的"拓展延伸"探究操纵偶人的方法，引发学生思考：如何通过改造创新让小偶人的舞姿更优美，这些都点燃了学生探究的热情。作为探究学习的课堂，学生体验的机会非常充分，活动兴趣高，参与度广，认知投入程度深，从小偶人的定位再到小偶人动起来，由易到难，既体现了学生的探索过程，又为学生提供了展示的舞台，活动中，学生的实践意识、创新意识、动手操作能力都得到了提高。

（三）小组合作 舞动偶人

本课采用了小组合作的模式，学生们分工协作，探究偶人的定位，安装提线的长度，让学生通过亲身体验，做到有所感受，有所发现。并引导他们在完成分内工作的前提下也

去帮助别人、协助别人开展探究，尽可能使每个学生都获得参加活动的积极体验。

二、核心素养 点亮课堂

这节课我试着巧搬核心素养之石妙攻综合课堂之玉。综合实践活动课程的性质决定了它是培养学生"实践创新"素养最好的载体，这节课我还培养了学生责任担当、科学精神等方面的素养。学生通过探究性学习、操作性学习等多种实践性学习活动，去探究发现、大胆质疑、实验论证，合作交流，使手、脑、心，实践、感知、思考，身体、心理、灵魂共同参与，这不仅是活动，更是学生经验的打开、唤醒、发掘。做到了素养点亮课堂，学习引领课堂、实践重塑课堂。

三、实践生成 润色课堂

我深知对于五年级的学生，学习的深度与宽度是需要加强与拓展的，所以仅就教材内容讲解是远远不能满足学生需要的，而学生对生活经验的利用是十分必要的。在利用学生生活经验、已有知识进行教学的时候，缺少系统性与知识的关联性，所以在这种情况下，教师的指导、追问与评价就显得尤为重要。在导入时，我问学生："你在影片中看到了什么？有什么感受？"学生的回答五花八门，我鼓励他们大胆说出感受，这样评价："你们的观察可真细致！"孩子们脸上立即洋溢出被鼓励的幸福！在偶人定位这一环节，我问："那怎么样才能让它站稳呢？"有个学生突然说："老师，小偶人的样子好像想尿尿！"底下的学生顿时大笑起来，当时我真有些又气又急！怎么会半路杀出个程咬金？我急中生智，何不顺水推舟，将计就计，我缓缓地说："是的，小偶人站不稳的样子很可笑，咱们快帮帮它吧！"孩子们的笑声渐渐平息了，随之而来的是寻找方法，解决问题。一节好课，教师的评价是十分重要的，要给学生鼓励和启发，本节课之所以充满动态生成，这与我对于学生的关注是密不可分的，只有做到关注学生，才能从学生那里获得更多的可挖掘点，也更会抓住学生的兴趣点。

综合实践活动课堂中，教师一定要相信学生的能力，大胆放手。充分让学生自主探究，获取直接经验，教师在学生学习方法的选择与指导上要下功夫精心钻研，多给学生探究、合作表现的机会，本节课让学生在探索发现中感受到传统文化的魅力，传承与创新中华文化。开启兴趣的窗，让学生动起来，让课堂更精彩！

注：此课获得南岗区第34届教学"百花奖"小学综合实践学科一等奖。

合作中提升自己，交流中总结方法
——《解方程》教学实录

李　丹

一、教材与学情解析

本单元的教学内容是在学生学习了一定的算术知识，已初步接触了一点代数知识的基础上进行教学的。本课是学生在学习了方程的意义和等式的性质基础上，利用等式的性质探索解方程的方法，为后面用方程解决问题打好基础。学习列方程、解方程，可以体会蕴含其中的建模思想、化归思想，并且将其作为后面学习解决实际问题的数学工具。本节课以等式的性质为基础，而不是依据逆运算关系解方程，这样有利于改善和加强中小学数学教学的衔接。

二、教学目标及重难点

1.根据等式的性质，掌握解方程及方程检验的方法，理解解方程和方程的解的概念。

2.借助已有学习经验解决问题，通过自主探究、合作交流提高探究能力和学习能力，从中感受数形结合、迁移、化归等数学思想。

3.初步养成勇于质疑、善于表达，回顾检验、规范书写等良好的习惯，体会数学的逻辑美、形式美。

教学重点

运用等式性质1解方程，理解解方程和方程的解的概念。

教学难点

理解形如这样的方程的原理，体会用等式性质解方程的优越性。

三、教学准备

多媒体课件、自主探究学习单。

四、教学过程

（一）引入新课，复习导入

1.师：猜猜老师的盒子里有多少个球？

【设计意图】

激发学生的学习兴趣。

生1：3个。

生2：4个。

2.师：你能根据主题图，确定x是几个吗？

生：能够确定。

生：根据主题图列方程x+3=9。

3.师：怎样解决这个方程x+3=9? 引出等式的性质，导入课题。（板书课题：解方程）

【设计意图】

通过课前的猜测，激发学生的学习兴趣，通过主题图找出数量关系，列出方程，为后续的学习做铺垫。

（二）自主学习，探究新知

1.师：请大家闭上眼睛想象画面，在头脑中建立天平的模型，想象天平变化的过程。

生：学生想象，头脑中建立一个简易的天平。

【设计意图】

通过学生在头脑中想象天平的模型，感受天平在变化过程中始终保持平衡。这是一个建模的过程，同时也是由具体到抽象的过程。

2.师：提出小组合作的要求。

学习要求：独立思考，画出操作天平的过程，并列出相应的式子。

生：在学习单上独立完成。

交流反馈，生生互评。

【设计意图】

本环节通过学生独立学习，然后在小组中反馈，交流解方程的方法，从中感受等式性质的优越性。通过生生互评的评价方式，提炼解方程的最佳方案。在头脑中想象，把想象的画面记录下来，这又是一次建模的过程。再把学生的思考过程用数学的方式记录下来，借助数形结合的思想，形成了图形和式子一一对应的关系。

3.师：再次回顾，借助课件动态演示天平的变化过程，教师根据变化过程，借助数形结合的思想，进行板书的梳理。

生：借助课件演示，再次回顾变化过程。

4.师：理解方程的解和解方程这两个概念的含义。

生：初步理解两个概念。

生：根据板书，补充学习单上的内容。（知识梳理的过程）

【设计意图】

理解两个概念的含义，进行区分

5.生：检验$x=6$是不是方程的解，学生看书自学。在学习单上独立书写，并展示。

师：同学们，刚才我们通过在头脑中建立天平的模型，借助数形结合的思想，利用等式的性质，找到了方程的解，实现了解方程的过程。

【设计意图】

整个环节都是学生独立思考、自主探究的学习反馈，学生通过画一画、说一说、讲一讲等方式，体会了等式性质的优越性，并会用等式的性质解方程，培养学生认真书写和养成检验的好习惯。

（三）巩固知识，提升能力

1.解方程并检验　　$x+12=31$

2.解方程　　$100+x=250$　　$x-63=36$

3.括号中哪个x的值是方程的解？用代入法检验，培养学生检验的好习惯。

4.看图列方程，体会方程中变化的未知数。

【设计意图】

前两道题是基础练习，巩固学生解方程的训练，检验的书写更是培养学生养成检验的好习惯。第三题是巩固用代入法找到方程正确的解，同时增加一个乘法的练习，让学生知道这个检验方法也适用于形如$ax=b$这样形式的方程，为后续学习做铺垫。练习题的设计也是由易到难的，让不同的学生在数学上得到不同的发展。

教师总结：同学们，我们用等式的性质解方程，用代入法检验方程的解的准确性。方程的种类有很多，（课件）解稍复杂的方程也要用到今天的知识，这也是为今后的学习打下基础。

五、板书设计

解方程

$x+3=9$

解：$x+3-3=9-3$

$x=6$

六、教学反思

我执教的内容是五年级上册《解方程》一课。本课属于数与代数范畴，是学生学习了方程的意义、等式的性质之后的第三课时。为今后学习更高一级的解方程做好铺垫。本课的教学设计主要着眼于以下几个方面。

1.合理建模

本课之前学生已经利用天平学习过方程的意义和等式的性质，对于天平的概念已经非常了解。五年级的学生，在学习的过程中，应该逐步经历从具体实物到抽象的建模过程。所以本节课，没有拿出天平让学生实际操作，而是通过想象，在头脑中建立天平的模型，这也是建立等式的模型。课上可以看到，通过我的引导，学生能够在头脑中建立天平的模型，并将天平两端所摆放物品与方程左右两边相对应。为下一步学习用等式的性质解方程做好铺垫，也为后续学习数学广角找次品，做好有力准备。

2.数形结合

数学的进步就是依靠着无数次的实验和记录。本节课通过引导学生画天平，利用等式的性质表示天平上的物品，并把操作过程一步步记录下来，让学生明确，天平两端的物品对应着方程等号两端的运算，我们想记录同时拿下去三个的时候，就用 $x+3-3=9-3$ 这样的方式。通过我的一系列追问"同时拿去，在解方程的过程中怎么表示的""$x+3-3=9-3$"这步是表示的什么？为什么把 $x+3$ 照抄下来，你能结合图来讲一讲吗？等问题，学生逐步明确，我们解方程的过程，就是对刚才同时拿下去三个的过程的记录。这样数形结合的方式，让学生更深入地理解并记住了解方程的步骤。

3.让学生知其然也知其所以然

设计本课前，我进行了课前测，对于简易方程，学生更愿意用逆运算的方式来解。而通过试教也发现学生在课后的主要困惑是：用逆运算的方式解方程简单、快捷，为什么还要学习用等式的性质来解。所以，针对学生的学情，本节课呈现了两种解方程的方法。不同的是，逆运算解方程的方法是结合低年级（ ）+3=9 这样的问题去处理的。本课大部分时间都在教学用等式的性质解方程。意在肯定学生，解方程的方式确实有两种，只是逆运算的方式在我们之前的学习中已经有所涉及，本课主要解决用等式性质来解方程。为了进一步解决学生的困惑，在课的最后，出示几个稍复杂的方程，除了激发学生的学习兴趣，落实核心素养中提出的自主学习理念，更是揭示，为什么我们要学习用等式的性质解方程的原因。在学生的恍然大悟中，我知道，当今后再用方程的性质解方程的时候，他们想到的不是老师让我这么做，而是我要这么做。让学生知其然也知其所以然，引发学习的内动力，是我这么设计的目的。

当然，本课在课堂上实施中还略有瑕疵：比如对于学情不够熟悉，在预设时让学生出现问题，并就着问题来解决问题，但是在小组合作中学生在组内就把问题一一化解，所以没有产生矛盾冲突。由于学情较好，课堂还有剩余时间，在这里可以再多练习一些题。这也是我今后在教学中要注意的地方。

注：此课获南岗区第35届数学"百花奖"二等奖。

构建自主课堂　让学习真正发生
——《从白色污染说起》教学实录

刘春艳

设计理念

本课把学生核心素养中的"学会学习"。培养学生"自主学习"能力作为教学核心，构建"自主课堂"。教学从兴趣入手，以好朋友塑料袋小白的情绪变化贯穿全课。家族大揭秘，从学生身边入手，学生有话能说；性能大体验，充分调动学生感官，学生有话可说；困扰大排查，阅教材、展资料、观视频，层层深入，学生有话想说；唇枪舌剑，观点交锋，智慧碰撞，学生有话要说；减塑大行动，用喜欢的方式做宣传，学生有话乐说。整节课引发学生的好奇心和求知欲，让他们自主发现、自主探究、自主解决，他们的学习之旅将在发现、揭秘、探究中惊喜不断！

教学内容

统编版《道德与法治》四年级上册第10课《我们所了解的环境污染》第一课时《从白色污染说起》。

教学目标

1.了解塑料带来的便利，以及"白色污染"会造成的危害。

2.通过自身体验、阅读感悟、情景体验、合作探究，制作减塑宣传方案等方法了解塑料制品是一把双刃剑。

3.了解身边的污染，并通过实际行动，帮助我们更好地保护环境，提升保护环境意识。

4.培养收集资料、思辨探究等自主学习能力。

教学重难点

1.感知"白色污染"给我们的生活带来的危害，探寻减少"白色污染"的方法。

2.在生活中采取切实有效的"减塑"行动。

教学流程

一、导学模块——明确目标 激发兴趣

同学们，今天刘老师要给大家介绍一个新朋友，看看它是谁呢？（出示塑料袋的形象，配音）

小白：Hi，小朋友们，你们好！我是一个纯白的塑料袋，我的名字叫小白！我的家族可庞大了，你们和我一起看看吧！你们还在哪儿见过我的家人？

师：课前通过预习你们也寻找了小白的家族成员，谁能说说？

生：我在超市看到了塑料盆、塑料勺、塑料整理箱。

生：我看到了教室里的花盆是塑料的、奖杯是塑料的。

生：我看到了听课老师的发卡是塑料的、手机壳是塑料的，写字的笔也是塑料的。

生：刘老师的扣子是塑料的，发圈是塑料的！

……

师：孩子们的眼睛可真亮，你们也将塑料制品带进了教室，举起来给大家看看吧，再放回整理箱。同学们找到这么多的塑料制品，你有什么感受？

生：塑料制品在我们生活中无处不在，应用得十分广泛！

师：原来我们和小白的家人接触这么密切呀！那你们了解他们吗？我们一起进行性能大体验吧！一起去发现塑料制品都有哪些特点。

【设计意图】

通过好朋友小白的引入，激发学生的学习兴趣，塑料在生活中很常见，让学生先从熟悉的教室说起，再扩展到生活中的方方面面。本环节意在打通学生的生活经验，让学生有所体验，且有话可说。

二、自学模块——自主学习 小组合作

师：我们看一下合作要求，谁来读一读！

出示：性能大体验

小组合作要求：

1.动：用你喜欢的方式了解塑料制品的性能。

2.想：这个性能在生活中的应用。

3.说：把你的发现与小组内的同学交流。

师：体验活动开始吧！

生：老师，我通过用手掂一掂的方式发现塑料制品很轻，因为塑料的这种性能所以被制成了塑料袋、水杯等。

师：你能通过自己喜欢的方式发现塑料制品的性能，并能说出它的应用，你把体验

过程描述得真完整!

生:我通过浸一浸的方式发现塑料制品有隔水性,所以塑料被制成雨衣、雨靴等。

……

师:同学们,你们真了不起,能发现塑料具有这么多的性能,极大地方便了我们的生活,此时此刻,我真想对小白说:小白小白……

生:我爱你!

生:谢谢你!

师:咦!可爱的小白怎么哭了?(出示小白哭视频)是什么原因呢?请同学们借助教材和你课前查找的资料寻找答案吧!谁来说说你的发现?

生:植物被饿死了,动物被害死了,空气被污染了!

师:你概括介绍了教材的内容,既具体又精炼,你可真了不起!

生:我介绍我查到的资料,塑料的降解要几百年,燃烧还会释放有毒气体二噁英!

……

师:2018年世界环境日的主题就是以一只塑料袋的漂流讲述塑料制品如何改变人类生活的家园的。请看!你又有新的想法吗?

生:原来塑料垃圾都跑到南极了,还到了珠峰,我们简直生活在塑料的世界里。

生:我们的身体里都有塑料啦!太可怕了!

师:我们把你们介绍的塑料制品污染环境的现象称为白色污染!(板书)难怪我们的小白会哭得那么伤心,它已由我们最亲密的朋友变成了白色污染。

师:塑料制品为我们带来的危害这么大?我们到底用还是不用呢?

生:老师,一开始我觉得塑料为我们生活带来了方便,得用!现在,我又觉得塑料危害这么大,我还是不用了!

【设计意图】

本环节充分调动学生感官,通过摸一摸、闻一闻、看一看、比一比等方式去观察、体验、感悟,发现塑料的亲民、便民,学生感到塑料的应用那么大,是由其性能决定的,殊不知,成也性能,败也性能。本环节接着通过阅读教材、汇报资料、观看视频等方式,让学生直观感受塑料垃圾可能给人类带来哪些后果。再通过一组数据的提取,进一步强化认识:塑料的应用有多广,危害就有多大。

三、展示模块——成果展示 汇报交流

师双手举牌:用、不用,支持用的同学站这边,反对用的同学站这边,你们组,先说说……

学生激烈交锋!

生甲:我方认为必须用,如医院输液管、点滴瓶、病床等等根本离不开。

生乙：塑料已经毒害了动物、植物，现在都进入人体了，所以不能用。

……

生：（举手示意）老师，我突然觉得我既不能不用，也不能随便用，我想少用！

师：同学们的思想有变化了，你们又有新的想法了！请这样的同学，站在中间，说说你们的想法吧！你怎么过来啦？

学生全部站在中间。

师：你们想法一致了！你们太厉害了，你们的思想都快要和国家同步了，快回到座位上，我们一起看看。2018年限塑令的正式生效就是为了限制和减少塑料袋的使用。快为你们思维碰撞的火花鼓鼓掌吧！同学们方便生活用塑料，滥用塑料添困扰，合理利用最重要，谁来说说小妙招？

边说边粘贴板书：（找替代物、循环利用、废物利用、垃圾分类……）

生：塑料袋可以用布袋代替，用自己的水杯，不用矿泉水瓶。

师：你是用其他物品代替，这种方法可真妙！

生：塑料袋用后放好，留着再用。

师：这种方法又节约又环保。

生：重复使用。

师：你们说得对，就是循环利用！

生：把塑料瓶变花瓶。

师：用废弃塑料去装点生活，你真有生活情趣！

生：把塑料瓶变浇水瓶。

师：闲置的物品中看出独特的利用价值，你具有创新精神！

生：塑料瓶分两半，盛放东西。

师：你可真有奇思妙想，便利了生活！

师：要扔的东西又变得有用了，你们做到了废物利用。

生：变废为宝。

师：是的，其实就是你们所说的废物利用。（粘贴板书）

生：垃圾分类。

师：关于垃圾分类你们知道哪些？

师：你的想法真时尚，关于垃圾分类你们还想说点什么？随手拿一个塑料瓶，问放哪个垃圾桶？一个药瓶，一个方便面袋，问放哪个垃圾桶？

师：关于垃圾分类今后我们还要深入实践和学习。（贴板书）

生：我将来要好好学习，发明一个机器人，他把塑料当饭吃，他的排泄物可以给农民伯伯当肥料。

生：我也要好好学习，发明一种新型物质，能将塑料降解了，这样我们就可以随便用了！

师：你们的想法要是实现了，那可是对人类一个重大贡献呀！同学们，为了自己的梦想努力吧！

其实在生活中，我们减塑的方法还有很多很多……减塑关乎你我他，积极行动靠大家！你能用喜欢的方式带动周围的人和你一起行动起来吗？

我是减塑小使者	
我发现的问题	
我的宣传对象	
我的宣传形式	

生：我们组发现小区的人随便用塑料袋，我们想用编歌曲的方式在小区宣传，我们组已经编好歌曲了。

生：我们学校有的学生，减塑意识不强，我们组想用情景剧和三句半的形式宣传。

生：我们发现爸爸妈妈用塑料制品太多了，我们组想画漫画，然后贴在家里，他们看着，就能注意了。

……

师：同学们把你们的想法付诸行动吧！你们的小举动必将如星星之火产生燎原之势！小白也加入到我们的行动中啦！听听它怎么说？

小白："嘿嘿，小朋友们，看到你们增强了环保意识，有了环保行动，我为大家点个赞！你们要是合理使用我，我会全力为你们服务的！不过，我的环境污染朋友还有很多，各个武功高强！你们可要注意呦！"

四、延学模块　拓展延伸

师：原来除了白色污染，还有很多污染呢？你们知道吗？

生：雾霾、沙尘暴、酸雨、土地沙漠化、全球变暖、水污染！

师：你们说的这些就是我们所要了解的环境污染（板书），这些内容我们将在下节课深入学习。

师：环境保护，任重道远！保护环境，需要你我共同坚守！争做新时代环保好少年！我们行动起来吧！

【设计意图】

从白色污染延伸到环境污染，从实际的环保到习主席的生态环境理念，本环节设计思考的是本节课对学生生活实际、能够起到"立德树人"作用，以及对学生终生发展的有价值的问题。针对教学目标，对关键知识点做必要补充、点拨和指导，让孩子们理解学习这节知识的必要性、实用性，从而愿意将知识内化为个人素养。

板书设计

10 我们所了解的环境污染

白色污染

找替代物　　循环利用

废物利用　　垃圾分类

……

教学反思

本节课我在如何使用新教材、探索新教法上做了大胆尝试。在课堂教学上为学生创设轻松、愉悦的课堂生活环境，引导学生主动参与、主动探究、主动合作，让学生生动活泼、主动发展，逐步展现出"重情趣、重沟通、重创造"的教学特色。在教学实践中很多环节也激发了我的思维火花，在解决一些问题的过程中，我又找到了自己的努力方向。同时，课上的很多环节的预设都是有风险性的，比如 "唇枪舌剑"环节学生是否能产生辩论的欲望、辩论是否达到预期的效果，减塑大行动环节，学生是否能汇报出想到的基本的减塑方法，是否能用童趣的方式带动周围的人行动起来等都是未知！因此，这节课是对我课堂教学设计的检验也是对学生是否真学习的验证。

一、自主的课堂

学会自我管理是本课核心素养落实的一个点。通过对自我的有效管理才能达到"自主发展"。整节课引导学生质疑、调查、探究，在实践中学习，促进学生在教师指导下主动地、富有个性地学习。教学中无论是情境的创设，还是环节的预设都是以此为依据层层开展的，不断提升。在本课，从学生的语言、表情中不难看出，他们是很积极地去解决问题。比方说：老师用诗歌去评价学生，又格外准确。孩子们听到这样的鼓励兴奋极了。他们兴趣浓厚、态度积极，完全是自主的一种表现，这就是乐学善学，学会学习，是学生自主发展的体现。看得出孩子们的情绪真的像过山车一样起起落落，但是每个孩子又会在活动中有满足感、有十足的自信心。

二、平实的课堂

这节课中，学生的学习是有意义。初步的意义是他快乐地学习，导学环节，不到五分钟的时间就有27名同学参与发言，学生热情高；再进一步是锻炼了他的能力，小组合作时，展示了学生的多种能力，形成合力，汇报交流亮点频出，学生爱参与；再往前发展是在这个过程中有良好的积极的情感体验，使他产生更进一步学习的强烈的要求，研讨、分享，学生放松、轻松，学生乐表达；整节课，以学生喜爱的动画形象小白贯穿始终，用多媒体，直观生动，学生兴趣浓。

三、丰实的课堂

我尊重学生个性化的表达。得到一个答案并不重要，重要的是在这个探究的过程中学生是不是真正地思考过。这节课我设计了21个问题，其中15个是引发学生深度思考的，是有思想力的问题。我带动学生的思维，让他们在有思维含量的问题下打开思维的大门，如唇枪舌剑环节，我试着问学生"白色污染危害这么多，我们用还是不用呢？"学生自动形成用、与不用两方，自觉利用所学知识展开交锋。当发现有的学生思想有变化时，我赶快问"你是怎么想的？"引导他们进入思考的深处，从而产生新的观点，"合理利用"的结论自然生成！

四、充实的课堂

"这节课是充实的。整节课一个主线、两个目标，紧密围绕便利、危害、如何环保主线，以更好认识社会，承担社会责任为目标。我注重学生的真情流露，从意识形态入手，触摸到学生的心里，学生在课堂上自主发现、自主探究、自主解决问题，自信地表达观点。同时我设置了性能体验、唇枪舌剑、限塑行动等环节为学生制造认知冲突，让学生在疑中思，思中变，变中长智慧。我还通过小歌谣巧妙过渡，如："同学们方便生活用塑料，滥用塑料添困扰，合理利用最重要，谁来说说小妙招？"这样的问题既有趣，又引发思考，润色了课堂。

五、真实的课堂

这节课小组合作非常多，学生表现很精彩，我在想学生作为参与者能不能参与得更充分些！在"性能大体验"这个环节，学生活动的时间不够。小组交流时还不够深入，应该让每个学生都参与进来，明确每个人干什么，小组的讨论结果要归纳提升，由代表汇报，其他学生要倾听，再补充，这样团队活动才会更深刻。另外，我如果将教学流程紧凑些，就可以省下来时间把与环境有关的法律详细了解下。

总之，在本次教学活动中，我感受着时代的脉搏，对教育的冲击和影响，使我更加努力地学习，去探索最新的教育理念，在学习中，我体味着与学生共同成长的快乐，也在逐步完善自己的教育教学理念，我相信，今天的教学理念是昨天经验的一种批判地继承，更会成为我明天教育事业的素质积淀。

注：此课《从白色污染说起》是南岗区品质学校观摩课。

构建自主课堂　落实核心素养
——《条形统计图》课堂实录

刘　芳

设计理念

设计这堂课时我通过创设学生身边熟悉的情境，激发学生学习兴趣。学生认识条形统计图，体验数据的收集和整理过程，体会新旧知识的联系和区别，使学生在观念和知识上达到提升。通过中心问题的设计，让学生自主探究、展开讨论、尝试解决问题，落实数学核心素养，培养学生的自主学习能力。

教学内容

人教版小学数学四年级上册《条形统计图》例1。

教学目标

1.使学生初步认识条形统计图，能根据统计图中的数据提出并回答简单的问题。

2.经历简单的收集、整理、描述和分析数据的过程，进一步培养学生的统计能力。

3.感受统计在现实生活中的作用，理解数学与生活的密切联系。

教学重点

掌握条形统计图的特点。

教学难点

能根据条形统计图提出问题、分析问题和解决问题。

教学过程

一、情境导入

师：这节数学课，学习条形统计图。同学们，现在是什么季节？我们常说秋天是收获的季节，可是有一位农民伯伯却在发愁。你们看（出示课件）。

【设计意图】

创设生活情境，激发学生学习兴趣

二、探究新知

1.经历表示数据的过程

师：是什么原因导致今年收成不好呢？让我们一起帮他找找原因吧。

（课件出示）这是记录8月份哈尔滨的天气情况，你从图中获得了哪些信息？

生回答：我知道8月份一共统计了多少天。

师：这个月的每种天气各有多少天？怎样来整理呢？

师：请同学们回忆一下以前学过哪些整理数据的方法？

师：请同学们按照自己的想法开始整理数据。

【设计意图】

创设贴近学生生活的情境，让学生直观感受8月份哈尔滨的天气情况，体现进一步整理和统计数据的必要性，唤醒学生有关统计的知识经验基础，为下面学习新知准备。

1.汇报整理数据结果

师：老师想知道同学们各自是用什么方法来表示这些天数？

师：请同学们分享自己的想法。

学生回答：（1）画正字　（2）统计表　（3）画图

师小结：同学们很爱动脑，所用的方法都是可行的，都清楚地表示每种天气的天数。

2.引出条形统计图

（1）比较3个图的优、缺点，引出条形统计图。

师：请同学们观察这3幅图，说说它们各自的优、缺点？

师：这三种统计方法有各自的优、缺点。能不能想个办法，画一个这样的统计图，既能清晰的表示出数据，又能直观地进行比较。

【设计意图】

通过分类对比等方法，让学生深刻地体会到，统计表和象形图的特点，为创造条形统计图打好基础。

学生回答：象形图边标出数据，圆圈改成同样大小的格子。

师：你俩的想法真好，你们说的是不是这样的统计图呢？（课件出示条形统计图）

【设计意图】

有意识的引导学生对统计表和象形图的优点进行融合，从而创造出新的统计方式——条形统计图。深刻体会"以形助数"的好处。

（2）认识条形统计图的组成。

①请同学们观察这幅统计图，你都看到了什么？把你看到的和同学说说。

②生汇报（介绍横轴，纵轴及都表示什么，还有一格表示多少？）

（课件动态展示）

师：在条形统计图中，如何表示每种天气的数据呢？

（课件演示）如何在统计图上表示晴天的天数。

师：阴天多少天，怎么表示你学会了吗？谁来说一说。

师：相信同学们对多云、阵雨及雷阵雨分别有多少天也会表示了吧？那就动笔在你的学习单上画一画吧。

③画法指导

师：除了从下往上涂色，还可以用画斜线涂阴影的方法来画（课件出示）。

3.通过对比，掌握条形统计图的特点（课件出示）

①师：请同学们比较一下，哪一种表示数据的方法更好，为什么？

②（课件出示）师：从条形图中你能得到哪些信息？

板书：数据清晰

直观比较

师：刚才那位农民伯伯收成不好的原因你知道了吗？

【设计意图】

初步培养学生识图、看图的能力，通过对比进一步加深统计表和条形统计图的特点

师：刚才我们学习了有关天气条形统计图知识，下面我们来学习环境保护。随着经济发展和生活水平的提高，环境已被各种各样的垃圾严重污染。环境保护迫在眉睫。为此，我们需要将垃圾进行分类处理。下面就请同学们汇报一下你调查的有关垃圾分类的数据。

学生汇报：小组1、小组2、小组3、小组4、小组5

知晓垃圾分类人数统计表

分类	投对	投错	不分
人数			

1.请同学们在学习单上把收集、整理好的数据用条形图表示出来，并回答图后的问题。

条形统计图

（1）参加统计的共有（　　）人。

（2）（　　）人数最多，（　　）人数最少。

（3）从图中你能发现什么？提出什么建议？

2.下面请同学们拿出课前调查的有关垃圾分类信息来源数据，制成条形统计图并回答问题。

条形统计图

（1）通过（　）知道垃圾分类的人数最多，通过（　）知道垃圾分类的人数最少。

（2）你还能提出什么问题？

【设计意图】

通过练习帮助学生理解和掌握条形统计图的特点和作用，使学生初步体会了对事物的发展进行预测和决策的方法，体现了学习统计的价值和意义。

（课件出示）讲解有关统计的数学文化

在现代社会统计在各个领域有着广泛应用，随着同学们年龄的增长，会学到更多有关统计图的知识。

板书设计

条形统计图

数据清晰

直观比较

教学反思

本节课教学注重学生自主学习，让学生通过自主学习、自主分析，掌握本节课的重点，对信息进行处理，整个过程使学生亲身经历了知识的产生和形成的过程，突出体现了《新课程标准》所提出的"引导学生从已有的知识和经验出发，通过独立思考和合作交流，体验知识的发生和发展过程"的新理念。不足之处，在小组交流的形式上可以再多些变化，评价方式上略显单一。

注：本课参加南岗区教学"百花奖"赛课。

活动中出规律，总结中出精彩
——《用重复命令画正多边形》课堂实录

刘　军

设计理念

本课主要使用情境教学法和任务驱动法，激发学生学习兴趣，从而很好地达成教学目标。通过"任务驱动"让学生一起做游戏。我下命令，学生按我的命令行走，连续走四条边，走出正方形后，出示画正方形的命令组，让学生观察发现并得出，上面命令组，一行命令重复了四次，让学生思考有没有更好、更方便的方法一次完成这些操作呢，然后比较两种画法，哪种更方便，这样采用任务驱动的方式，激发学生探求新知的兴趣，同时注意培养学生的自信心。本课还充分发挥多媒体广播系统和多媒体课件的辅助作用，突破教学难点：由正五角星演变成所学正五边形，建立之间联系。出示国旗引出五角星的学习，很好地进行了爱国主义教育。

教学内容

用重复命令画正多边形

科目： 信息技术课

年级： 四年级

学习者分析

本课前，学生已经掌握了一些LOGO语言命令，通过初识小海龟引起学生对LOGO语言的学习兴趣，通过画虚实线、简单图形，再给予丰富的颜色，让学生建立了具体形象的语言概念，逐步养成学生做事规范和细致的习惯，养成学生积极探究学习的良好心态，巩固了学生学习LOGO语言的积极性。《用重复命令画正多边形》是本单元的一个大难点，是后期学习嵌套命令的基础，通过"任务驱动"画正方形，比较两种画法，突出重复命令语言的简洁方便，从而"自主探究—分析、小组尝试—总结—评价"，完成正三边形、正五边形、正六边形等学习任务，突出解决正五角星和正五边形的联系，从而使本课形成一个有机整体，前后知识贯通，并通过课件出示国旗，讲解国旗知识，进行爱国主义教育，再引出和完成五角星的教学。

教学目标

1.知识目标：学习画正多边形及正五角星，理解画正五角星和正五边形之间的关系，熟练掌握用重复命令画正多边形的公式。

2.能力目标：利用"任务驱动"学习用重复命令画正多边形。通过小组合作共同"自主探究—分析、小组尝试—总结—评价"，增强了小组合作学习能力、表达能力。在学生观察、计算的活动中，运用猜想、尝试、探究、小组合作练习、实践操作等教学方法，及时反馈教学信息，培养学生的空间思维、逻辑思维能力、能用所学知识解决简单的实际问题。

3.情感目标：通过课件讲解国旗知识，五角星的象征意义，进行爱国主义教育，提高学生对LOGO语言学习兴趣。培养小组合作、协作互助和积极进取的精神，充分调动学生的积极性，体会海龟画图的奥妙，培养学生对空间图形的审美情感。

教学重难点

教学重点：学会用重复命令画正多边形的方法。

教学难点：理解正五角星和正五边形之间的关系。（在同步数学课"三角形"单元中多边形内角和的计算基础上）

教学资源

硬件准备：多媒体教学网络教室，本课教学1人1机，教师广播系统。

软件资源：PC LOGO，教师课件。

教学流程实录

教学活动1

复习旧知

师：同学们，前几节课我们学习了小海龟的哪些命令？

生1：画实线、虚线。

生2：简单图形写字。

生3：改变画笔颜色。

生4：填充图形颜色等

情境导入

师：老师现在知道同学们能够让小海龟画出很多美丽的图案。（课件出示学生作品）小海龟想这下怎么再给你们出难题呢？小海龟和老师商量了一下，决定让你们画步长为60步的正方形（课件出示正方形图片）。同学们你们做好准备没有，现在开始讨论

尝试。（按学生特点分组）

师：小海龟重复了几次，每次旋转了多少度？小海龟一共走了多少度？

生1：重复4次。

生2：每次旋转了90度。

生3：小海龟一共走了360度。

教学活动2：

新课教学

生：绘制正方形的方法：

FD 60 RT 90

FD 60 RT 90

FD 60 RT 90

FD 60 RT 90

这里画图时使用了4次同样的命令，都是重复的。

师：为了避免重复执行的命令反复输入，要是能直接告诉小海龟，重复执行4遍FD 60 RT 90命令就好了。现在我们就来学习"用重复命令画正多边形"。（老师板书课题）

师：重复命令的格式：REPEAT 边数[FD 边长 RT或LT 角度]（板书）括号内的是重复执行的具体内容，括号前面的边数是所要重复执行的次数。

例如：以上画正方形就可以写成REPEAT 4[FD 60 RT或LT 90]

师：下面我们一起来交流一下绘画过程中获得的宝贵经验。（请个别同学讲解绘画过程中的经验和所得出的结论）

教学活动3：

师：同学们，你们数学课刚刚学完第五单元"三角形"，掌握了多边形内角和是$180° ×$（边数-2），根据数学知识你们能算出正多边形旋转的外角度数吗？我们进行比赛(用比赛的方法练习)

师：提出比赛要求：

①各小组尝试用重复命令分别画出边长为30步的正三角形、正方形、正五边形等正多边形，看看哪个小组画得最好，总结得最全面？

②要求同学注意观察：当边数越来越多时，它的边数能数清吗？越来越像什么图形？

总结出正多边形的画法，通过讨论探究实践，各小组分别得出：

生1：画正三边形：小海龟重复的动作是：画一条边，并转$120°$角（$180° -60° =120°$）

如：Repeat 3[FD 30 RT 120]

生2：画正五边形：小海龟重复的动作是：画一条边，并转$72°$角（$180° -108° =72°$）

如：Repeat 5[FD 30 RT 72]

生3：画正六边形格式Repeat 6[FD 30 RT 60]

生4：画正七边形格式Repeat 7[FD 30 RT 360/7]

师：绘制正七边形，由于正七边形特殊，360除以7是除不尽的，结果个别学生把小海龟每次旋转的角度错误写成了52度，51度。

师：你发现了什么？

生1：发现正七边形边不封闭。

生2：不是完全的正七边形。应该用公式360÷7作为小海龟旋转的角度。

【设计意图】

培养小组合作探究的能力，由学生当"小老师"，提高学生对课堂小主人的认同感。

生n：……

生：画正多边形时，当我们每次画好一条边，它转动的角度等于360°除以正多边形的边数。联系数学推导旋转度数：内角是180°×（边数–2）÷边数，即是180°–360°÷边数；旋转外角是180°–（180°–360°÷边数）即360°÷边数。

所以画正多边形公式REPEAT 边数[FD 边长 RT 360÷边数]

（学生边总结边板书）

生：当边数越来越多时，它的边数不能数清，越来越像圆。

【设计意图】

教师通过多媒体广播系统展示学生创作作品，让小组中的"小老师"总结推导过程。具体建立和数学课所学知识的联系，进行学科整合，逐步进行引导，提高难度，让学生由迷惑到豁然开朗，眼睛一亮，让学习成为学生发现问题、研究问题、解决问题的过程。

教学活动4：

教师通过课件出示国旗（图略）

师：同学们请看，这是一面国旗。谁来说一下国旗形状、颜色？我们每个人都应热爱自己的祖国，如果有人焚烧国旗你们答不答应？

生1：国旗是长方形的，旗面是红色的。

生2：旗面左上方缀黄色五角星五颗。

生3：……

生4：不答应，要爱护国旗。

【设计意图】

进行爱国主义教育，体现了信息技术课堂中传统美德教育,让学生爱党爱祖国。

你观察一下，这面国旗由五角星组成的，那么正五角星又和我们刚画的正五边形是什么关系呢?

师:课件演示。

【设计意图】

通过课件演示,生动形象地演示正五角星和正五边形的关系,所学知识形成前后联系,有效地突破了学习难点,为以后扩展学习多角星,打下扎实的学习基础。

师:正五角星分解后,剩下是什么图形?

生:正五边形

师:怎么找旋转度数?用重复命令来画?

生:正五边形旋转外角是72°,正好是正五角星一角是等腰三角形的一个底角,那么正五角星旋转外角是两个底角的和,即72°+72°＝144°具体绘图命令如下:REPEAT 5[FD 80 RT 144]

【设计意图】

培养小组合作探究的能力,由学生当"小老师",提高学生对课堂小主人的认同感。进行爱国主义教育,体现信息技术课堂中传统美德教育,让学生爱党爱祖国。

课堂评价:

本节课我们学习了"用重复命令画正多边形",使我们在画规则图形的时候,简化了画图命令,看到同学们的收获很多,更能看到同学们对伟大祖国的崇敬之情,下节课我们来学习给国旗添加颜色,让国旗变得更加鲜艳。因此我们一定要很好地掌握它,在使用时特别要注意是否是重复命令的基本格式。

教学板书

用重复命令画多边形

画正方形 REPEAT 4[FD 60 RT 90]

画正多边形 REPEAT 边数[FD 边长 RT 360÷边数]

画正五角星 REPEAT 5[FD 80 RT 144]

课后反思

本节课在1999年7月哈尔滨市"一课十讲"活动中,荣获全市第一名。11月在黑龙江省小学计算机教育经验交流会上,我用此课内容为全省信息技术教师做了一节公开课。在2000年1月黑龙江省中小学教研工作会议上代表信息技术学科做了一节示范课(证书复印件附后),在一课三讲的基础上,结合现在的教育理念和方法,形成以上的课堂实录，通过几次教学主要有以下几点反思：

1.进行爱国主义教育，体现信息技术课堂中传统美德教育。

小学信息技术课通常比较枯燥，特别是编程语言的学习，以国旗上五角星为切入点，对学生教育，让学生爱党爱祖国，对当前时事要有明确的是非观，从而激发学生学习的积极性，从小让学生树立为祖国而学习的奋斗目标。

2.深耕教材、借助有效的多媒体手段突破教学难点。

课堂教学知识要前后贯通，而本课教材重点放在了用重复命令画正多边形上，只是在最后扩展园地里出现了五角星，怎么在一节课上，建立正五边形与正五角星之间的联系，从而使本节前后教学成为一个有机整体，是本节课的一个教学难点。由于信息技术课早期没有教参的学科特点，只能靠自己深耕教材，而不是把它分成两节课，教学知识割裂开解决，而是把它作为一个难度拔高，一个教学难点来突破。为了便于学生更直观的学习，特别设计了课件：由一个正五角星，五个角上每个三角形向外慢慢分开，最后演变成中间的正五边形，让学生豁然开朗、眼睛一亮，高效地突破了教学难点，取得了很好的教学效果，深受听课老师的好评。

同时教学中采用"任务驱动"，以小组合作的方式共同"自主探究—分析、小组尝试—总结—评价"，有效地激发了学生探求新知的兴趣，将学生原本的抽象思维变成了生动的形象思维，让学生各司其职发挥小组团队学习的优势，同时也照顾到学生个体差异性，让每一位学生在教学活动中都获得个体的发展，通过教学评价设计，让学生肯定自己，树立了良好的自信，体验成功的喜悦。

3.建立和数学课所学知识的联系，进行学科整合。

学生在四年级下，数学学科刚刚学完第五单元"三角形"，掌握了多边形内角和公式是180°×（边数−2），正好和本节教学重点旋转的外角角度的推导联系在一起，通过数学知识学习的延续，正多边形每个内角是180°×（边数−2）÷边数，即是180°−360°÷边数；算出小海龟旋转的外角度是180°−（180°−360°÷边数）即360°÷边数。有效地进行两个学科的整合。

不足之处：注意课堂四十五分钟教学时间的把控，提高应变能力，既让学生有收获，完成教学重难点，又让学生发现学习、探究学习，自主学习，小组合作学习，同时生生评价，自我评价相结合，通过展示学生作品，为学生创造成功体验的机会，给予孩子积极的评价，增强了学生自信心，更好地达成教学目标。

注：

1999年7月"用重复命令画正多边形"哈尔滨市"一课十讲"活动中，荣获全市第一名；

1999年11月"用重复命令画正多边形"在黑龙江省小学计算机教育经验交流会上，

作为一节公开课，展示给全省中小学信息技术学科教师；

2000年1月"用重复命令画正多边形"作为在黑龙江省中小学教研工作会议上代表信息技术学科做了展示。

阅读中习得语言的精妙
——《半截蜡烛》教学实录

柳清敏

设计理念

《半截蜡烛》这篇课文孩子们读过一两遍后都能了解文意，重点是让学生感受到伯诺德夫人一家在危急关头与敌人作斗争时的机智、勇敢和镇静，甚至他们的爱国精神。语文教学是不能脱离大量的朗读的，通过朗读体会伯诺德夫人一家的沉着、镇定、抓住文中人物的神情、语言、动作、心理等细节，指导学生用课本剧形式表演出来，并在故事情景中理解语句的含义，在具体细节中体会人物品质，在导演剧本中习得语言的精妙。基于此，学生对人物的体验确实超出其对人物的原有认识或更丰满了，或更深入了；孩子对整个二战期间的法国人民的斗争也有了总体的了解，更重要的是孩子的个性得到了张扬。

教学目标

1.通读课文，了解剧本的形式和特点，和一般记叙文比较写法上的不同。

2.默读课文，明白课文讲了一个怎样的故事，能通过人物的语言和剧本提示，理解人物的行为和心理，体会伯诺德一家对德国鬼子的仇恨。

3.能有感情地朗读课文，并能分角色演一演。

教学重难点

通过对课文有感情地朗读，关注细节描写，感悟伯诺德夫人一家的镇定、沉着。

课前准备

1.了解第二次世界大战欧洲战场的基本情况。

2.了解剧本的形式和特点。

教学过程

一、初读课文，畅谈感受

1.师：同学们了解剧本吗？谁来给大家介绍一下这种文学形式。

生：剧本与一般记叙文写作上的区别有这样几个方面：

（1）课文开头列出了时间、地点和人物。

（2）整篇课文是对话的形式。

（3）课文的中间用括号的形式提示当时的情景、人物的动作、神态等。

出示课题，今天我们要学习一篇写法上很特殊的课文——《半截蜡烛》，请大家读读课题。

2.介绍剧本写作历史背景第二次世界大战。

（课件展示二战中惨绝人寰的场景）

3.学习生字词（采取个别读，齐读方式认读生词）

4.自由朗读课文，想想这个剧本讲了一个怎么样的故事？

生：尝试用文章六要素概括文章主要内容。

【引导学生用自己的话说说故事的大意。具体的说法可以有很多种，不要过于强调概括和简练，只要能用自己的话把故事转述出来，并能说清楚时间、地点、人物和事情经过，都应该得到鼓励】。

5.体会半截蜡烛的特别之处。

师：伯诺德夫人为什么藏这半截蜡烛。

生：蜡烛里藏有秘密情报，关系这一家人的性命，还关系着国家的未来，为了有一天把德国佬赶出去。

二、思考课文，深入阅读

师：自由朗读课文，想想伯诺德夫人一家是怎样保护半截蜡烛的？找出有关的句子，读一读，完成表格。

人物	做法	结果
伯诺德夫人	换油灯	失败
杰克	抱柴生火	失败
杰奎琳	上楼睡觉	成功

师：文章情节富有如此曲折的变化，可以用哪些成语来形容？

生：一波三折、跌宕起伏、扣人心弦。

三、小组演出，深化人物形象

师：想象体验：半截蜡烛被点燃了，正在一点一点的熔化，如果秘密被德国鬼子发现，那会怎样呢？

生：（1）德国鬼子会杀害伯诺德一家；（2）德国鬼子破坏地下活动。

【设计思路】

想象的空间很大，进一步培养合理的想象力。

师：在这样的情况下，伯诺德夫人怎么做，怎么说？她当时的神情会是怎么样？心情又是怎么样？

生尝试朗读"太对不起了，先生们，忘了点灯。瞧，这灯亮些，可以把这个昏暗的小蜡烛熄了。"

师：从这句话中你体会到了什么？

生：伯诺德夫人想方设法要转移德军的注意力

师：一齐再读这句话，体会伯诺德夫人的机智。

师：在这样的情况下，杰克怎么做，怎么说？她当时的神情会是怎么样？心情又是怎么样？

生尝试朗读"天真冷。先生们，我去柴房抱些柴来生火吧。"

师：杰克同样是从容镇定的，老师相信，你们也一定能通过朗读来表现他的从容镇定。请同座两个同学分分工练读第四小节。（出示第四小节）

师：此时的蜡烛为什么会成为屋子里最可怕的东西呢？

生：因为越烧越短的蜡烛随时会熄灭，蜡烛一熄灭秘密就会暴露。

师：是啊，此时的蜡烛就像悬在伯诺德夫人一家人头上的利剑，就像会随时爆炸的炸弹，情况多么危急啊！你来读读看！再请你读读！

生评：我觉得他们还能读出德军的凶恶。

师：是的，敌人似恶狼一般厉声喝道，你来试试看！再请一男生一起来！

师：敌人是多么凶恶！

师：你觉得他们还有哪些地方读得不够好，给他们提点建议的？

生：我觉得他们还可以把表现杰克动作的那些词语读得慢一些，稳一些，表现出杰克的镇定。

师：你听得很仔细，想得也很好。的确，如果我们能通过杰克的外在动作来走进他的心灵世界，揣摩他的心理活动，就能把课文读得更好。我们怎样才能走进杰克的心灵世界呢？请你再读读杰克所说所做的。

师：刚才的问题解决了吗？谁来说说。

生1：杰克会想：妈妈想把蜡烛吹熄失败了，我得重新想个办法保护蜡烛，不过要做得自然些，不能让德国军官看出破绽。

生2：杰克去搬柴时会想：如果我因为没有能端走蜡烛就不去搬柴了，那肯定会引起德国军官的怀疑，还是先把柴搬回来再想办法。对，这一切要做得不露声色。

生3：杰克搬回柴后默默地坐着，他会想：我要保持镇定，不能慌张，让我再想想，办法总会有的。

师：杰克的从容镇定给我们留下了深刻的印象，敬佩之情油然而生。让我们分读这段话，再次体会体会。描写杰克的语句请一、二大排读，你们要突出他的从容镇定；描写敌人的语句请三、四大排读，你们要突出敌人的凶恶；描写紧张气氛的语句一起读。

师：在这样的情况下，伯诺德夫人怎么做，怎么说？她当时的神情会是怎么样？心情又是怎么样？

生尝试朗读"司令官先生，天晚了，楼上黑，我可以拿一盏灯上楼睡觉吗？"

四、品读最后一小节

师：夜晚，敌人突然闯入，危机顿生；随着时间的推移，蜡烛越烧越短，厄运一步步逼近，我们不禁为伯诺德夫人一家的命运担忧。但是故事的最终结局却是"峰回路转"，令人意想不到。同学们，是谁最终保住了秘密，保住了一家人？学生齐答——杰奎琳。

师：她的努力为什么能成功呢？大家先自己读课文想一想，看看能够找到几点理由。

生：她的要求自然合理。她摆出娇弱的姿态，娇声请求，让人怜爱。

师：让我们通过朗读再来体会杰奎琳的机智勇敢。

男生读少校的话，女生读杰奎琳的话，老师读旁白。

五、拓展延伸，扩充阅读

1.推荐剧本，阅读曹禺的《日出》《雷雨》，体会剧本讲了一个怎样的故事，能通过人物的语言和剧本提示，理解人物的行为和心理。

2.把半截蜡烛的故事演一演。

板书设计

半截蜡烛

（藏有情报）

伯诺德夫人	吹熄	镇定
杰克	端走	机智
杰奎琳	端上楼	勇敢

教学反思

这篇课文是对学生进行爱国主义教育的生动题材。这篇课文故事情节生动紧凑，跌宕起伏、扣人心弦，而且人物刻画手法丰富，语言细腻，学生比较喜欢。基于教材特点和学生实际，课堂上阅读教学从"独白"走向"对话"。再通过反复朗读，结合上下文，通过品读人物的动作、语言和神态，体会到他们的镇定和机智，再以个别读和齐读的方式加深理解，表达情感，欣赏到人物的人格魅力。学生在阅读过程中与文本、教师、同学进行对话，了解人物的特点，从中受到教育，全面提高语文素养，取得了较好的效果。

用传美教育滋养语文课堂
——《黄山奇石》教学实录

吕红滨

第二单元以"美丽的祖国"为主题，授课中主要运用了图像、视频、音频等教学手段来表现主题。创设课堂情境，启迪学生自身感悟与自我思考，经过多种方式的朗读训练，培养了学生对祖国美丽风光的热爱之情。把朗读、背诵作为重点内容，同时也注重熏陶及感染学生。黄山位于我国安徽省南部，它是我国著名的自然遗产，号称天下第一奇山。黄山的奇松、怪石、云海名扬天下，以秀美、雄奇著称。其中黄山的奇石造型多样，形象逼真，酷似鸟兽，令人叫绝。它们构成了一幅幅美妙生动、令人向往的画卷。黄山的美丽风光极大程度地激发了学生热爱祖国山山水水的爱国情感。

教学内容

人教版语文二年级下册《第一课"黄山奇石"》。

教学目标

1.感悟黄山奇石的神奇、美丽，体会作者在写作手法上的详略得当、生动有趣。

2.以学生们的品读、研读、小组合作交流等方式，让学生充满感情地朗诵课文，感受和领会本文作者对黄山美好风光的赞美和喜爱。

3.使学生感受到黄山奇石的神奇和美丽，祖国大好河山的壮丽美景，激发了学生的爱国情操。

重点难点

理解作者对黄山奇石描写的详略不同的表达方式，能充满感情地诵读原文，感受黄山奇石的壮美，表达对其发自内心的热爱。

教学流程

（热身）

（播放课件）小朋友们，在快乐中学习语文，在语文中感受快乐。通过学习学会自信、尊重、合作及交流。上课!

一、录像引入，激趣质疑

1.同学们，在中国，有许许多多的著名的山，人们常把最壮美的山归纳为"三山五岳"，其中的"三山"，指的是黄山、庐山和雁荡山。接下来就让我们一起看看我国安徽省南部的一座名山，它是"三山"中最著名的一座,它就是黄山。（板书：黄山。）

【设计意图】

通过视频欣赏初步感受祖国名山的壮美。

2.小朋友们，黄山为什么那么著名，它有哪些特点，你们知道吗? 课件演示（黄山奇松、黄山怪石、黄山云海、黄山温泉）对，这就是黄山四绝。今天，我们就来看一看其中的一绝，"黄山奇石"。

（板书：奇石。）学生齐读。老师播放关于黄山的视频资料，看了视频之后，提出问题，同学们对黄山奇石中的"奇"字有怎样的体会和感悟呢?

【设计意图】

通过观看视频给学生以最直观的感受，初步感知黄山奇石的奇。

二、进入文本，初读感知

1.演示读文提示，选一名同学读老师的要求，让学生带着问题自由读课文。

（1）标上自然段的序号。

（2）老师要求学生第一要读准确原文字音、第二要读通顺原文句子。

（3）要求学生能画出原文中概括全文主旨、总结全文的一句话。

2.全文共分六个自然段，学生按照自然段读课文，由教师纠正学生读音。

三、研读文本，深入探究

（一）理清详略

课件演示课文第一自然段（闻名中外的黄山……有趣极了）

1.读完课文，同学们是否找到了总结全文主要内容的句子? （出示本自然段的第二句：那里景色秀丽神奇……有趣极了。）（板书演示：神奇、有趣。）提出问题："尤其"的近义词是什么? （特别）"尤其"能够改成"特别"吗? 还有第一自然段还说了什么? 黄山在哪里? "闻名中外"是什么意思? 读第一自然段的时候，注意 "闻名中外、尤其、极、秀丽神奇"在文中的意思。

2.学生不出声读课文，边读边标出奇石的名字。

3.学生汇报，课文详细描写"猴子观海、仙桃石、金鸡叫天都、仙人指路"，粗略描写"天狗望月、仙女弹琴、狮子抢球"。

【设计意图】

体会作者详略的分配。

（二）深入探究

学生先重点学习第三自然段，文章中哪四种奇石是详细描写的？看看书上的两幅插图，看看是四种奇石中的哪两种，引导学生先来了解这两种奇石。

出示第三自然段，在一座陡峭的山峰……有趣的。

1.出示猴子观海的图片

（1）观察：这是什么？猴子在哪？它在干什么？（板书：猴子观海。）

（2）读文：同学们，谁能读一下这部分内容？然后大家讨论一下，作者写得怎么样，哪些词语用得妙？"陡峭（形容高高的山体直上直下）""翻滚（描写云海滚动）"；原文中三个动词"抱""蹲""望（看远方）"。

【设计意图】

通过找到这些巧妙的词语体会作者是怎样生动的将猴子观海这一奇石描写清楚的。

第三自然段描写了猴子观海的动作和奇石所处的位置。如果我们把它改成：面对云海的山峰上，那里有一块大石头，这块大石头就是"猴子观海"。这样表达好不好？（不好，作者使用了拟人的表现方法，生动有趣。）

（3）请同学们做个猴子观海的动作"两只胳膊抱着腿、一动不动、蹲"，体会一下。

【设计意图】

通过对语句的品读，自己边做动作边感悟文章内容。

（4）有感情地再读课文。

过渡：我们按照"边观察、边读文、边想象"的方法学习了黄山奇石。这种逐步进行、循序渐进的学习方法非常有效，我们后面还会继续学习。

【设计意图】

交给学生学习课文的方法，便于后边自主学习，形成学生个性感悟。

2.仙人指路：

演示（"仙人指路"就更有趣了……手臂指向前方。）

课文中的插图画的是什么？（板书：仙人指路。）

（1）观察：同学们看到了什么？（学生回答。）

（2）读文：学生看演示照片，选同学读短文，注意原文中的两个动词"指"和"站"。自己体会下两个动作，感受下仙人的神态举止。

（3）想象：如果我们就在这位仙人面前，同学会和他说些什么话，他又如何回答我们？（通过读文感悟学生发现如果仙人在指路，就说明应该有人在问路。）

（4）再读。

对学生提出要求："边观察、边读文、边想象"，学生循序渐进地自主学习原文第二、五自然段，把自己感悟到的内容表达出来。学生自学两个自然段，相互交流感悟体会及收获。教师倾听学生的汇报：通过自学同学们说一说对图片的感悟；读一读课文并说一说原文写得好不好；也说一说自己通过作者的描写都想到了什么？

【设计意图】

始终强调学生读文后的感悟，时时刻刻让学生将自己的感悟表达出来。

3.仙桃石：演示（就说"仙桃石"吧……落在山顶的石盘上。）（板书：仙桃石。）

（1）请学生看照片，口头描述仙桃石的形态。

（2）读课文，用书中句子回答是什么样的，什么地方的？注意词：飞、落。（课件演示。）

（3）假设我们把原文改成："仙桃石"是石盘上的一块桃形的石头，这样改对比原文哪一个更好？

（4）同学们看到原文中的"仙桃石"会有什么样的感想，联想到了什么？请同学们结合课件观察并思考一下。

4.金鸡叫天都：演示（每当太阳升起……著名的"金鸡叫天都"了）。

（1）课件演示图片，描述。（板书：金鸡叫天都。）

（2）学生读课文。要注意原文中三个动词"伸、啼叫、天都"，"金鸡叫天都"如果自己画该怎么画。

（3）读文。

（三）创造提升

1.学生读最后自然段。演示（黄山的奇石还有很多……正等你去给它们起名字呢！）原文中作者都略写了什么呢？

2.原文中的三种奇石"天狗望月、狮子抢球、仙女弹琴"会是怎样的呢？学生自己想象一下，原文中的省略号又是代表什么意思呢？想一想黄山还应该有其他什么样的奇石呢？

3.读原文最后一句。（板书：秀丽神奇）

四、总结升华，激发欲望

1.学生理解和感悟黄山奇石中的"奇"，奇石"奇"体现在什么上，石头的造型多样、形象逼真引起了人们的联想。

2.徐霞客说过："登黄山，天下无山。"黄山比其他三山五岳更美、更神奇。如果将来有机会，同学们一定要去登黄山、看美景。

五、板书设计

14.黄山奇石

仙桃石

秀丽神奇　　猴子观海

仙人指路

金鸡叫天都

教学反思

本节课是一节传美渗透课，目的在于通过学习课文内容感受黄山奇石的独特秀美，从而激发学生热爱祖国大好河山的情感。所以整节课更多地关注学生读文后的感受，只有将这种感受读出来，想象出来，才能内化成一种爱国的情感。我想我这节课确实达到了这种效果。最后学生真的发自内心地说出了黄山奇石真秀丽神奇呀！我们祖国的山水真壮丽呀！达到了预期的目标，很好地将传统美德教育渗透在了语文教学之中！

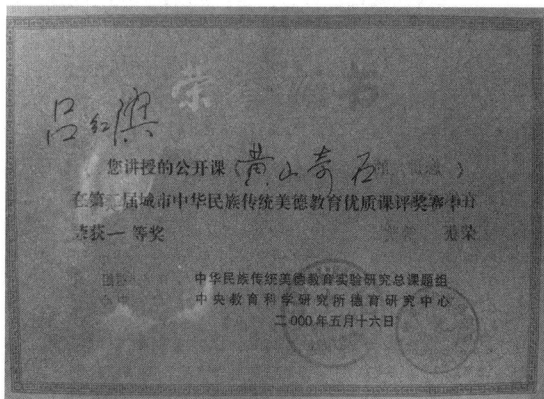

扬中华传统文化　促中俄教学交流
——《中国传统文化——元日》

王　扬

设计理念 为了更好地弘扬中华传统文化，更好地促进中俄教学的交流。

教学内容 中国传统文化——元日

教学目标 让俄罗斯学生了解中国传统文化，中国的古诗与节日都是息息相关的。

教学重点 学会诵读《元日》。

教学难点 初步理解《元日》的诗意。

教学流程

一、节日氛围导入

1.教师播放新年好的动画音乐。（红色的主色调，此起彼伏的鞭炮声，让俄罗斯学生很自然地融入到了过年的氛围中来。）

2.出示中国有代表性的传统节日的图片、视频。如：春节、元宵节、清明、端午、重阳节、中秋节（让俄罗斯学生初步感知中国传统节日的丰富多彩）

二、介绍中国传统文化

（一）学习《元日》

1.出示春节的相关视频（让俄罗斯学生感知春节热闹的场景）

师：同学们，这就是中国的春节，处处张灯结彩，家家户户挂灯笼、贴年画、贴春联，到处洋溢着节日的喜悦！

生：老师，吃饺子吗？

师：对啊，春节是一定要吃饺子的！

生：老师，我还知道中国的春节都要看春晚！

哈哈哈……

师：全世界人们都在看哦！

生：老师，我还知道……

师：看来，你们都是善于观察的孩子啊！你们想知道中国古代人是怎样过年的吗？现在就请你随老师一起去感受一下。

2.教师播放古诗《元日》的动漫视频。

（由于俄罗斯孩子对中文了解不是特别多，因此由老师带领孩子们一起诵读这首古诗）

师：屠苏，新桃，旧符，都是什么意思呢？

生：老师，是吃的吗？我看有桃子。

师：哈哈，还真不是！这里有屠苏酒，还有对联。（老师的手指向PPT让孩子体会中国传统文化。）

3.教师播放音乐，再次与学生共同诵读这首古诗。

（二）依此方法，继续了解学习其他有关中国传统文化的古诗。如《清明》《端午》《九月九日忆山东兄弟》《水调歌头》（让俄罗斯学生感受中国传统文化与古诗的融合）

三、感受中国课堂文化

教师出示自己班学生日常学习、生活的照片，让俄罗斯孩子感受到不同的地域，同样的学习氛围，最后由中国孩子通过视频向俄罗斯孩子发出邀请：欢迎你到中国来！

板书设计

中国传统文化

《元日》

春节、元宵节、清明、

端午、重阳节、中秋节

教学反思

本节课是一节给俄罗斯小学生上的交流课，旨在弘扬中华传统文化，更好地促进中俄教学的交流。

上课伊始，我就用熟练的俄语与学生们打招呼问好，这就无形之中拉近了我与他们之间的距离。其实，这是我提前几天特意学的俄语，因为我知道，为了达成既定的教学效果，吃点苦也是值得的。有了语言基础做铺垫，学生的学习兴趣高涨，发音虽不标准，但却很积极，使课堂教学效果增色不少。

本节课的重点不是让学生把古诗学透彻、背会，而是让俄罗斯孩子感受博大精深的传统文化。因此，我会在每个中国传统节日的后面都附上一首和这个节日相吻合的古诗词，这样一来，孩子们对中国传统文化的了解就有了关联性，达到事半功倍的教学效果。

中国文化博大精深，怎样让世界更好地了解中国，是我们需要深入思考的问题。

注：本课参加省级交流课展示。

传颂美德　树中华少年

——文明是最美的风景

夏　琳

设计理念

　　眼中之美，源于自然；心灵之美，彰显文明。我国是礼仪之邦，讲文明、懂礼貌、重礼仪是中华民族的传统美德，是孩子健康成长的需要，是个人内在修养的表现，也是他们将来走向社会人际交往的必备素质。从小抓好这一教育，讲文明懂礼貌学生从小就知道，但是真正在现实生活中却有许多不尽如人意之处。他们知道用礼貌用语，但是潜意识中缺乏礼貌的意识，有许多反面的例子，已经印在学生记忆的画廊中。因此本节教学内容即通过名人故事及学生身边的例子引导学生做一个有礼貌的人，并从身边小事做起礼貌待人，这是社会主义核心价值观其中之一。

教学内容

小学德育实践课

教学目标

1.知道我国是礼仪之邦，讲文明、懂礼貌、重礼仪是中华民族的传统美德，要继承和发扬，对不文明的行为感到不满。

2.从家庭、学校、社会，三方面感受文明礼仪的重要性。

教学重点

使学生懂得文明礼仪的意义，提高学生的道德认识。

教学难点

学生不仅有文明的意识，而且知道生活中如何文明做事，在生活中实践。

活动流程

一、视频再现，话文明

师：同学们，时间过得可真快！转眼间十一小长假很快就过去了，那夏老师请同学们重温一下假期我们的快乐生活。（视频1，反面例子）

师：你们看到了什么？

生：开放回答（2—3人即可）

师：眼中之美，源于自然；心灵之美，彰显文明。我国是礼仪之邦，讲文明、懂礼貌、重礼仪是中华民族的传统美德，是个人内在修养的表现。视频的现象虽然是个别现象，但在我们美丽的自然风景中增添了一笔瑕疵。只有文明才是最美的风景。文明是人类进步的基石。（板书：文明是最美的风景）

【设计意图】

生活实践导入，激发孩子兴趣，引发大家思考。

二、发现文明，思文明

（一）家庭中的文明

师：文明无小事，下面就从我们身边说起。在家里，我们要做到哪些文明行为呢？

1.卫生方面

师：讲究卫生，干净整洁（板书：整洁）

生：吃饭不扒拉，挑食等

师：有教养（板书：有教养）

2.家务

师：家务劳动是家庭成员在家庭生活中必须从事的一种无报酬劳动。还有哪些家庭也有这样的家庭分担？这么多，家务劳动人人有责。（板书：责任）

师：自己的事情自己做，学会独立，不依靠他人。

(物品摆放好，把东西放回原位)

师：减少了很多麻烦呀！

【设计意图】

从身边找起，找到我们身边的文明礼仪。

3.餐桌礼仪请长辈先入座。

（1）等长辈先拿碗筷后，自己再拿碗筷。

（2）吃东西或喝汤时要小口吞咽，闭嘴咀嚼，尽量不发出响声。

（3）别人给自己添饭菜，要说"谢谢"。

（4）主动给长辈添饭加菜。

（5）先吃完饭要说"大家慢慢吃"。

4.访客文明。

师：当家里来了客人，你们会怎样做？

（1）客人如不知道你家具体位置，要下楼去迎接。

（2）接到客人以后，满满的笑容可以让他们感受到你的热情，主动问好可以让他们感到你的礼貌。

（3）请客人坐下，马上去端茶递水，记住要观察客人喝水，水没了要及时给他们添水。

（4）给客人时间让他们表达上门来的目的，和他们聊天。

（二）寻找校园生活中的文明礼仪

师小结过渡：刚才老师欣喜地发现我们班的孩子家里也有很多可贵的文明礼仪，相信在这样的家庭熏陶下下我们班的孩子定会健康成长，谈到成长老师想到另一个重要的阵地就是我们的学校，在我们的校园里又有哪些文明礼仪要求呢？快来说一说吧！

1.文明用语

生：不骂人。

师：辱骂他人是侮辱他人是不文明行为。

生：走廊不能打闹、上下楼梯不能打闹这一类的回答。

师：保持楼内秩序。

生：下课不玩危险游戏。

师：遵守校园文明规则为我们带来了安全。

生：在图书室读书要安静。

师：不打扰其他人，不给别人添麻烦就是文明的表现。（手指板书"文明"说）

【设计意图】

回到我们接近的生活，用身边的实例，感受校园文明礼仪的重要性。

2.课堂文明

生：上课发言先举手

师：遵守课堂纪律，高效的学习

生：排队进出教室、教学楼

生：人很多，不能拥挤

师：排队进出教室教学楼是高效的、安全的，指板书说……

（视频演示3）校园不文明现象。

师：校园的文明需要你我他，共同努力的结果。疫情期间，我们进入班级前第一件事是（测体温）。放视频4测温

师：同学们文明有序的排队测温，不仅提高了测温效率，这也是我们少先队员最好的文明素质的体现。

【设计意图】

联系学生生活实际，为疫情作出的努力，人人有责，增加学生为他人服务意识，为祖国贡献自己的力量。

3.发现社会生活中的规则

师：接下来让我们走出小课堂走进社会大课堂探究文明。去找一找生活中的礼仪。请同学们在小组中说一说生活中有哪些文明礼仪？（小组合作交流）

（1）同学们，我们先来分分小组帮文明礼仪找找家。

师：这三处都是公共场所，我们要讲究公共礼仪。

（2）生活中还有哪些要注意的文明礼仪呢？（安全礼仪）

安排预设：爸爸送我上学，我们要遵守交通礼仪。我们来看一部宣传片，看看谁记住的文明礼仪多？

师：文明的行为不仅是一种约束（板书），更是一种保护（板书）。它保障着我们的幸福生活和生命安全，使同学们能健康茁壮的成长。

三、领悟文明，做文明小使者

师：家庭、校园和社会的文明礼仪，会在我们幼小的心灵中扎根发芽。在我国的古代，古人也是非常重视家庭文明礼仪，看早在几千年前就有家庭文明礼仪的出现。

（文字图片9）我国晚清时期有一位名臣叫曾国藩，他为祖孙后代立下了可贵的家规，人们把他的家规，家训和家书整理成书籍，现在还在我们中国传颂，曾国藩对他家所有的孩子的要求是，勤理家事，严明家规，每个人都得做家务，干农活儿，亲自去实践，去体验，不能不知道农耕的艰辛，不能五谷不分，四肢不勤，体会劳动的辛苦，才会励志而上。他的子女在严明的家规中长大，后来都成了杰出人物。

【设计意图】

以古鉴今，说明楷模的重要性。

四、总结提升

师：古往今来，无规矩不成方圆。凡人之所以贵于禽兽者，以有礼也！旅途中的风景，用目光去发现；生命里的风景，靠行动来雕刻。习近平总书记指出，华夏文明源远流长，孕育了中华民族的宝贵精神品格，培育了中国人民的崇高价值追求。自强不息、厚德载物的思想，支撑着中华民族生生不息、薪火相传的强大精神力量。让文明成为校园中最美的风景线，愿礼仪之花开满社会的每个角落，伴随着我们一同健康成长。

板书设计

　　　　礼仪——文明是最美的风景

　　　　　　整洁、责任、文明、教养

　　　　　　约束——保护

教学反思

我国是礼仪之邦，讲文明、懂礼貌、重礼仪是中华民族的传统美德，是孩子健康成长的需要，是个人内在修养的表现，也是他们将来走向社会人际交往的必备素质。而现在的孩子娇生惯养，我行我素，在校的种种表现也不太文明，如：课间不会文明行走，随处可见追逐的身影，就餐时，挑食偏食，浪费现象时常有之；与人交谈、游戏时，说不上几句就以吵架收场等。因此在本次的德育实践课上，我选择了有关各种场合文明礼仪教育的"文明是最美的风景"。以期待孩子们发展成为一个有修养有道德的人。本次的主题德育实践课，我是以观看视频、生活实际介绍、分组分析完成任务、以古鉴今等多种形式来对孩子们进行文明礼仪知识的教育。我相信，孩子们在这次主题班会后，会对自己一些不好的行为举止进行自我纠正。总之，要真正让文明礼仪之花开遍班级、开遍校园，不能只靠一节班会课，也并非一朝一夕能形成的，而应在平时的教育教学中常抓不懈。对学生进行文明礼仪教育，必须持之以恒，像滴水穿石一样，一点一滴，经年累月，相信文明礼仪之花会绽放在每个孩子的心中。

在教学中让学生有序的思考

——《数学广角》教学实录

徐 萍

教材分析

"数学广角"是人教版义务教育课程标准
实验教科书二年级上册新增设的一个单元，是新
教材向学生渗透数学思想方法方面做出的新尝
试。排列和组合的思想方法不仅应用广泛，而且
是学生学习概率统计的知识基础，同时也是发展
学生抽象能力和逻辑思维能力的好素材。本节内
容在渗透数学思想方法方面力求通过让学生运用
操作、实验、猜测等直观手段，把重要的数学思
想方法通过学生日常生活中最简单的事例呈现出
来，并初步培养学生有序地、全面地思考问题的
意识。

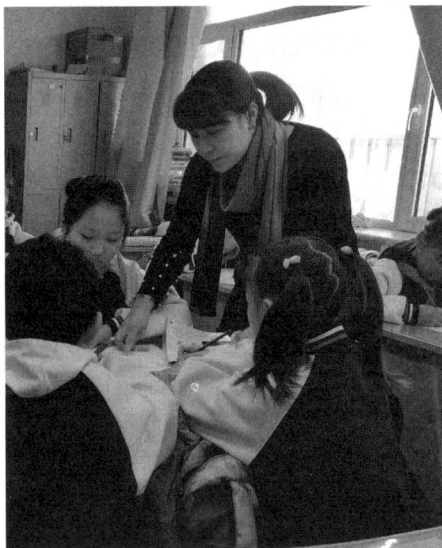

教学内容

义务教育课程标准实验教科书人教版二年级上册第八单元数学广角。

教学目标

1.使学生通过观察、猜测、实验等活动，找出简单事物的排列数与组合数。

2.经历探索简单排列和组合规律的过程。初步培养学生有顺序地、全面地思考问题
的意识。

3.感受数学与生活的紧密联系，培养学生学习数学的兴趣和用数学方法解决问题的
意识。激发学生学好数学的信心。

教学重点

经历探索简单事物排列与组合规律的过程。

教学难点

初步理解简单事物排列与组合的不同。

教学准备

三只小动物、数字卡、课件、答题卡等。

教学过程

一、导入

1.同学们，老师为大家带来了3只可爱的小动物，你们看它们是谁呀？（出示动物头像）。今天这3只小动物要带领我们去数学广角参观一次比赛。（板书：数学广角）

2.出示课件：出发喽！

二、排列问题

1.这三只小动物兴高采烈地来到了赛场门口，裁判要求小动物必须答对两个问题才能获得入场资格。你们愿意帮助他们吗？

2.出示课件：欢迎你们的到来，请你们用数字1、2组成不同的两位数。

（1）汇报答案。

（2）说一说你是怎么想的。

生：组成12和21。十位上是1，个位上是2组成12，十位是2，个位上是1组成21。

师：指十位，那你是先确定——（十位上的数。）

生：先确定个位上的数，个位上是1，组成21；个位上是2，组成12。

师：原来1、2放在不同的数位上可以组成不同的两位数。你们的想法可真有逻辑性。

生：十位上是1，个位上是2组成12，把12交换位置，是21。

师：你用的方法是交换两个数字的位置。

3.你们可真聪明！想出了那么多种方法解决第一道题，第二道题加大了难度，你们有信心完成吗？

4.课件出示：请用数字1、2、3写出所有的两位数。

5.在动手写之前，请听要求。（出示课件）

6.请学生汇报方法。

（1）生：先确定十位，十位上是1，个位上可以是2、3组成12、13。十位上是2，个位上可以是1、3组成21、23。十位上是3，个位上可以是1、2组成31、32。

师：仔细观察，你有什么发现？

生：按从小到大的顺序排列的。

师：除了按从小到大的顺序排列，还可以按从大到小的顺序排列。

（2）生：先确定个位，个位上是1，十位上可以是2、3组成21、31。个位上是2，十位上可以是1、3组成12、32。个位上是3，十位上可以是1、2组成13、23。

（3）生：还可以交换两个数字的位置。拿出1和2组成12和21，再拿出1和3组成13和31，再拿出2和3组成23和32。

【设计意图】

让学生在体验中感受，在活动操作中成功，在交流中找到方法，在学习中应用。这里先让学生独立思考，调动学生自主学习的积极性，再小组合作，让学生在宽松民主的气氛中，参与学习过程。同时从学生已有的知识基础出发，适当增加了难度，从而让学生明确有序思考的好处——不重复不遗漏。

7.总结：观察这些方法，你有什么发现？（排列的有顺序）有顺序有什么好处呢？（不重复、不遗漏）你们说得太好了。我们在解决问题的时候就要进行有序的思考，做到不重复不遗漏。（板书：有序的思考）

三、组合问题

1.现在小动物们顺利地进入赛场。瞧！它们多高兴呀，它们激动地互相握起手来，小猴边握手边在想："我们三个互相握一次手，一共握了几次手呢？"

①拿出答题卡独立完成第二题。师巡视。

②说一说你是怎么想的。

生：先小鸡和小兔握手，小鸡和小猴握手，最后小兔和小猴握手。握3次手。

师：你是按——（生：从左到右的顺序握手的）怎样才能展示出你的想法呢？

生：可以写ABC代替小动物进行连线。

③谁还有不同的方法？

生：从右到左的顺序。先小猴和小兔握手，小猴和小鸡握手，最后小兔和小鸡握手。

2.3个数字可以写出6个不同的两位数，3只小动物握了3次手，同样是3，怎么结果不一样呢？

生：两个数字交换位置可以组成2个数，两个人握手只能握一次。

师：数字的排列有顺序要求。而两人握手没有顺序要求。

【设计意图】

让学生通过对比，产生认知冲突，从而初步地感受排列有顺序的要求——两个数字交换位置能组成两个不同的两位数。组合没有顺序的要求——两个人握手只握一次。从而突破难点。

3.第一场比赛选手：小猴、小兔。他们来到了换衣间，看到了眼前的情景又为难了。请你们完成答题卡第三题。

四、总结

非常感谢同学们帮助小动物顺利参加比赛，在我们的生活中还蕴含着许多需要进行有序思考的数学问题。（出示课件）希望你们能活学活用，老师相信只要你能有序地思考就会解决生活中的问题。

五、板书设计

数学广角	
排列问题 用数字1、2组成不同的两位数 原来1、2放在不同的数位上可以组成不同的两位数方法是交换两个数字的位置	组合问题 数字的排列有顺序要求。 而两人握手没有顺序要求。

＊两人相互握手只能算一次，和顺序无关。

＊刚才排数，交换数的位置，就变成另一个数，这和顺序有关。

教学反思

为了能调动起学生的学习积极性，让学生在愉快的氛围中学习，在给二年级上学期学生教授《数学广角》一课内容时，我设计的教学活动中把排列思想方法渗透给学生，让学生在不知不觉中去感知何谓排列，我觉得在本节课中以下几个方面处理得比较好：

1.创设情境，激发探究的兴趣。

整节课用一个完整的情境来吸引学生主动参与激发积极性。我设计了教学情景带领学生共同进入课堂，紧接着完成教学内容：学习简单的排列并应用。

2.让学生在动手操作中学习数学

本课通过组织学生动手操作感悟新知，充分调动了学生的学习兴趣，既让学生感悟了新知，又体验到了成功，获取了数学知识，真正体现了学生在课堂教学中的主体地位。

3.在教学中充分让学生体会到数学与生活的密切联系，感悟到了生活中处处有数学，用学到的数学知识可以解决生活中的实际问题。

这节课也存在许多不足之处，在以后的教学中，我会注意以下几个问题：

1.在解决数字排列问题的时候，当学生展示只出现一种方法时，我让学生进行有序思考，虽然能够及时调整教案引导学生学习其他的数字排列方法，但只注重了我自己的讲解，如果再放手让学生根据一种方法想到另外的方法，并且能够用自己的语言表达出来，那样的效果会比我的讲解好很多。

2.整节课我的讲解偏多，应该相信学生的能力，他们说得好时，教师没有必要再重复讲解。

3.虽然课堂上注重了学生的动手操作学习，但小组合作学习还是有些缺乏，这是今后需要注意和改进的环节。

体验感悟　传承美德

——《秋天的节日》课堂实录

张　晶

设计理念

本课是依据《课程标准》中"能用自己的
方式爱父母长辈，积极主动做家务事。乐于帮助
别人，特别是老年人和残疾人"这一内容标准而
设置的，具有传承传统美德的时代意义。本课以
重阳节作为切入点，目的是通过重阳这一传统节
日，增强学生尊老敬老的意识，培养敬老爱老的
行为。另外本课中还要使学生知道其他地区在秋
天还有什么节日。我在本课大多采用体验式教学
方式，与学生生活紧密结合，同时要注重内容的
鲜活，注重学生参与和互动，注重培养学生掌握
收集整理分析信息的能力，初步学会自主解决问
题的基本方法，切实提高本学科教育的质量和实效。

教学内容

《团团圆圆过中秋》第二课时《秋天的节日》

教学目标

1. 让学生懂得重阳节敬老爱老的内涵。希望他们能够继承中华民族的优良传统，在
生活中做到敬老爱老。

2. 使学生了解重阳节的习俗和文化，激发他们爱亲敬老之情。

3. 秋天丰富的节日及丰富多彩的庆祝方式，蕴含的独特文化含义。

教学重点

让学生懂得重阳节敬老爱老的内涵。希望他们能够继承中华民族的优良传统，在生
活中做到敬老爱老。

教学难点

使学生了解重阳节的习俗和文化，激发他们爱亲敬老之情。学生了解秋天丰富节日

及丰富多彩的庆祝方式和独特文化含义。

教学流程

活动导入

1.师：这节课老师带领同学们走进秋天的节日，（板书：秋天的节日）继续感受秋天这个美好季节里节日的内涵和魅力。

2.出示古诗

（1）师：秋天除了有国庆节和中秋节，还有哪些节日呢？同学们齐读古诗。

（2）诗中的佳节是指什么节？

生：重阳节（板书：重阳节）。

【设计意图】

上课伊始，用古诗导入，引发学生探索问题的兴趣和欲望。了解重阳这一传统节日。

活动一 重阳节话习俗

（一）重阳节的来历

师：重阳节是怎么来的呢？请同学们到书中找找，看你能发现什么？

1.学生阅读书中P16，独立学习，看看重阳节是怎么来的？

2.从书中你了解了哪些关于重阳节的知识，指名汇报。

生1：秋高气爽天晴朗，赏菊登高过重阳。农历九月初九是中国的重阳节。

生2：因为中国古代把"九"看作阳数，九月九日是二九相重，所以叫"重阳。"

师小结：农历九月九日，为传统的重阳节。因为古老的《易经》中把"六"定为阴数，把"九"定为阳数，九月九日，日月并阳，两九相重，故而叫重阳，也叫重九。重阳节早在战国时期就已经形成，到了唐代，重阳被正式定为民间的节日，此后历朝历代沿袭至今。

师：关于重阳节的来历还有个传说呢，我们一起来看看吧！

3.播放视频：关于重阳节的传说。

4.师：看完视频你知道了什么？

生1：我知道家乡的百姓们遇到了病灾，是桓景他找到了一个仙人历尽千辛万苦救了乡亲们。

生2：我认识了厉害的桓景。

生3：我知道了桓景让大家都登上高山、饮菊花酒、插茱萸躲避灾难。

师：哦，桓景救百姓的这几种办法就是重阳节的习俗。

小结：通过观看视频同学们不仅认识了勇敢善良的桓景，还说到了重阳节的习俗，重阳节都有哪些习俗呢？课前同学们搜集了关于重阳节习俗的资料我们来交流一下吧。

（二）重阳节习俗

1.出示资料交流要求：旁边同学交流重阳节都有什么习俗，这个习俗所代表的寓意是什么？

2.汇报交流，出示图片重阳节习俗。

生1：我查到的习俗是登高望远，重阳最重要的节日活动之一，即，登高。故重阳节又叫"登高节"。登高所到之处，没有划一的规定，一般是登高山、登高塔。九月九正值仲秋时节，秋高气爽，登高远望，活动筋骨，所以，人们于重阳登高，在时令上是最合适不过的。

生2：我查到的习俗是吃重阳糕，重阳的饮食之风，除前所述的播茱萸、饮菊花酒，吃菊花食品之外，还有许多其他的习俗，其中最有名的就是吃糕。在北方，吃重阳糕之风尤盛。糕与高谐音，吃糕是为了取吉祥之意义，因而才受到人们的青睐。

生3：我查到的习俗是赏菊并饮菊花酒。菊花，是我国名花，也是长寿名花。在"霜降之时，唯此草盛茂"，由于菊的独特品性，菊成为生命力的象征。重阳佳节，我国有饮菊花酒的传统习俗。菊花酒，在古代被看作是重阳必饮、祛灾祈福的"吉祥酒"。

生4：我查到的习俗是插茱萸和簪菊花。重阳节插茱萸的风俗，在唐代就已经很普遍。古人认为在重阳节这一天插茱萸可以避难消灾；或佩戴于臂，或作香袋把茱萸放在里面佩带，还有插在头上的。茱萸是重阳节的重要标志。重阳节时人们还喜欢佩戴菊花。茱萸雅号"辟邪翁"，菊花又名"延寿客"。古人认为佩戴茱萸，可以辟邪祛灾。

生5：我找到重阳节的习俗还有孝敬老人，有长长久久的意思，要祝福老人健康长寿，身体健康。

师小结：同学们查到这么多的重阳习俗，因为不同地区也有不同的习俗，有的地区都是用自己的习俗过重阳节的。我们看看各地都是怎样过重阳节的。

3.视频播放其他地区的重阳习俗。

小结：不同地区不同的习俗，活动丰富，情趣盎然，有登高望远、赏菊、喝菊花酒、吃重阳糕、插茱萸等。无论什么样的习俗和活动都表达人们的一种美好祝愿，避难消灾，祝愿家人幸福安康。同学们你们知道重阳节还有另外一种含义是什么吗？

生：敬老节。师板书：老人节

【设计意图】

通过观看视频、资料交流，使学生明白重阳节是我国的传统节日，了解重阳节的由来，知道一些民间传统习俗。

活动二 老人节献爱心

师：在民俗观念中，九九重阳，因为与久同音，包含有生命长久、健康长寿的寓意。1989年，我国把每年的农历九月九日定为老人节，倡导全社会树立尊老、敬老、爱老、助老的风气，重阳节又多了一层含意。

1.重阳节你会为家里的老人做些什么呢？怎样表达你的敬老爱老之心呢？看看图中的小朋友是怎样做的？（出示图片）

2.学生汇报自己是怎么做的？

生1：我平时帮奶奶扫地、擦地。

生2：我给爷爷奶奶捶背，有时给他们讲笑话。

生3：我给姥爷端水，帮姥姥收拾碗筷。

生4：我晚上写完作业会陪着奶奶去散步。

生5：周末我和爸爸妈妈会领着姥姥姥爷、爷爷奶奶去公园溜达，然后去吃大餐。

师：同学们太棒了！平时就能做到关心关爱家里的老人，你们都是孝顺的好孩子。

3.学生合作交流：今年你打算怎么给家里的老人过重阳节？

活动要求：（1）与同伴交流自己的打算。

（2）选择一幅场景或者根据自己的想法与同伴演一演。

4.学生表演交流。

第一组同学：我会给爷爷奶奶揉揉肩捶捶背。

第二组同学：我给姥姥洗脚。

第三组同学：我给姥姥姥爷敬上一杯茶，还给他们讲笑话听。

第四组同学：爷爷腿不好，平时很少出门，我扶着爷爷去散散步。

第五组同学：我会给老人表演节目。

师：表演什么节目？ 生：我要唱首歌《说声谢谢你》

师：全班一起表演唱《说声谢谢你》

小结：同学们的表现真让老师感动，你们都是敬老爱老的好孩子。重阳节也是老人节，除了参加一些活动外，我们一定要多陪陪老人，不仅是过节的时候，平时我们也要用行动去关爱老人。温馨的家庭聚餐或是简单的陪伴聊天都会让老人感到开心幸福的。

5.师：同学们你们认识这是谁吗？

生：习爷爷、习近平总书记。

出示习近平与家人的图片1，师：习爷爷工作很忙，尽管这样，他也会抽出时间牵着母亲的手出去散步，孝心就在于细微之处的点滴陪伴。

图片2：习爷爷和他的妻子彭丽媛，领着孩子，用轮椅推着年事已高的父亲散步，一家人手拉手心连心。孝顺这一中华民族的传统美德就在这无声无息的一瞬间得到传承。

小结：习近平总书记对自己家的老人尊敬关爱，他对全天下的老人也都是这样的，他告诉我们尊老敬老是中华民族的传统美德，我们要传承这种美德。他是这样说也是这样做的。

6.出示视频：从视频中你看到了什么？听到了什么？

生1：我看到了习爷爷去看望了他的老师。

生2：我看到了习爷爷去敬老院看望关心老人们。

生3：我听到习爷爷说敬老爱老是中华民族的传统美德，我们要传承下去。

师小结：是的，敬老爱老是中华民族的传统美德，我们要把这种美德传承下去（出示：中华民族的传统美德）我们一定要敬老爱老，爱我们的家庭，爱家人，关爱老人，牢记习爷爷的话做到在家尽孝，为国尽忠。

7.出示图片：在家尽孝、为国尽忠。2019年2月3日，习近平在2019年春节团拜会上再次强调，没有国家繁荣发展，就没有家庭幸福美满。同样，没有千千万万家庭幸福美满，就没有国家繁荣发展。要"提倡爱家爱国相统一，让每个人、每个家庭都为中华民族大家庭作出贡献。"

【设计意图】

在活动中萌发尊老、爱老的情感，培养学生尊老、爱老、助老的意识和行为。通过观看习近平主席的敬老爱老视频，倾听习近平主席的嘱托，使学生把尊老敬老的中华民族传统美德根植于心，落实于行，增强家国情怀。

活动三 特色节来欣赏

1.师：秋天还有很多地方，很多民族都在举行有特色的节日活动，你知道哪些呢？到书中找一找。

生1：我看到了苗族的赶秋节。

生2：我看到了藏族的望果节。

2.出示图片：毛南族的南瓜节、白族渔潭会、苗族赶秋节，藏族望果节……

3.师：我们国家是个大家庭，有56个民族，在秋天这个美好的季节里，各民族都有自己不同的民族特色节日，还有很多节日同学们可以课下去了解，你们都打算用什么方式去了解？

生1：我打算去图书馆查查资料。

生2：我打算上网找找。

生3：我从电视里能看到。

生4：我有机会让爸爸妈妈带我去多民族聚集的地方看看。

师：哦，你是要实地调查访问。

师小结：同学们都有自己的学习方法进行课外学习，相信你们通过自己的学习会了解更多更丰富的特色节日活动。

【设计意图】

让学生了解中国其他地方的特色节日活动，培养学生珍视祖国传统文化的情感。

　　总结：同学们，在秋天这个美好的季节里，我们欢度着不同的节日。感受着幸福，收获着快乐，重视亲情，关爱老人是中华民族的传统美德，期待着团圆。 最后，老师也想送给大家一份美好的祝福，祝福大家月圆人圆事事圆，祝福大家学习进步，梦想成真。也让我们共同来祝福我们的祖国繁荣昌盛！

板书设计

团团圆圆过中秋

秋天的节日

重阳节（老人节） 农历九月初九

华民族传统美德　尊老敬老

教学反思

　　活动设计贯穿教学始终。本次教学活动设计分为三个版块：重阳节话习俗、老人节献爱心、特色节共探究。让学生们在活动的过程中知道重阳节是我国的传统节日，在资料收集的过程中了解重阳节的习俗，在体验活动中感悟敬老爱老这一中华民族的传统美德，感受祖国的传统文化，从而产生爱家人、爱生活、爱祖国的情感。教学活动在内容上既依据教材又没拘泥于教材，从孩子的实际生活出发，通过指导，让孩子从自己已有生活体验中感悟重阳节的意义，从而初步懂得珍爱亲情、友情，能积极、愉快地生活。

　　了解学情作为教学基础。帮助儿童展开活动，要把握学生的实际情况，必须充分了解学生来开展教学活动。在观看关于重阳节的传说故事时，我想让学生在观看后说一说你都知道了什么？他们一定会复述故事情节，对故事中知识点的提炼和总结也不会太精炼准确。所以我在学生复述到一定程度时做出总结："老师知道了，你认识了善良勇敢的桓景。相信你以后一定也会成为一个善良勇敢的人"。这既是对故事中人物的解读也是对孩子们价值观的引领。关于故事中重阳节习俗的提炼，我设置了一个这样的问题？"桓景用什么办法解救了乡亲们？"这样学生们一下子就能说出故事中提到的重阳习俗。其次让学生懂得在生活中要做到敬老爱老，懂得重阳节敬老爱老的内涵。学生们平时也会做到关爱家里的老人，但是他们并不明确生活中的一个小举动、一句暖心话、一件小事情就是敬老爱老的表现，基于这种情况我想让学生通过看图片明确这些表现的意义，再通过情景模拟让学生深刻体验到在生活中时时可以做到敬老爱老，懂得重阳节敬老爱老的内涵。 挖掘资源重视活动体验。了解重阳节的来历，通过指导学生独立学习从书中找一找，观看重阳节传说从视频中品一品，讨论交流从资料中悟一悟等活动，让学生了解了重阳节的来历和习俗，直观感受传统节日的内涵。感悟敬老爱老之情，通过生活情景的回忆交流，进而导行，使学生感受亲情。情景模拟用实际行动去关爱老人，这一环节能更充分体现让学习真正发生，学生们的表演虽然稚嫩却是他们真实情感的流露，有一个情境让我记忆犹新，"给老人洗脚"看到孩子蹲在地上用自己的小手在忙乎着，我想根据孩子们已有的经历应该很少有孩子为老人洗过脚，于是我在此引导学生说一说演一演洗脚的过程和方法，并强调了正确的方法及注意事项。这也是我们道德与法治教学中真教学真学习的体现，这一教学活动也充分体现了让学生在亲身参与的活动中，体验感悟敬老爱老之心。充分挖掘教学资源，根据课前调查了解学生对重阳节的认知状况，搜集与本课内容相关的文字、图片或视频资料并制作多媒体课件来辅助重难点教学内容。利用习近平主席敬老爱老的图片和视频对教材内容进行补充，比如习近平主席与家人散步图片，他深入社会各个阶层关爱老人的视频，尤其是习近平主席让我们把敬老爱老这一中华民族的传统美德传承下去的嘱托，团拜会上强调的"在家尽孝，为国尽忠"的语录，体现了家国情怀的社会主义核心价值观，从而激发学生的情感升华。

不足之处有：

1.激发学生的爱亲敬老之情也是本课的重点。在一系列的教学活动之后孩子们的情感逐步深入，当模拟表演环节一名学生带领全班齐唱"谢谢你"时学生们的情感产生共鸣，他们在边唱边做时我看到孩子们真诚的表演，他们对老人的这份尊敬爱戴也会随之油然而生，表演结束时我可以再问"我们要感谢谁？感谢什么"之类的问题，此时对爱老情感做一下深入挖掘，学生的爱老敬老情感也会更加深入。

2.评价不够及时准确"用什么学习方法了解其他民族的特色节日。"一名学生说自己每次学习都会把学到的重点知识记到笔记本上，我在此引导孩子你怎么了解其他民族的特色节日呢，孩子也回答出了网络上查找到的资料，我只针对这个进行了评价，没有针对孩子之前的记笔记学习方法给予评价。我感觉这个评价有欠缺不到位的地方，虽然不是针对我的问题来回答的，但是我应该充分肯定孩子的学习方法，及时记录学习内容，总结要点是一个学习的好方法。因为这一环节就是要体现我们的真课堂真学习，这样在学习方法上也是对学生很好的指导。

"教无定法，贵在得法"，教师在整个教学活动中只是指导者、支持者、合作者，努力创设适宜的活动环境与条件，灵活多样地选用教学活动和组织形式，让学生能够生动、活泼、主动地学习，身心健康地成长是我们的最终目的。而小学《道德与法治》课程是一门开启学生内心光明世界的重要课程，如何带领学生进入美好的自我内心，看到自己真正向往的精神世界，是这一课程的重要目标，相信通过我们的努力，一定可以实现这一美好目标。

注：《秋天的节日》一课在南岗区第36届百花奖中做示范课。

立足时间小课堂 做足数学大文章

——《认识时间》课堂实录

赵童彤

设计理念

以课件展示和动手操作完成时间单位分的认识，通过观察、比较，使学生在具体形象的画面中对钟面的认识更加完整，借助于钟面上的大格与小格，认识时间单位"分"以及时和分之间的关系。通过归纳发现时针走一大格，分针都要走一圈，由此得出1时=60分的结论。同时通过自主学习形成初步的推理能力，培养学生的创新意识。

教学内容

人教版二年级上册第七单元90—91页例1、例2。

教学目标

1.认识时间单位分，理解时和分的关系，知道1时=60分。

2.掌握用5分5分地数的方法认读时间的技能，会认、读、写钟面上所表示的时间。

3.学生通过直观操作与演示，经历观察、比较、操作、归纳的过程，培养学生的观察能力、探究能力和合作交流能力。

4.体验时间与现实生活的联系，培养学生积极的学习态度和情感，感受数学在生活中的应用，激发学生学好数学、用好数学的自信心，感悟时间的珍贵。

教学重点

1.认识时间单位分，知道1时=60分。

2.掌握认、读、写时间的具体方法。

教学难点

1.感知时和分之间的关系。

2.掌握认、读、写时间的具体方法和对几时差几分的认识。

教学流程

一、创设情景，导入新课

师：同学们，你们每天第一节上课的时间是几点？（出示钟面）是8点吗？你是怎么认识钟面上的时间的？

师：对，这是我们一年级学习过的内容。分针指向12，时针指向几就是几时。

【设计意图】

通过学生熟悉的上课时间表来创设情景，拉近了师生间的距离，生动自然的引入新课，既激发了学生的学习兴趣，又让学生感受到了时间与生活的联系。

二、直观演示，探究新知

（一）认识大格

1.观察钟面变化，说出变化后的时间。

师：看来只认识整时是不够的，今天我们继续《认识时间》。（板书课题）

2.师：请你比较课件中的两个钟面，观察相同点和不同点。

生1：钟面上都有12个数字。

生2：而且钟面上都有12个大格。

生3：不同点是第一个钟面只有大格，第二个钟面上既有大格还有小格。

3.介绍大格，利用课件一起数一数。

（二）认识小格和分的联系

1.师：每个大格中间还有小格。分针是用来计分的，分针走过1小格的时间就是1分。5个小格正好是1大格，分针走过1大格是几分？

生：分针走过一大格是5分。

2.师：观察手中钟表，分针走一圈一共走过多少小格呢？是多少分？（数一数，同桌交流后填空）

学生汇报：钟面上有60个小格，也就是60分。

3.学生汇报数的方法。

生：可以1个1个地数，也可以5个5个地数，还可以利用学过的5的乘法口诀。

师生一起数一数。

4.师：分针走过30分钟，就是走过钟面的一半，因此30分也可以说成半小时。分针继续走，请你快速说出分针指向每个数字所表示的分钟数。

分针从12起走回正好走了一圈，走了60分（板书分针走一圈 60分）

5.同桌间你说我答，一人说钟面上的数字，一人回答分针经过的时间。

小结：分针的走动一般是以小格为单位的，分针走一圈就是60分。

【设计意图】

运用直观动态演示，让学生在具体形象的画面中能通过观察、比较，汇报和交流，对钟面的认识更加完整和深刻，加强生生之间、师生之间的互动。

（三）理解1时=60分

1.师：请你利用手中钟表拨一拨，当分针走了一圈，观察时针的变化。

2.学生汇报并板书：当分针走了一圈，时针走了一大格

师：分针是计分的，时针是用来计时的，时针走一大格是几时？

3.教师拨表演示，学生观察并验证，当时针走一大格，分针是否走一圈。

4.推导：每次时针走一大格和分针走一圈的时间是相同的，也就是说1时和60分是相等的。（板书1时=60分）

5.完成学习单中的练习。

小结：当时针走一大格时，是1时，分针正好走一圈，是60分，即1时=60分。

【设计意图】

理解时和分之间的关系是本节课教学的重点。为学生提供了探究的时间和空间来发现这一规律，放手让学生操作、探究和思考，通过归纳发现时针走一大格，分针都要走一圈，由此得出1时=60分的结论。既突破了教学重点，又激发了学生的学习兴趣，加深学生对这一重点的理解和掌握。

三、观察探究，自主学习

（一）教学例2第一个钟面

1.组织学生尝试读一读。

2.学生汇报读的方法。

3.教学写法，注意强调圆点和0占位。

小结：想要准确地读出钟面上的时间，既要看时针，还要看分针。时针走过数字4，就是4时多，分针从12开始走了5小格，就是4时5分。

（二）教学例2第二和第三个钟面

1.师：请同学们试着读、写两个钟面上的时间，填在学习单上，并小组交流，重点观察4时45分这个钟面时应该注意什么？

生：时针走过4，正好在4和5之间，分针指向6，就是4时30分，也可以说成4时半。

师：（汇报4：45）为什么不是5时45分？

生：时针在4和5中间时针走过了4，看起来接近5，但还不到5，所以还是4时多，也可以说5时差15分。

教师板演写法。

2.师：想象一下，如果是4时55分，时针和分针在什么位置？

小组讨论：学生思考并试着总结读写时间的方法。

小结：（1）时针走过数字几就是"几时多"；（2）分针从12起走过多少个小格就

是"多少分"；（3）合起来就是几时几分。

【设计意图】

在做好知识准备的基础上，让学生自己来思考、探究、总结读几时几分的方法，让不同水平的学生在小组内进行互补，互学，共同经历观察，交流、归纳的学习过程，这样既提高了学生解决问题的能力，又进一步培养了学生合作交流的意识。

四、巩固练习，应用提高

（一）完成学习单第三题。

（二）你说我拨，并说一说，这个时间你在做什么。

（三）小组分享奖励卡，读一读奖励卡上的时间。

五、课堂总结

板书设计

时针　　分针
走一大格　走一圈　　　4时5分　　4时30分或4时半　4时45分
1时 = 60分　　　　　4：05　　　　4：30　　　　4：45

教学反思

本节课是在一年级学过的钟表认识以及整时认读的基础上开展教学的，以复习作为导入，而后利用每天第一节上课时间作为新课引入，充分体现数学与生活紧密的联系，拉近学生与老师的关系，也激发了学生的积极性。接着通过学生自己观察、自主探究认识分，并利用课件和动手操作等手段，引导学生说出每个大格中有多少小格多少分来突破教学重难点。在教学中，我不但注重学生自主探究的过程，行为习惯的培养，更注重学生的总结能力。但课堂时间分配不够好，有些前松后紧，今后注意学生自主探究应多留时间，充分放手，把握好每一个活动的时间，对于学生回答预设要想得再仔细一些。今后教学中要发扬优点，反思不足，增进自己的教学能力与智慧。

注：此课获南岗区百花奖二等奖，同课在全国NOC微课大赛中获得二等奖。

文字浅显其味无穷
——《草原》教学思考

李洁然

一篇优秀的文章中不乏名词佳句。虽然文字浅显，但细细品味，其味无穷。下面我就以《草原》一文为例，谈谈我的体会。

一、联系草原环境深入理解词句的内涵

《草原》一文的开头有这样的两句："空气是那么清鲜，天空是那么明朗。""在天底下，一碧千里，而并不茫茫。"在这两句中，"清鲜""明朗""茫茫"等词语的意思浅显，但却准确地写出了草原的特有景色，必须引导学生反复体会予以深刻理解。我认为，正是因为草原这块"无边的地毯"，才使得草原上的"空气是那么清鲜，天空是那么明朗"，而且"天底下一碧千里而并不茫茫"的。因为这里有无边的绿草覆盖着的大地，空气没有任何污染，所以才有这么"清鲜"而不是"清新"的空气，才有这么"明朗"的天空，而不是"晴朗"的天空，同时更是"一碧千里，而并不茫茫"的重要原因。

二、抓住景物特点深入理解词句的内涵

"流"是一个平平常常的词，文章中有两处是用流字进行描写的。"那些小丘的线条是那么柔美，就像只用绿色渲染，不用墨线勾勒的中国画那样，到处翠色欲流，轻轻流入云际。""翠色欲流"中的"流"字是写牧草的鲜嫩。它同"青翠欲滴"中的"滴"字用法一样，可以说有异曲同工之妙。而"轻轻流入云际"中的"流"字，既包含了第一个流字的意思，同时可以使我们更进一步想到：在那无边的"流动"的草海里，那些绿色的小丘不正像茫茫草海里连绵起伏的波浪吗？一浪又一浪，涌向远方，涌向那云际里。这样就使得所描写的景物静中有动，更显出了草原的生机，作者真是把草原给写活了。

文中还有这样一处描写："忽然，像被一阵风吹来的，远处的小丘上出现了一群马，马上的男女老少穿着各色的衣裳，群马疾驰，襟飘带舞，像一条彩虹向我们飞过

来。"这是一个比喻句,把出现在小丘上欢迎的人们比作了一条彩虹。彩虹是一种自然现象,它从外观上有两个特点:形状是拱形的;颜色是赤橙黄绿青蓝紫七种。教学时要根据这两点,紧紧抓住景物的特点。试想:欢迎的人骑着马出现在小丘上,自然呈现出一种拱形;又因为人们穿着各色衣裳,又具备了彩虹多色彩的特点。所以这个比喻生动、形象地再现了当时远道欢迎客人的刹那间的特点。

三、根据作者的心情变化深入理解词句的内涵

"走"字也是一个及平常的词。一个"走"字在文章中用了三次,表达了作者的三种心情。第一处是"草原上行车十分洒脱,只要方向不错,怎么走都可以。"这里的"走"字表达了作者当时那种"洒脱"的心情。草原辽阔无边,行车时可以边欣赏美景边开车,无拘无束,多么洒脱呀!第二处是:"走了许久,远远地望见了一条迂回的明如玻璃的带子——河!"这个"走"表达的是作者的心情由急切到兴奋的转变过程。试想:作者愈是想早点赶到目的地,就愈会感到车行的很慢——走了许久。看到了河,说明目的地不远了,这时作者能不高兴吗?此外,当作者看到"主人从几十里外来欢迎远客",更感到是"车跟着马飞",由"走"变成了"飞"足见作者当时激动兴奋的程度。第三处是:"太阳已经偏西,谁也不肯走"为什么不肯走?"蒙汉情深何忍别"表达了包括作者在内的蒙汉人民依依惜别之情。

四、考虑当时当地的实际情况深入理解词句的内涵

我国少数民族绝大多数是能歌善舞的民族,又欢迎远道来的客人自然少不了这样的场面。但我认为教学时应该注意的另一点是,欢迎场面中主要是动作描写,为什么没有语言描写呢?因为文中已经点明,"大家的语言不同"所以教学中,要注意引导学生深入理解作者是如何通过动作描写,表现主人们的盛情欢迎的。

通过上面粗浅的分析,可以看出这些词句表面上看来文字浅显,但细细品味,其味无穷。我们只有抓住这些词语引导学生仔细体会理解,才能提高学生遣词造句和认识事物的能力,并及时进行积累,扩大充实学生的"语言仓库",以便运用时信手拈来。

数形结合　建构概念
——《认识小数》教学实践与思考

许欣然

教学内容

人教版数学三下第七单元《小数的初步认识》第一课时《认识小数》。

设计理念

这节课虽然是学生第一次学习小数，但是在生活中学生们不止一次的见过小数。可以说学生对小数是不陌生的，是有一定的生活经验的。通过本节课的学习目的是让学生对小数有一个理性的认识，为后续系统地学习小数打下坚实的基础。既然是初步认识小数，那么这个度如何把握？如何抓住学生的学习起点呢？

小数的意义是比较抽象难理解的概念，能不能结合学生已有的旧知迁移到新知的学习呢？这个阶段的学生正处于由形象思维向抽象思维过渡的时期，教学中如何把抽象的知识以具体形象的方式展现出来呢？除了教学本节课的知识外是不是应该让学生明白一些更为本源的问题，例如：为什么要学习小数？小数与分数的区别在哪里？

牛献礼老师在他的书中曾经写道："数无形时少直觉，形少数时难入微"形象生动、深刻地指明了"数形结合"思想的价值。利用数形结合的方法使"数"和"形"统一起来，借助"形"的直观来理解抽象的小数，直观与抽象相互配合，建构概念。

结合以上的思考我进行了教学的尝试。

教学目标

1.结合元、角、分、米尺和图形等素材，掌握一位小数的含义，能够熟练地读出一位小数。

2.运用直观比较、分析归纳的方法，初步理解十分之几用一位小数表示，培养抽象概括的能力。

3.通过感悟小数的含义，把十分之几的分数写成小数，提高运用数学知识解决实际问题的能力，发展数感。

教学过程

一、联系生活、唤醒认知

师：同学们课前做了资料的搜集，我们来交流一下。

生：有身高1.45米，有体重45千克。

师：老师给大家准备了礼物，那我得平均分多少份？你们每人得到几份？能用学过的数来表示吗？

生：分数。

师小结：孩子们，数学知识就在我们的生活中，刚才你们就找到了整数和分数还有小数，今天我们就来一起认识小数。（板书课题）

【设计意图】

从学生的生活实际入手，让学生去发现数学就在我们的身边，就在我们的生活里，引导学生学会观察搜集身边的数学知识。

二、自主探究、认识小数

（一）引入小数

师：同学们经常和爸爸妈妈去超市购物会看见很多商品的标价，你知道是多少钱吗？

教师小结：像商品的标价这样的数叫做小数。

师：3.45元的每个数字表示什么意义呢？

生：3表示3元，4表示4角，5表示5分。

（二）认识小数

师：同学们，没有单位你们还会读吗？

师：请你仔细观察，你有什么发现？

生：整数数部分的读法和原来一样，小数部分的每个数都要读出来。

【设计意图】

从学生熟知的元角分开始认识小数，自然地让学生去发现小数的读法，在不知不觉中学会去发现去总结。

（三）深入感悟

师：把米尺当作1元，你能不能在这把尺子里找到1角呢？

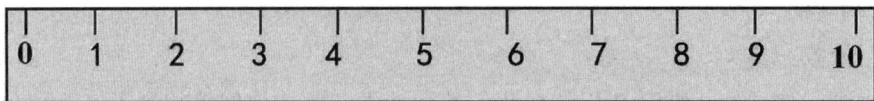

完成学习单，与同桌交流自己的想法。

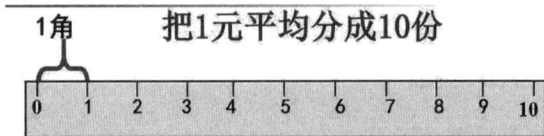

1角=0.1元　　1元=10角

把1元平均分成10份

1、独立思考
2、动手画图
3、全班汇报
4、总结交流

$$1角=\frac{(1)}{(10)}元=0.1元$$

师小结：同学们找到了1角，同时学会应用学过的知识来解决新知识，多么好的方法。同学们经过独立思考、动手画图、全班汇报、总结交流自己探究出了分数与小数的关系。请同学们用这种学习方法继续研究。

【设计意图】

引导学生学会自主探究，学会用旧知来解决新知，帮助他们总结学习方法，真正把课堂还给学生，发挥他们的主体地位，让孩子们真正学会，感受到数学的价值。

师：把长方形当作1元，你能不能在这把长方形里找到1角呢？请你用刚才总结的方法，自主完成学习单，与同学交流自己的想法。

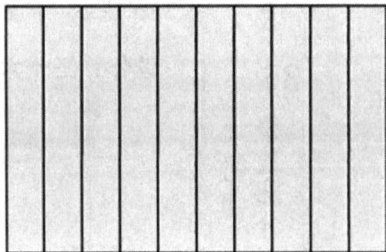

0.1元

你能不能在这个长方形里直接找到找到0.1元呢？

1、独立思考
2、动手画图
3、同桌交流
4、总结汇报

分数表示是 ——( )—— 元   小数表示是（ ）元
              ( )

师小结：你们不仅在米尺里找到了1角也在图形中找到了1角，同学们学会了举一反三运用知识的迁移，太棒了。如果没有图形你们会填空吗？

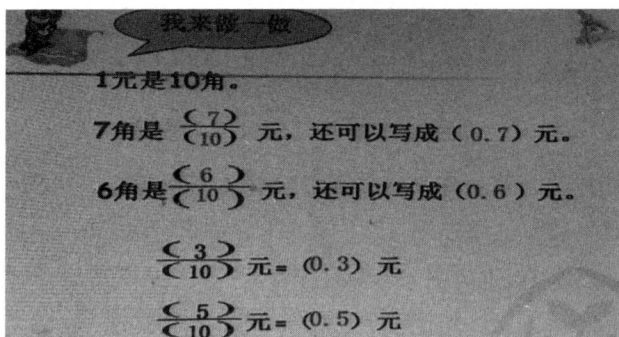

我来做一做

1元是10角。

7角是（7/10）元，还可以写成（0.7）元。

6角是（6/10）元，还可以写成（0.6）元。

（3/10）元＝（0.3）元

（5/10）元＝（0.5）元

师：请你说出自己的想法。

师：准备好了吗孩子们我们要开始了抢答。

男生抢答分数，女生抢答小数。（出现不同的分数）

分数是（   ）小数是（   ）

出现了10分之10，也就是都取出来了就是1。

【设计意图】

让学生从米尺图形中都体会到这种十进制的关系，层层递进，给学生学习的体验在动手操作中自己去一步一步找到小数的相关知识。

（四）知识迁移

师：你能不能在这把尺子里找到1分米呢？独立探究，自学完成。

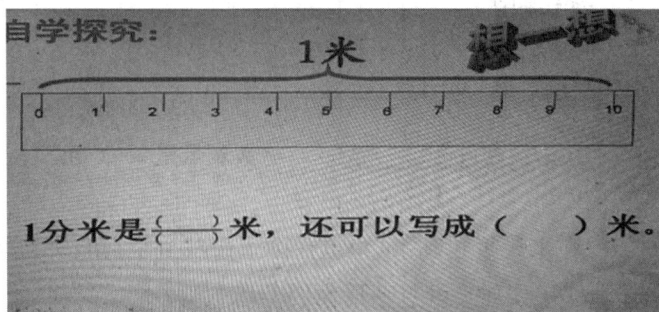

师：0.9米是几分米？每个数字代表什么意思？

【设计意图】

引导学生学会运用之前总结的方法解决新的知识，能够主动地运用知识的迁移来解决问题。培养学生的核心素养，为后续学习打下坚实的基础。

（五）总结方法

师：仔细观察小数跟我们学过的什么数有关？

生：分数。

师：分数是怎么变成小数的呢？（说出自己的想法）

师小结：十分之几就是零点几。

（六）独立完成例1

师：用我们学过的知识自己独立完成例题。

师：谁能说一说你的想法。

生：1.3米。

生：1.03米。

师：哪个对呢？说一说每个数字的意思。与同桌交流。

【设计意图】对于小数知识的理解越来越深入，逐渐深入，所以到了例题完全可以放了，让学生自己来完成，水到聚成。

三、学会应用、加深感悟

（一）读出小数

（1）了解小数可以表示不同的意义。

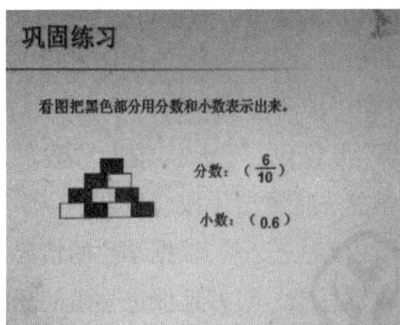

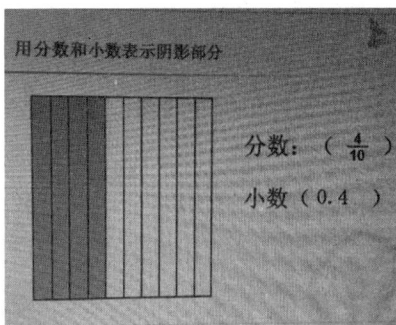

（二）看图填小数

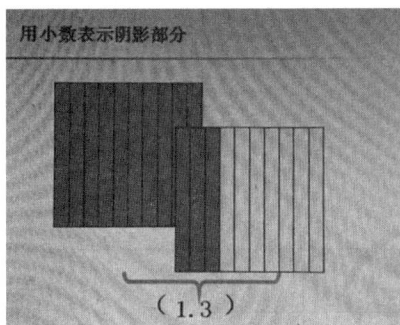

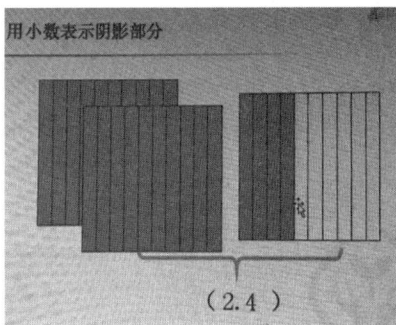

数的历史。（微课形式）

教学反思

这节课的设计主要围绕以下几点：

1.关注起点，贴近学生的生活实际。

首先是在选材上，不同的版本进行了对比，无外乎三种素材：元角分、米尺、图形。所以最后我是这样选择的，从元角分引入，在米尺中展开学习，在图形的比较中感悟深化，层层递进，帮助学生揭开小数的面纱，进而认识小数。同时，在教学中也选择了生活中的情境。我觉得受到了良好的教学效果。

2.感悟本源，培养数感。

数感是小学数学核心素养中最重要的，本课教学中在学生认识了具体的小数数量的基础上，用数形结合的方式（也就是长方形）抽象地认识小数，让学生借助分数的初步认识感悟小数的本源。其实，小数实质上就是十进制分数的另一种表示形式。同时，也培养了学生对知识的迁移能力，为后续学习打下了坚实的基础。

3.纵向对比，发现规律。

引导学生在学习中学会发现数学规律也是很重要的核心素养。促进了对学生概括能力的提高，所以在教学中注意了规律和方法的总结。例如：让学生总结发现读法，让学生自己发现分数变成小数的方法，等等。

课堂总是遗憾的艺术，会给人以收获，也会让人反思自己的不足。

尽管我在努力地给学生创造种种合作学习的机会，但在实际的操作过程中，有时由于给学生思考、交流的时间不够，导致有些合作学习流于形式。

在整个教学中"数"辅助"形"，将"数"形象化，"形"辅助"数"，可以使"数"直观化。可见，数形结合不仅是教师教学的一种重要手段，也是学生学习数学的目的。这就要求我们教师在教学中善于根据教学内容去挖掘，根据学生的情况和教学内容，找到数形结合的关键点，努力去应用这一数学思想，更好地促进学生的思维能力的发展和数学素养的提高。

注：此课做附小教育集团研讨课。